OEUVRES
COMPLÈTES

DE

J. J. ROUSSEAU

AVEC LES NOTES DE TOUS LES COMMENTATEURS;

NOUVELLE ÉDITION

ORNÉE DE QUARANTE-DEUX VIGNETTES,

GRAVÉES PAR NOS PLUS HABILES ARTISTES,

D'APRÈS LES DESSINS DE DEVÉRIA.

ÉMILE.

TOME I.

A PARIS,

CHEZ DALIBON, LIBRAIRE

DE S. A. R. MONSEIGNEUR LE DUC DE NEMOURS,

RUE SAINT-ANDRÉ-DES-ARCS, N° 41.

M DCCC XXVI.

ŒUVRES

COMPLÈTES

DE

J. J. ROUSSEAU.

TOME III.

PARIS. — IMPRIMERIE DE G. DOYEN,
RUE SAINT-JACQUES, N. 38.

AVANT-PROPOS.

Rousseau ne prétendit jamais faire un traité d'éducation que l'on pût adopter et mettre en pratique; il l'annonce formellement dans la cinquième lettre de la Montagne. « Il s'agit, dit-il, d'un nouveau système d'é-« ducation, dont j'offre le plan à l'examen des sages, et « non pas d'une méthode pour les pères et les mères, à « laquelle je n'ai jamais songé. » On lit dans un certificat, délivré le 31 janvier 1765 à Jean-Jacques par M. de Malesherbes, et rendu public en 1791, du vivant de cet illustre magistrat, qui n'en démentit point le contenu, que, lorsque Rousseau traita de son ouvrage avec un libraire étranger, il déclara qu'il l'avoit composé pour être imprimé en Hollande, et non à Paris. Par quelles lois étoit donc régi le pays où *Émile* ne pouvoit être imprimé? on a lieu de s'étonner des persécutions que cet ouvrage attira à son auteur. On isola les passages pour crier à l'impiété; la profession de foi du vicaire savoyard souleva contre Rousseau la superstition et l'intolérance; on fit un crime à l'auteur de son scepticisme, sans tenir le moindre compte de sa bonne foi et de ses sentiments religieux. Attaqué tour à tour par la Sorbonne et les parlements, Jean-Jacques fut en butte à tous les genres d'anathèmes; poursuivi sans relâche par les réquisitoires et les mandements, il encourut les excommunications théologiques et parlementaires. Mais tant de persécutions dirigées contre l'auteur produisirent leur effet ordinaire, elles augmentèrent le nombre de ses admirateurs; la lecture de son ouvrage étoit défendue, dès-lors il ne fut plus permis de ne l'avoir pas lu. Celui qui étoit l'antechrist aux yeux de la Sorbonne, fut pour la nation l'interprète des droits de la nature et des droits de la société. Vengé par l'admiration générale de la haine de quelques individus, il eut à lutter contre deux ennemis puissants, l'ignorance et la superstition. Cinquante-huit propositions furent frappées d'anathème, *non comme les seules condamnables, mais comme les plus coupables;* on fit un crime à Rousseau d'avoir dit qu'Émile n'apprendroit jamais rien par cœur. Il vit son livre condamné par l'assemblée générale du clergé, réunie en 1765. Déjà les foudres du Vatican avoient grondé sur sa tête, mais sans atteindre les lauriers dont elle étoit chargée. Tout ce qui ne partagea point les opinions de Rousseau se crut obligé de les combattre : de là tant de réfutations, tant de pamphlets, où on lui reprochoit d'avoir dit dans son livre ce qui n'y étoit pas.

Ce ne furent pas seulement d'obscurs libellistes qui dénaturoient la pensée de l'auteur à dessein de la rendre criminelle : tout ce qui avoit intérêt à le constituer en état d'hostilité avec les idées reçues, le présenta comme un novateur dangereux, comme l'Érostrate de la raison humaine, armé pour la destruction de tous les principes établis; et, tandis que Rousseau n'étoit pour les uns qu'un esprit malade uniquement occupé à mettre en crédit des opinions qui ne devoient qu'à la nouveauté la faveur avec laquelle elles étoient accueillies, d'autres composoient de gros livres pour prouver que Rousseau ne faisoit que répéter ce que beaucoup d'autres avoient dit avant lui. Le bénédictin dom Cajot entreprit de démontrer qu'il n'y avoit rien de nouveau dans *Émile;* et pourtant Jean-Jacques, qui, selon dom Cajot, avoit trouvé dans un poëme de Scévole de Sainte-Marthe tout ce qu'il avoit dit sur la première éducation des enfants, fut décrété de prise de corps par le parlement le 9 juin 1762, et le surlendemain son livre fut lacéré et brûlé au pied du grand escalier par l'exécuteur des hautes-œuvres : et Genève qui, plus que tout autre pays, devoit lire avec admiration un livre composé par un de ses citoyens, eut à peine la nouvelle de ce qui s'étoit passé à Paris, qu'elle en fit autant le 18 juin. On sembloit avoir partout remis au bourreau le soin de punir le génie, du projet audacieux d'avoir enseigné aux hommes le moyen prescrit par la nature d'accomplir leur destinée. Tous les princes, placés trop bas pour s'élever jusqu'à la dignité d'hommes, furent au plus court : assez puissants pour punir des vérités qu'ils ne comprenoient pas, ils aimèrent mieux les proscrire que d'en profiter.

C'est surtout dans *Émile* que Jean-Jacques a mis le plus de véritable éloquence et de bonne philosophie : partout la morale est en action, et animée de l'intérêt le plus touchant. S'il a emprunté les idées de Locke sur l'enfance, l'orateur génevois a persuadé ce que le philosophe anglois n'avoit fait qu'indiquer. En même temps qu'il a eu à souffrir des persécutions suscitées contre lui par la vanité démasquée et remise à sa place, par les préjugés déchus de leur grandeur renversée, il a obtenu un des succès les plus flatteurs pour tout homme qui prétend à la gloire de faire le bien ; il a opéré une révolution dans une partie très-importante des mœurs publiques, l'éducation.

On ne peut nier que, depuis qu'on a lu l'*Émile,* il ne se soit fait un changement très-sensible dans la manière dont on élève l'enfance. Si ce premier âge de l'homme, si intéressant et si aimable, jouit aujourd'hui en tout sens de cette douce liberté, qui lui permet de développer tout ce qu'il a de naïveté, de gaieté, et de grâce ; s'il n'est plus intimidé et contraint sous les gênes et les entraves de toute espèce, c'est à l'auteur d'*Émile* qu'on en a l'obligation. Ainsi plusieurs générations lui doivent déjà le bonheur de leurs premières années. Ce n'est point connoître cet ouvrage que de le lire une fois, il veut être médité; plus on l'examine, plus on y trouve de beautés ravissantes. Ce qui le distingue des autres livres de morale, c'est que la lecture en est attachante et qu'elle offre un intérêt croissant et soutenu. Au lieu de dire ce qu'il faut faire, Jean-Jacques dit ce qu'il fait; il raconte plus qu'il ne discute; il ordonne au lieu d'enseigner; il ne moralise pas, il peint. Écoutons ce qu'il en dit lui-même. « Que de veilles, que de tourments il m'a coûtés! et pour« quoi? pour m'exposer aux fureurs de l'envie. C'est sur« tout en composant cet ouvrage que j'ai appris quel est « le pouvoir d'une volonté ferme et constante; vingt « fois je l'ai abandonné, vingt fois je l'ai repris avec une « nouvelle ardeur : l'homme vient à bout de tout, il ne « s'agit que de vouloir. »

Avant son entrée dans la carrière des lettres, qu'il devoit parcourir avec tant de gloire, il avoit été chargé, pendant une année seulement, de l'éducation des enfants du grand-prévôt de Lyon, M. Bonnot de Mably, et dont l'un portoit le nom que leur oncle a rendu célèbre, l'abbé de Condillac. « Mais après un an d'essai, dit-il lui-même « dans ses *Confessions*, durant lequel il n'épargna aucun « soin, il se détermina à quitter ses disciples, bien con« vaincu qu'il ne parviendroit jamais à les bien élever : il « croyoit avoir le talent de précepteur, il eut le temps de « se désabuser. »

Consulté par un instituteur, qui vouloit mettre en pratique le plan d'éducation tracé dans l'*Émile*, il répondit qu'il falloit tout ou rien; et il ajouta : « Ce que j'appelle « tout n'est pas de suivre servilement mes idées, au con« traire, c'est souvent de les corriger, mais de s'attacher

« aux principes, et d'en suivre exactement les consé-
« quences avec les modifications qu'exige nécessairement
« toute application particulière. »

Rousseau n'acheva point *Émile*. Un de ses compatriotes a fait part au public du dénouement que l'auteur avoit imaginé. Pendant son séjour en Angleterre, il avoit fait des additions importantes, outre un parallèle entre l'éducation publique et l'éducation particulière : mais il a malheureusement détruit ce travail. *Émile* est l'ouvrage que Rousseau regardoit comme le principal, le plus utile de tous ses écrits, celui même auquel il attachoit toute sa gloire, et qui devoit mettre le sceau à sa réputation. Il semble qu'il soit initié aux mystères de l'avenir : à ses yeux une révolution politique est imminente; il annonce en 1760 ce qui arriva en 1789; tous les rangs de la société seront confondus : dépouillés de titres, de fortune, les hommes devront chercher en eux-mêmes de quoi remplacer tout ce qui leur sera retiré; placés en présence de l'adversité, ils ne pourront trouver qu'en eux-mêmes les moyens de lui tenir tête. La richesse aura fait place à la nécessité. Réfugiés au sein d'une profession obscure, mais utile, ceux-là se mettront à l'abri de l'orage, qui sauront se faire une richesse de leur travail, et pourront encore défier la fortune de placer leur industrie au-dessous des besoins de leur existence.

Rousseau avoit conquis trop d'admirateurs pour qu'il fût possible de le reléguer dans la foule des écrivains obscurs : on aima mieux le calomnier : ses idées, interprétées par la mauvaise foi et l'esprit de dénigrement, devinrent des paradoxes insoutenables; on lui prêta des intentions qu'il n'avoit jamais eues; on affecta de ne pas comprendre ce qui étoit clairement exprimé, on ne voulut voir dans *Émile* qu'un menuisier, et dans son éducation qu'un bain à la glace. Voilà pourtant comment est encore jugé l'un des plus puissants génies que la nature ait produits ; celui que la chaleur de son éloquence, la vérité de ses sentiments, la majesté de son style, rendent l'interprète des ames fortes, le confident des cœurs sensibles, et le créateur d'un nouveau genre d'écrire. Lent à paroître, il attend, avant de produire, la maturité de l'âge; il offre à son début les fleurs de la jeunesse ménagées avec soin, et les trésors de l'âge mûr dispensés avec art; les scènes romanesques de son adolescence, les erreurs ou les fautes qu'il expia par des infortunes, développèrent son génie en développant sa sensibilité. C'est un disciple de Locke avec un talent d'écrire qui n'est pas de l'école de ce philosophe.

Toutes les idées ont une filiation chez les hommes de génie. Le discours sur l'Inégalité des conditions parmi les hommes produisit *Émile*, livre peut-être défectueux dans son ensemble, mais frappant par de nouveaux aperçus, par des épisodes enchanteurs, par un art d'écrire qui nous attache aux préceptes, nous défend de les discuter, et nous rend l'ami du pédagogue, lors même que nous récusons son autorité. Émule, digne rival des anciens par l'éloquente simplicité de son style, combien il les surpasse en chaleur, en onction, en force de principes! Aristote, Zénon, Cicéron dans son *Traité des Offices*, subordonnent la morale aux formes politiques, et la font dépendre de ces systèmes auxquels l'orgueil peut élever l'esprit, mais où le cœur ne trouve ni plaisir, ni illusion. Athènes perd ses lois, il n'y a plus de citoyens; les institutions de Lycurgue expirent, il n'y a plus de Spartiates. Rousseau attache nos devoirs à des principes plus indépendants des révolutions humaines : il existe une divinité, il n'y a plus d'opprimés sans appui, plus de malheureux sans consolation, d'infortune sans remède. Nul autre que lui n'eût peint les amours d'Émile et de

Sophie; c'est la chaleur, c'est le coloris de Milton, appliqués à des êtres voisins de nous, et que l'imagination, échauffée par les douces illusions du sentiment, peut en rapprocher. Les avis, la généreuse tutelle d'un prêtre vertueux, ont rappelé Rousseau à la dignité de son être; il se ressouvient de son bienfaiteur, et l'immortalise dans cette profession de foi du vicaire savoyard, où la théologie devient aimable et populaire, où la philosophie se montre religieuse et tendre, où les plus consolantes vérités s'appuient, et d'une raison forte qui les fait triompher, et d'une conviction de sentiment qui assure et consacre leur empire. Ce morceau, supérieur aux plus beaux dialogues de Platon, par l'onction qu'il respire, n'est qu'un épisode; mais il n'offre point de disparate dans un livre qui présente à la fois l'austérité des formes didactiques, et les formes séduisantes du roman. Qu'on reproche à Rousseau d'avoir fait un plan d'éducation inexécutable dans la plupart de ses parties, l'Émile n'en restera pas moins un des meilleurs traités de morale. En est-il de plus propre à fortifier l'ame contre les revers, à pénétrer l'homme du sentiment de son indépendance, à lui faire chérir les devoirs de citoyen, de père, d'époux? L'on n'a point formé de république d'après celle de Platon; mais les principes de justice, les idées de Providence, d'immortalité; mais le dogme des supplices et des récompenses, qu'il établit avec tant de force, ont secondé le génie, servi la politique bienfaisante, et les grandes vues de plus d'un législateur.

ÉMILE

ou

DE L'ÉDUCATION.

Sanabilibus ægrotamus malis; ipsaque nos in rectum genitos natura, si emendari velimus, juvat.
SENEC., de irâ, lib. II, cap. XIII.

PRÉFACE.

Ce recueil de réflexions et d'observations, sans ordre et presque sans suite, fut commencé pour complaire à une bonne mère qui sait penser [1]. Je n'avois d'abord projeté qu'un mémoire de quelques pages; mon sujet m'entraînant malgré moi, ce mémoire devint insensiblement une espèce d'ouvrage trop gros, sans doute, pour ce qu'il contient, mais trop petit pour la matière qu'il traite. J'ai balancé long-temps à le publier; et souvent il m'a fait sentir, en y travaillant, qu'il ne suffit pas d'avoir écrit quelques brochures pour savoir composer un livre. Après de vains efforts pour mieux faire, je crois devoir le donner tel qu'il est, jugeant qu'il importe de tourner l'attention publique de ce côté-là; et que, quand mes idées seroient mauvaises, si j'en fais naître de bonnes à d'autres, je n'aurai pas tout-à-fait perdu mon temps. Un homme qui, de sa retraite, jette ses feuilles dans le public, sans prôneurs, sans parti qui les défende, sans savoir même ce qu'on en pense ou ce qu'on en dit, ne doit pas craindre que, s'il se trompe, on admette ses erreurs sans examen.

Je parlerai peu de l'importance d'une bonne éducation; je ne m'arrêterai pas non plus à prouver que celle qui est en usage est mauvaise; mille autres l'ont

---

[1] * Madame de Chenonceaux.

fait avant moi, et je n'aime point à remplir un livre de choses que tout le monde sait. Je remarquerai seulement que, depuis des temps infinis, il n'y a qu'un cri contre la pratique établie, sans que personne s'avise d'en proposer une meilleure. La littérature et le savoir de notre siècle tendent beaucoup plus à détruire qu'à édifier. On censure d'un ton de maître; pour proposer, il en faut prendre un autre, auquel la hauteur philosophique se complaît moins. Malgré tant d'écrits, qui n'ont, dit-on, pour but que l'utilité publique, la première de toutes les utilités, qui est l'art de former des hommes, est encore oubliée. Mon sujet étoit tout neuf après le livre de Locke [1], et je crains fort qu'il ne le soit encore après le mien.

On ne connoît point l'enfance : sur les fausses idées qu'on en a, plus on va, plus on s'égare. Les plus sages s'attachent à ce qu'il importe aux hommes de savoir, sans considérer ce que les enfants sont en état d'apprendre. Ils cherchent toujours l'homme dans l'enfant, sans penser à ce qu'il est avant que d'être homme. Voilà l'étude à laquelle je me suis le plus appliqué, afin que, quand toute ma méthode seroit chimérique et fausse, on pût toujours profiter de mes observations. Je puis avoir très-mal vu ce qu'il faut faire; mais je crois avoir bien vu le sujet sur lequel on doit opérer. Commencez donc par mieux étudier vos élèves, car très-assurément vous ne les connoissez point : or, si vous lisez ce livre dans cette vue, je ne le crois pas sans utilité pour vous.

---

[1] *Pensées sur l'Éducation des enfants*, 1721, in-12.

A l'égard de ce que l'on appellera la partie systématique, qui n'est autre chose ici que la marche de la nature, c'est là ce qui déroutera le plus le lecteur; c'est aussi par-là qu'on m'attaquera sans doute, et peut-être n'aura-t-on pas tort. On croira moins lire un traité d'éducation que les rêveries d'un visionnaire sur l'éducation. Qu'y faire? Ce n'est pas sur les idées d'autrui que j'écris; c'est sur les miennes. Je ne vois point comme les autres hommes; il y a long-temps qu'on me l'a reproché. Mais dépend-il de moi de me donner d'autres yeux, et de m'affecter d'autres idées? non. Il dépend de moi de ne point abonder dans mon sens, de ne point croire être plus sage que tout le monde; il dépend de moi, non de changer de sentiment, mais de me défier du mien : voilà tout ce que je puis faire, et ce que je fais. Que si je prends quelquefois le ton affirmatif, ce n'est point pour en imposer au lecteur; c'est pour lui parler comme je pense. Pourquoi proposerois-je par forme de doute ce dont, quant à moi, je ne doute point? Je dis exactement ce qui se passe dans mon esprit.

En exposant avec liberté mon sentiment, j'entends si peu qu'il fasse autorité, que j'y joins toujours mes raisons, afin qu'on les pèse et qu'on me juge : mais, quoique je ne veuille point m'obstiner à défendre mes idées, je ne me crois pas moins obligé de les proposer; car les maximes sur lesquelles je suis d'un avis contraire à celui des autres ne sont point indifférentes. Ce sont de celles dont la vérité ou la fausseté importe à connoître, et qui font le bonheur ou le malheur du genre humain.

Proposez ce qui est faisable, ne cesse-t-on de me répéter. C'est comme si l'on me disoit : Proposez de faire ce qu'on fait; ou du moins proposez quelque bien qui s'allie avec le mal existant. Un tel projet, sur certaine matière, est beaucoup plus chimérique que les miens : car dans cet alliage, le bien se gâte, et le mal ne se guérit pas. J'aimerois mieux suivre en tout la pratique établie, que d'en prendre une bonne à demi : il y auroit moins de contradiction dans l'homme : il ne peut tendre à la fois à deux buts opposés. Pères et mères, ce qui est faisable, est ce que vous voulez faire. Dois-je répondre de votre volonté ?

En toute espèce de projet, il y a deux choses à considérer : premièrement, la bonté absolue du projet, en second lieu, la facilité de l'exécution.

Au premier égard, il suffit, pour que le projet soit admissible et praticable en lui-même, que ce qu'il a de bon soit dans la nature de la chose; ici, par exemple, que l'éducation proposée soit convenable à l'homme, et bien adaptée au cœur humain.

La seconde considération dépend de rapports donnés dans certaines situations; rapports accidentels à la chose, lesquels, par conséquent, ne sont point nécessaires, et peuvent varier à l'infini. Ainsi, telle éducation peut être praticable en Suisse, et ne l'être pas en France; telle autre peut l'être chez les bourgeois, et telle autre parmi les grands. La facilité plus ou moins grande de l'exécution dépend de mille circonstances qu'il est impossible de déterminer autrement que dans une application particulière de la méthode à tel ou à tel pays, à telle ou à telle condition.

PRÉFACE.

Or toutes ces applications particulières, n'étant pas essentielles à mon sujet, n'entrent point dans mon plan. D'autres pourront s'en occuper s'ils veulent, chacun pour le pays ou l'état qu'il aura en vue. Il me suffit que, partout où naîtront des hommes, on puisse en faire ce que je propose ; et qu'ayant fait d'eux ce que je propose, on ait fait ce qu'il y a de meilleur et pour eux-mêmes et pour autrui. Si je ne remplis pas cet engagement, j'ai tort, sans doute ; mais si je le remplis, on auroit tort aussi d'exiger de moi davantage ; car je ne promets que cela.

ÉMILE

OU

DE L'ÉDUCATION.

LIVRE PREMIER.

Tout est bien, sortant des mains de l'Auteur des choses, tout dégénère entre les mains de l'homme. Il force une terre à nourrir les productions d'une autre, un arbre à porter les fruits d'un autre; il mêle et confond les climats, les éléments; il mutile son chien, son cheval, son esclave; il bouleverse tout, il défigure tout; il aime la difformité, les monstres; il ne veut rien tel que l'a fait la nature, pas même l'homme; il le faut dresser pour lui, comme un cheval de manége; il le faut contourner à sa mode, comme un arbre de son jardin.

Sans cela, tout iroit plus mal encore, et notre espèce ne veut pas être façonnée à demi. Dans l'état où sont désormais les choses, un homme abandonné dès sa naissance à lui-même parmi les autres, seroit le plus défiguré de tous. Les préjugés, l'autorité, la nécessité, l'exemple, toutes les institutions sociales dans lesquelles nous nous trouvons submergés, étoufferoient en lui la nature, et ne mettroient rien à sa place. Elle y seroit comme un arbrisseau que le hasard fait naître au milieu d'un chemin, et que les passants font bientôt périr, en le heurtant de toutes parts, et le pliant dans tous les sens.

C'est à toi que je m'adresse, tendre et prévoyante mère[1], qui sus t'écarter de la grande route, et ga-

[1] La première éducation est celle qui importe le plus, et cette première éducation appartient incontestablement aux femmes : si l'Auteur de la nature eût voulu qu'elle appartînt aux hommes, il leur eût donné du lait pour nourrir les enfants. Parlez donc toujours aux femmes par préférence dans vos traités d'éducation; car, outre qu'elles sont à portée d'y veiller de plus près que les hommes, et qu'elles y influent toujours davantage, le succès les intéresse aussi beaucoup plus, puisque la plupart des veuves se trouvent presque à la merci de leurs enfants, et qu'alors ils leur font vivement sentir en bien ou en mal l'effet de la manière dont elles les ont élevés. Les lois, toujours si occupées des biens et si peu des personnes, parce qu'elles ont pour objet la paix et non la vertu, ne donnent pas assez d'autorité aux mères. Cependant leur état est plus sûr que celui des pères; leurs devoirs sont plus pénibles; leurs soins importent plus au bon ordre de la famille; généralement elles ont plus d'attachement pour les enfants. Il y a des occasions où un fils qui manque de respect à son père peut en quelque sorte être excusé; mais si, dans quelque occasion que ce fût, un enfant étoit assez dénaturé pour en manquer à sa mère, à celle qui l'a porté dans son sein, qui l'a nourri de son lait, qui, durant des années, s'est oubliée elle-même pour ne s'occuper que de lui, on devroit se hâter d'étouffer ce misérable comme un monstre indigne de voir le jour. Les mères, dit-on, gâtent leurs enfants. En cela sans doute elles ont tort, mais moins de tort que vous peut-être qui les dépravez. La mère veut que son enfant

rantir l'arbrisseau naissant du choc des opinions humaines! Cultive, arrose la jeune plante avant qu'elle meure; ses fruits feront un jour tes délices. Forme de bonne heure une enceinte autour de l'ame de ton enfant; un autre en peut marquer le circuit, mais toi seule y dois poser la barrière¹.

On façonne les plantes par la culture, et les hommes par l'éducation. Si l'homme naissoit grand et fort, sa taille et sa force lui seroient inutiles jusqu'à ce qu'il eût appris à s'en servir; elles lui seroient préjudiciables, en empêchant les autres de songer à l'assister²; et abandonné à lui-même, il mourroit de misère avant d'avoir connu ses be-

---

soit heureux, qu'il le soit dès à présent. En cela elle a raison : quand elle se trompe sur les moyens, il faut l'éclairer. L'ambition, l'avarice, la tyrannie, la fausse prévoyance des pères, leur négligence, leur dure insensibilité, sont cent fois plus funestes aux enfants que l'aveugle tendresse des mères. Au reste, il faut expliquer le sens que je donne à ce nom de mère, et c'est ce qui sera fait ci-après.

1 On m'assure que M. Formey a cru que je voulois ici parler de ma mère, et qu'il l'a dit dans quelque ouvrage. C'est se moquer cruellement de M. Formey ou de moi *.

2 Semblable à eux à l'extérieur, et privé de la parole ainsi que des idées qu'elle exprime, il seroit hors d'état de leur faire entendre le besoin qu'il auroit de leur secours, et rien en lui ne leur manifesteroit ce besoin.

* Lors de la publication de l'*Émile* en 1762, les États de Hollande ayant désapprouvé l'édition donnée par J. Neaulme à La Haye, et dont le titre portoit : *suivant la copie de Paris, avec permission tacite pour le libraire*, Neaulme fut sur le point d'être condamné à une forte amende, et n'obtint grâce qu'à condition de donner sur-le-champ une autre édition, *purgée de tout ce qui pourroit donner matière à scandale*. Il s'adressa à Formey, qui, dès 1763, avoit publié un *anti-Émile*, et qui *arrangea* en effet l'édition nouvelle; et lui donnant pour titre, *Émile chrétien, consacré à l'utilité publique, et rédigé par M. Formey*, il fit dans l'ouvrage toutes les suppressions et les changements que ce nouveau titre rendoit nécessaires.

soins. On se plaint de l'état de l'enfance; on ne voit pas que la race humaine eût péri si l'homme n'eût commencé par être enfant.

Nous naissons foibles, nous avons besoin de force; nous naissons dépourvus de tout, nous avons besoin d'assistance; nous naissons stupides, nous avons besoin de jugement. Tout ce que nous n'avons pas à notre naissance, et dont nous avons besoin étant grands, nous est donné par l'éducation.

Cette éducation nous vient de la nature ou des hommes ou des choses. Le développement interne de nos facultés et de nos organes est l'éducation de la nature; l'usage qu'on nous apprend à faire de ce développement est l'éducation des hommes, et l'acquis de notre propre expérience sur les objets qui nous affectent est l'éducation des choses.

Chacun de nous est donc formé par trois sortes de maîtres. Le disciple, dans lequel leurs diverses leçons se contrarient, est mal élevé, et ne sera jamais d'accord avec lui-même: celui dans lequel elles tombent toutes sur les mêmes points, et tendent aux mêmes fins, va seul à son but et vit conséquemment. Celui-là seul est bien élevé.

Or, de ces trois éducations différentes, celle de la nature ne dépend point de nous; celle des choses n'en dépend qu'à certains égards. Celle des hommes est la seule dont nous soyons vraiment les maîtres: encore ne le sommes-nous que par supposition; car qui est-ce qui peut espérer de diriger entièrement les discours et les actions de tous ceux qui environnent un enfant ?

Sitôt donc que l'éducation est un art, il est presque impossible qu'elle réussisse, puisque le concours nécessaire à son succès ne dépend de personne. Tout ce qu'on peut faire à force de soins est d'approcher plus ou moins du but, mais il faut du bonheur pour l'atteindre.

Quel est ce but? c'est celui même de la nature; cela vient d'être prouvé. Puisque le concours des trois éducations est nécessaire à leur perfection, c'est sur celle à laquelle nous ne pouvons rien qu'il faut diriger les deux autres. Mais peut-être ce mot de nature a-t-il un sens trop vague; il faut tâcher ici de le fixer.

La nature, nous dit-on, n'est que l'habitude[1]. Que signifie cela? N'y a-t-il pas des habitudes qu'on ne contracte que par force, et qui n'étouffent jamais la nature? Telle est, par exemple, l'habitude des plantes dont on gêne la direction verticale. La plante mise en liberté garde l'inclinaison qu'on l'a forcée à prendre; mais la sève n'a point changé pour cela sa direction primitive, et, si la plante

[1] M. Formey nous assure qu'on ne dit pas précisément cela. Cela me paroît pourtant très-précisément dit dans ce vers auquel je me proposois de répondre :

La nature, crois-moi, n'est rien que l'habitude.

M. Formey, qui ne veut pas enorgueillir ses semblables, nous donne modestement la mesure de sa cervelle pour celle de l'entendement humain.

continue à végéter, son prolongement redevient vertical. Il en est de même des inclinations des hommes. Tant qu'on reste dans le même état, on peut garder celles qui résultent de l'habitude et qui nous sont le moins naturelles; mais sitôt que la situation change, l'habitude cesse et le naturel revient. L'éducation n'est certainement qu'une habitude. Or, n'y a-t-il pas des gens qui oublient et perdent leur éducation, d'autres qui la gardent? D'où vient cette différence? S'il faut borner le nom de nature aux habitudes conformes à la nature, on peut s'épargner ce galimatias.

Nous naissons sensibles, et, dès notre naissance, nous sommes affectés de diverses manières par les objets qui nous environnent. Sitôt que nous avons pour ainsi dire la conscience de nos sensations, nous sommes disposés à rechercher ou à fuir les objets qui les produisent, d'abord, selon qu'elles nous sont agréables ou déplaisantes, puis selon la convenance ou disconvenance que nous trouvons entre nous et ces objets, et enfin, selon les jugements que nous en portons sur l'idée de bonheur ou de perfection que la raison nous donne. Ces dispositions s'étendent et s'affermissent à mesure que nous devenons plus sensibles et plus éclairés; mais, contraintes par nos habitudes, elles s'altèrent plus ou moins par nos opinions. Avant cette altération, elles sont ce que j'appelle en nous la nature.

C'est donc à ces dispositions primitives qu'il faudroit tout rapporter; et cela se pourroit si nos trois éducations n'étoient que différentes; mais que faire quand elles sont opposées, quand, au lieu d'élever un homme pour lui-même, on veut l'élever pour les autres? Alors le concert est impossible. Forcé de combattre la nature ou les institutions sociales, il faut opter entre faire un homme ou un citoyen; car on ne peut faire à la fois l'un et l'autre.

Toute société partielle, quand elle est étroite et bien unie, s'aliène de la grande. Tout patriote est dur aux étrangers : ils ne sont qu'hommes, ils ne sont rien à ses yeux [1]. Cet inconvénient est inévitable, mais il est foible. L'essentiel est d'être bon aux gens avec qui l'on vit. Au dehors, le Spartiate étoit ambitieux, avare, inique; mais le désintéressement, l'équité, la concorde, régnoient dans ses murs. Défiez-vous de ces cosmopolites qui vont chercher au loin dans leurs livres des devoirs qu'ils dédaignent de remplir autour d'eux. Tel philosophe aime les Tartares, pour être dispensé d'aimer ses voisins.

L'homme naturel est tout pour lui; il est l'unité numérique, l'entier absolu, qui n'a de rapport

---

[1] Aussi les guerres des républiques sont-elles plus cruelles que celles des monarchies. Mais si la guerre des rois est modérée, c'est leur paix qui est terrible : il vaut mieux être leur ennemi que leur sujet.

qu'à lui-même ou à son semblable. L'homme civil n'est qu'une unité fractionnaire qui tient au dénominateur, et dont la valeur est dans son rapport avec l'entier, qui est le corps social. Les bonnes institutions sociales sont celles qui savent le mieux dénaturer l'homme, lui ôter son existence absolue pour lui en donner une relative, et transporter le *moi* dans l'unité commune; en sorte que chaque particulier ne se croie plus un, mais partie de l'unité, et ne soit plus sensible que dans le tout. Un citoyen de Rome n'étoit ni Caïus ni Lucius; c'étoit un Romain ; même il aimoit la patrie exclusivement à lui. Régulus se prétendoit Carthaginois, comme étant devenu le bien de ses maîtres. En sa qualité d'étranger, il refusoit de siéger au sénat de Rome, il fallut qu'un Carthaginois le lui ordonnât. Il s'indignoit qu'on voulût lui sauver la vie. Il vainquit, et s'en retourna triomphant mourir dans les supplices. Cela n'a pas grand rapport, ce me semble, aux hommes que nous connoissons.

Le Lacédémonien Pédarète se présente pour être admis au conseil des trois cents; il est rejeté : il s'en retourne tout joyeux de ce qu'il s'est trouvé dans Sparte trois cents hommes valant mieux que lui [1]. Je suppose cette démonstration sincère; et il y a lieu de croire qu'elle l'étoit : voilà le citoyen.

Une femme de Sparte avoit cinq fils à l'armée, et attendoit des nouvelles de la bataille. Un ilote

[1] Plut., *Dicts not. des Laced.*, § 60.

arrive; elle lui en demande en tremblant: Vos cinq fils ont été tués. Vil esclave, t'ai-je demandé cela? Nous avons gagné la victoire! La mère court au temple et rend grâces au dieux [1]. Voilà la citoyenne.

Celui qui dans l'ordre civil veut conserver la primauté des sentiments de la nature, ne sait ce qu'il veut. Toujours en contradiction avec lui-même, toujours flottant entre ses penchants et ses devoirs, il ne sera jamais ni homme ni citoyen, il ne sera bon ni pour lui ni pour les autres. Ce sera un de ces hommes de nos jours, un François, un Anglois, un bourgeois; ce ne sera rien.

Pour être quelque chose, pour être soi-même et toujours un, il faut agir comme on parle, il faut être toujours décidé sur le parti que l'on doit prendre, le prendre hautement et le suivre toujours. J'attends qu'on me montre ce prodige pour savoir s'il est homme ou citoyen, ou comment il s'y prendra pour être à la fois l'un et l'autre.

De ces objets nécessairement opposés viennent deux formes d'institution contraires; l'une publique et commune, l'autre particulière et domestique.

Voulez-vous prendre une idée de l'éducation publique, lisez la république de Platon. Ce n'est point un ouvrage de politique, comme le pensent

[1] Plut., *Dcits not. des Laced*, § 5.

ceux qui ne jugent des livres que par leurs titres ; c'est le plus beau traité d'éducation qu'on ait jamais fait.

Quand on veut renvoyer au pays des chimères, on nomme l'institution de Platon : si Lycurgue n'eût mis la sienne que par écrit, je la trouverois bien plus chimérique. Platon n'a fait qu'épurer le cœur de l'homme; Lycurgue l'a dénaturé.

L'institution publique n'existe plus, et ne peut plus exister, parce qu'où il n'y a plus de patrie, il ne peut plus y avoir de citoyens. Ces deux mots *patrie* et *citoyen* doivent être effacés des langues modernes. J'en sais bien la raison, mais je ne veux pas la dire; elle ne fait rien à mon sujet.

Je n'envisage pas comme une institution publique ces risibles établissements qu'on appelle colléges [1]. Je ne compte pas non plus l'éducation du monde, parce que cette éducation, tendant à deux fins contraires, les manque toutes deux : elle n'est propre qu'à faire des hommes doubles, paroissant toujours rapporter tout aux autres, et ne rapportant jamais rien qu'à eux seuls. Or ces démonstra-

---

[1] Il y a dans plusieurs écoles, et surtout dans l'Université de Paris*, des professeurs que j'aime, que j'estime beaucoup, et que je crois très-capables de bien instruire la jeunesse, s'ils n'étoient forcés de suivre l'usage établi. J'exhorte l'un d'entre eux à publier le projet de réforme qu'il a conçu. L'on sera peut-être enfin tenté de guérir le mal en voyant qu'il n'est pas sans remède.

* On lit dans l'édition originale : *Il y a dans l'Académie de Genève et dans l'Université de Paris des professeurs*, etc.

LIVRE I.

tions, étant communes à tout le monde, n'abusent personne. Ce sont autant de soins perdus.

De ces contradictions naît celle que nous éprouvons sans cesse en nous-mêmes. Entraînés par la nature et par les hommes dans des routes contraires; forcés de nous partager entre ces diverses impulsions, nous en suivons une composée qui ne nous mène ni à l'un ni à l'autre but. Ainsi combattus et flottants durant tout le cours de notre vie, nous la terminons sans avoir pu nous accorder avec nous, et sans avoir été bons ni pour nous ni pour les autres.

Reste enfin l'éducation domestique ou celle de la nature; mais que deviendra pour les autres un homme uniquement élevé pour lui? Si peut-être le double objet qu'on se propose pouvoit se réunir en un seul, en ôtant les contradictions de l'homme, on ôteroit un grand obstacle à son bonheur. Il faudroit, pour en juger, le voir tout formé; il faudroit avoir observé ses penchants, vu ses progrès, suivi sa marche; il faudroit, en un mot, connoître l'homme naturel. Je crois qu'on aura fait quelques pas dans ces recherches après avoir lu cet écrit.

Pour former cet homme rare qu'avons-nous à faire? Beaucoup, sans doute: c'est d'empêcher que rien ne soit fait. Quand il ne s'agit que d'aller contre le vent on louvoie; mais si la mer est forte et qu'on veuille rester en place, il faut jeter l'ancre. Prends garde, jeune pilote, que ton câble ne file ou que ton ancre ne laboure, et que le vaisseau ne dérive avant que tu t'en sois aperçu.

Dans l'ordre social, où toutes les places sont marquées, chacun doit être élevé pour la sienne. Si un particulier formé pour sa place en sort, il n'est plus propre à rien. L'éducation n'est utile qu'autant que la fortune s'accorde avec la vocation des parents; en tout autre cas elle est nuisible à l'élève, ne fût-ce que par les préjugés qu'elle lui a donnés. En Égypte, où le fils étoit obligé d'embrasser l'état de son père, l'éducation du moins avoit un but assuré; mais, parmi nous, où les rangs seuls demeurent, et où les hommes en changent sans cesse, nul ne sait si, en élevant son fils pour le sien, il ne travaille pas contre lui.

Dans l'ordre naturel, les hommes étant tous égaux, leur vocation commune est l'état d'homme; et quiconque est bien élevé pour celui-là, ne peut mal remplir ceux qui s'y rapportent. Qu'on destine mon élève à l'épée, à l'Église, au barreau, peu m'importe. Avant la vocation des parents, la nature l'appelle à la vie humaine. Vivre est le métier que je lui veux apprendre. En sortant de mes mains, il ne sera, j'en conviens, ni magistrat, ni soldat, ni prêtre; il sera premièrement homme: tout ce qu'un homme doit être, il saura l'être au besoin tout aussi bien que qui que ce soit; et la fortune aura beau le faire changer de place, il sera toujours à la sienne. *Occupavi te, fortuna, atque cepi; omnesque aditus tuos interclusi, ut ad me aspirare non posses* [1].

Notre véritable étude est celle de la condition humaine. Celui d'entre nous qui sait le mieux supporter les biens et les maux de cette vie est à mon gré le mieux élevé; d'où il suit que la véritable éducation consiste moins en préceptes qu'en exercices. Nous commençons à nous instruire en commençant à vivre; notre éducation commence avec nous; notre premier précepteur est notre nourrice. Aussi ce mot *éducation* avoit-il chez les anciens un autre sens que nous ne lui donnons plus : il signifioit nourriture. *Educit obstetrix,* dit Varron; *educat nutrix, instituit pædagogus, docet magister* [2]. Ainsi l'éducation, l'institution, l'instruction, sont trois choses aussi différentes dans leur objet que la gouvernante, le précepteur et le maître. Mais ces distinctions sont mal entendues; et, pour être bien conduit, l'enfant ne doit suivre qu'un seul guide.

Il faut donc généraliser nos vues, et considérer dans notre élève l'homme abstrait, l'homme exposé à tous les accidents de la vie humaine. Si les hommes naissoient attachés au sol d'un pays, si la même saison duroit toute l'année, si chacun tenoit à sa fortune de manière à n'en pouvoir jamais changer, la pratique établie seroit bonne à certains

---

[1] Cic., Tuscul., V, cap. ix.
[2] Non. Marcell.

égards; l'enfant élevé pour son état, n'en sortant jamais, ne pourroit être exposé aux inconvénients d'un autre. Mais, vu la mobilité des choses humaines, vu l'esprit inquiet et remuant de ce siècle qui bouleverse tout à chaque génération, peut-on concevoir une méthode plus insensée que d'élever un enfant comme n'ayant jamais à sortir de sa chambre, comme devant être sans cesse entouré de ses gens? Si le malheureux fait un seul pas sur la terre, s'il descend d'un seul degré, il est perdu. Ce n'est pas lui apprendre à supporter la peine; c'est l'exercer à la sentir.

On ne songe qu'à conserver son enfant; ce n'est pas assez : on doit lui apprendre à se conserver étant homme, à supporter les coups du sort, à braver l'opulence et la misère, à vivre, s'il le faut, dans les glaces d'Islande ou sur le brûlant rocher de Malte. Vous avez beau prendre des précautions pour qu'il ne meure pas, il faudra pourtant qu'il meure, et quand sa mort ne seroit pas l'ouvrage de vos soins, encore seroient-ils mal entendus. Il s'agit moins de l'empêcher de mourir que de le faire vivre. Vivre ce n'est pas respirer, c'est agir, c'est faire usage de nos organes, de nos sens, de nos facultés, de toutes les parties de nous-mêmes qui nous donnent le sentiment de notre existence. L'homme qui a le plus vécu n'est pas celui qui a compté le plus d'années, mais celui qui a le plus senti la vie. Tel s'est fait enterrer à cent ans, qui mourut dès sa naissance. Il eût gagné d'aller au tombeau dans sa jeunesse, s'il eût vécu du moins jusqu'à ce temps-là.

Toute notre sagesse consiste en préjugés serviles; tous nos usages ne sont qu'assujettissement, gêne, et contrainte. L'homme civil naît, vit et meurt dans l'esclavage : à sa naissance on le coud dans un maillot; à sa mort on le cloue dans une bière; tant qu'il garde la figure humaine, il est enchaîné par nos institutions.

On dit que plusieurs sages-femmes prétendent, en pétrissant la tête des enfants nouveau-nés, lui donner une forme plus convenable, et on le souffre! Nos têtes seroient mal de la façon de l'Auteur de notre être : il nous les faut façonner au dehors par les sages-femmes, et au dedans par les philosophes. Les Caraïbes sont de la moitié plus heureux que nous.

« A peine l'enfant est-il sorti du sein de la mère,
« et à peine jouit-il de la liberté de mouvoir et
« d'étendre ses membres, qu'on lui donne de nou-
« veaux liens. On l'emmaillotte, on le couche la
« tête fixée et les jambes alongées, les bras pen-
« dants à côté du corps; il est entouré de linges et
« de bandages de toute espèce, qui ne lui per-
« mettent pas de changer de situation. Heureux
« si on ne l'a pas serré au point de l'empêcher de
« respirer, et si on a eu la précaution de le cou-
« cher sur le côté, afin que les eaux qu'il doit

« rendre par la bouche puissent tomber d'elles-
« mêmes; car il n'auroit pas la liberté de tourner
« la tête sur le côté pour en faciliter l'écoulement[1]. »

L'enfant nouveau-né a besoin d'étendre et de
mouvoir ses membres, pour les tirer de l'engour-
dissement où, rassemblés en un peloton, ils ont
resté si long-temps. On les étend, il est vrai, mais
on les empêche de se mouvoir; on assujettit la tête
même par des têtières : il semble qu'on a peur qu'il
n'ait l'air d'être en vie.

Ainsi l'impulsion des parties internes d'un corps
qui tend à l'accroissement, trouve un obstacle in-
surmontable aux mouvements qu'elle lui demande.
L'enfant fait continuellement des efforts inutiles
qui épuisent ses forces ou retardent leur progrès.
Il étoit moins à l'étroit, moins gêné, moins comprimé dans l'amnios qu'il n'est dans ses langes : je
ne vois pas ce qu'il a gagné de naître.

L'inaction, la contrainte où l'on retient les membres d'un enfant, ne peuvent que gêner la circulation du sang, des humeurs, empêcher l'enfant
de se fortifier, de croître, et altérer sa constitution. Dans les lieux où l'on n'a point ces précautions extravagantes, les hommes sont tous grands,
forts, bien proportionnés[2]. Les pays où l'on emmaillotte les enfants sont ceux qui fourmillent de
bossus, de boiteux, de cagneux, de noués, de ra-

[1] *Hist. nat.*, tome IV, page 190, in-12.
[2] Voyez la note de la page 74.

chitiques, de gens contrefaits de toute espèce. De peur que les corps ne se déforment par des mouvements libres, on se hâte de les déformer en les mettant en presse. On les rendroit volontiers perclus pour les empêcher de s'estropier.

Une contrainte si cruelle pourroit-elle ne pas influer sur leur humeur ainsi que sur leur tempérament? Leur premier sentiment est un sentiment de douleur et de peine : ils ne trouvent qu'obstacles à tous les mouvements dont ils ont besoin : plus malheureux qu'un criminel aux fers, ils font de vains efforts, ils s'irritent, ils crient. Leurs premières voix, dites-vous, sont des pleurs? Je le crois bien : vous les contrariez dès leur naissance; les premiers dons qu'ils reçoivent de vous sont des chaînes; les premiers traitements qu'ils éprouvent sont des tourments. N'ayant rien de libre que la voix, comment ne s'en serviroient-ils pas pour se plaindre! ils crient du mal que vous leur faites : ainsi garrottés, vous crieriez plus fort qu'eux.

D'où vient cet usage déraisonnable? d'un usage dénaturé. Depuis que les mères, méprisant leur premier devoir, n'ont plus voulu nourrir leurs enfants, il a fallu les confier à des femmes mercenaires, qui, se trouvant ainsi mères d'enfants étrangers pour qui la nature ne leur disoit rien, n'ont cherché qu'à s'épargner de la peine. Il eût fallu veiller sans cesse sur un enfant en liberté : mais, quand il est bien lié, on le jette dans un coin sans s'embarrasser de ses cris. Pourvu qu'il n'y ait pas de preuves de la négligence de la nourrice, pourvu que le nourrisson ne se casse ni bras ni jambe, qu'importe, au surplus, qu'il périsse ou qu'il demeure infirme le reste de ses jours? On conserve ses membres aux dépens de son corps, et, quoi qu'il arrive, la nourrice est disculpée.

Ces douces mères qui, débarrassées de leurs enfants, se livrent gaiement aux amusements de la ville, savent-elles cependant quel traitement l'enfant dans son maillot reçoit au village? Au moindre fracas qui survient, on le suspend à un clou comme un paquet de hardes; et tandis que, sans se presser, la nourrice vaque à ses affaires, le malheureux reste ainsi crucifié. Tous ceux qu'on a trouvés dans cette situation avoient le visage violet; la poitrine fortement comprimée ne laissant pas circuler le sang, il remontoit à la tête, et l'on croyoit le patient fort tranquille parce qu'il n'avoit pas la force de crier. J'ignore combien d'heures un enfant peut rester en cet état sans perdre la vie, mais je doute que cela puisse aller fort loin. Voilà, je pense, une des plus grandes commodités du maillot.

On prétend que les enfants en liberté pourroient prendre de mauvaises situations, et se donner des mouvements capables de nuire à la bonne conformation de leurs membres. C'est là un de ces vains raisonnements de notre fausse sagesse, et que jamais aucune expérience n'a confirmés. De cette multitude d'enfants qui, chez des peuples plus sensés que nous, sont nourris dans toute la liberté de leurs membres, on n'en voit pas un seul qui se blesse ni s'estropie : ils ne sauroient donner à leurs mouvements la force qui peut les rendre dangereux; et quand ils prennent une situation violente, la douleur les avertit bientôt d'en changer.

Nous ne nous sommes pas encore avisés de mettre au maillot les petits des chiens ni des chats; voit-on qu'il résulte pour eux quelque inconvénient de cette négligence? Les enfants sont plus lourds; d'accord : mais à proportion ils sont aussi plus foibles. A peine peuvent-ils se mouvoir; comment s'estropieroient-ils? Si on les étendoit sur le dos, ils mourroient dans cette situation, comme la tortue, sans pouvoir jamais se retourner.

Non contentes d'avoir cessé d'allaiter leurs enfants, les femmes cessent d'en vouloir faire; la conséquence est naturelle. Dès que l'état de mère est onéreux, on trouve bientôt le moyen de s'en délivrer tout-à-fait : on veut faire un ouvrage inutile, afin de le recommencer toujours, et l'on tourne au préjudice de l'espèce l'attrait donné pour la multiplier. Cet usage, ajouté aux autres causes de dépopulation, nous annonce le sort prochain de l'Europe. Les sciences, les arts, la philosophie et les mœurs qu'elle engendre, ne tarderont pas d'en faire un désert. Elle sera peuplée de bêtes féroces : elle n'aura pas beaucoup changé d'habitants.

J'ai vu quelquefois le petit manége des jeunes femmes qui feignent de vouloir nourrir leurs enfants. On sait se faire presser de renoncer à cette fantaisie : on fait adroitement intervenir les époux, les médecins, surtout les mères. Un mari qui oseroit consentir que sa femme nourrît son enfant, seroit un homme perdu; l'on en feroit un assassin qui veut se défaire d'elle. Maris prudents, il faut immoler à la paix l'amour paternel. Heureux qu'on trouve à la campagne des femmes plus continentes que les vôtres! plus heureux si le temps que celles-ci gagnent n'est pas destiné pour d'autres que vous!

Le devoir des femmes n'est pas douteux : mais on dispute si, dans le mépris qu'elles en font, il est égal pour les enfants d'être nourris de leur lait ou d'un autre. Je tiens cette question, dont les médecins sont les juges, pour décidée au souhait des femmes [1]; et pour moi, je penserois bien aussi qu'il vaut mieux que l'enfant suce le lait d'une nourrice en santé que d'une mère gâtée, s'il avoit

---

[1] La ligue des femmes et des médecins m'a toujours paru l'une des plus plaisantes singularités de Paris. C'est par les femmes que les médecins acquièrent leur réputation, et c'est par les médecins que les femmes font leurs volontés. On se doute bien par-là quelle est la sorte d'habileté qu'il faut à un médecin de Paris pour devenir célèbre.

quelque nouveau mal à craindre du même sang dont il est formé.

Mais la question doit-elle s'envisager seulement par le côté physique? et l'enfant a-t-il moins besoin des soins d'une mère que de sa mamelle? D'autres femmes, des bêtes même, pourront lui donner le lait qu'elle lui refuse : la sollicitude maternelle ne se supplée point. Celle qui nourrit l'enfant d'une autre au lieu du sien est une mauvaise mère; comment sera-t-elle une bonne nourrice? elle pourra le devenir, mais lentement; il faudra que l'habitude change la nature : et l'enfant mal soigné aura le temps de périr cent fois avant que sa nourrice ait pris pour lui une tendresse de mère.

De cet avantage même résulte un inconvénient qui seul devroit ôter à toute femme sensible le courage de faire nourrir son enfant par une autre, c'est celui de partager le droit de mère, ou plutôt de l'aliéner; de voir son enfant aimer une autre femme autant et plus qu'elle; de sentir que la tendresse qu'il conserve pour sa propre mère est une grâce, et que celle qu'il a pour sa mère adoptive est un devoir : car, où j'ai trouvé les soins d'une mère, ne dois-je pas l'attachement d'un fils?

La manière dont on remédie à cet inconvénient est d'inspirer aux enfants du mépris pour leurs nourrices, en les traitant en véritables servantes. Quand leur service est achevé, on retire l'enfant, ou l'on congédie la nourrice; à force de la mal recevoir, on la rebute de venir voir son nourrisson. Au bout de quelques années il ne la voit plus, il ne la connoît plus. La mère, qui croit se substituer à elle et réparer sa négligence par sa cruauté, se trompe. Au lieu de faire un tendre fils d'un nourrisson dénaturé, elle l'exerce à l'ingratitude; elle lui apprend à mépriser un jour celle qui lui donna la vie, comme celle qui l'a nourri de son lait.

Combien j'insisterois sur ce point, s'il étoit moins décourageant de rebattre en vain des sujets utiles! Ceci tient à plus de choses qu'on ne pense. Voulez-vous rendre chacun à ses premiers devoirs? commencez par les mères; vous serez étonné des changements que vous produirez. Tout vient successivement de cette première dépravation : tout l'ordre moral s'altère; le naturel s'éteint dans tous les cœurs; l'intérieur des maisons prend un air moins vivant; le spectacle touchant d'une famille naissante n'attache plus les maris, n'impose plus d'égards aux étrangers; on respecte moins la mère dont on ne voit pas les enfants; il n'y a point de résidence dans les familles; l'habitude ne renforce plus les liens du sang; il n'y a ni pères, ni mères, ni enfants, ni frères, ni sœurs; tous se connoissent à peine, comment s'aimeroient-ils? Chacun ne songe plus qu'à soi. Quand la maison n'est qu'une triste solitude, il faut bien aller s'égayer ailleurs.

Mais que les mères daignent nourrir leurs enfants, les mœurs vont se réformer d'elles-mêmes,

les sentiments de la nature se réveiller dans tous les cœurs; l'état va se repeupler : ce premier point, ce point seul va tout réunir. L'attrait de la vie domestique est le meilleur contre-poison des mauvaises mœurs. Le tracas des enfants, qu'on croit importun, devient agréable; il rend le père et la mère plus nécessaires, plus chers l'un à l'autre ; il resserre entre eux le lien conjugal. Quand la famille est vivante et animée, les soins domestiques font la plus chère occupation de la femme et le plus doux amusement du mari. Ainsi de ce seul abus corrigé résulteroit bientôt une réforme générale, bientôt la nature auroit repris tous ses droits. Qu'une fois les femmes redeviennent mères, bientôt les hommes redeviendront pères et maris.

Discours superflus! l'ennui même des plaisirs du monde ne ramène jamais à ceux-là. Les femmes ont cessé d'être mères; elles ne le seront plus; elles ne veulent plus l'être. Quand elles le voudroient, à peine le pourroient-elles ; aujourd'hui que l'usage contraire est établi, chacune auroit à combattre l'opposition de toutes celles qui l'approchent; liguées contre un exemple que les unes n'ont pas donné et que les autres ne veulent pas suivre.

Il se trouve pourtant quelquefois encore de jeunes personnes d'un bon naturel, qui, sur ce point osant braver l'empire de la mode et les clameurs de leur sexe, remplissent avec une vertueuse intrépidité ce devoir si doux que la nature leur impose. Puisse leur nombre augmenter par l'attrait des biens destinés à celles qui s'y livrent! Fondé sur des conséquences que donne le plus simple raisonnement, et sur des observations que je n'ai jamais vues démenties, j'ose promettre à ces dignes mères un attachement solide et constant de la part de leurs maris, une tendresse vraiment filiale de la part de leurs enfants, l'estime et le respect du public, d'heureuses couches sans accident et sans suite, une santé ferme et vigoureuse, enfin le plaisir de se voir un jour imiter par leurs filles, et citer en exemple à celles d'autrui.

Point de mère, point d'enfant. Entre eux les devoirs sont réciproques, et s'ils sont mal remplis d'un côté, ils seront négligés de l'autre. L'enfant doit aimer sa mère avant de savoir qu'il le doit. Si la voix du sang n'est fortifiée par l'habitude et les soins, elle s'éteint dans les premières années, et le cœur meurt pour ainsi dire avant que de naître. Nous voilà dès les premiers pas hors de la nature.

On en sort encore par une route opposée, lorsqu'au lieu de négliger les soins de mère, une femme les porte à l'excès; lorsqu'elle fait de son enfant son idole, qu'elle augmente et nourrit sa foiblesse pour l'empêcher de la sentir, et qu'espérant le soustraire aux lois de la nature, elle écarte de lui des atteintes pénibles, sans songer combien, pour quelques incommodités dont elle le préserve un moment, elle accumule au loin d'accidents et de périls sur sa tête, et combien c'est une précaution barbare de prolonger la foiblesse de l'enfance sous les fatigues des hommes faits. Thétis, pour rendre son fils invulnérable, le plongea, dit la fable, dans l'eau du Styx. Cette allégorie est belle et claire. Les mères cruelles dont je parle font autrement; à force de plonger leurs enfants dans la mollesse, elles les préparent à la souffrance; elles ouvrent leurs pores aux maux de toute espèce dont ils ne manqueront pas d'être la proie, étant grands [1].

Observez la nature, et suivez la route qu'elle vous trace. Elle exerce continuellement les enfants; elle endurcit leur tempérament par des épreuves de toute espèce; elle leur apprend de bonne heure ce que c'est que peine et douleur. Les dents qui percent leur donnent la fièvre, des coliques aiguës leur donnent des convulsions; de longues toux les suffoquent; les vers les tourmentent; la pléthore corrompt leur sang; des levains divers y fermentent, et causent des éruptions pé-

---

[1] Il parut dans le même temps qu'*Émile* une *Dissertation sur l'éducation physique des enfants*, par un *citoyen de Genève*, et dans laquelle on émet les mêmes principes que Rousseau. Celui-ci se plaint du plagiat dans le xie livre des *Confessions*. Ce concours fortuit de deux écrits sur le même sujet et du même titre dans les deux auteurs est expliqué dans le deuxième volume de *l'Histoire de J. J. Rousseau*, page 15, à l'article *Ballexsert*, où l'on trouvera des détails sur l'ouvrage et l'auteur.

rilleuses. Presque tout le premier âge est maladie et danger : la moitié des enfants qui naissent périt avant la huitième année. Les épreuves faites, l'enfant a gagné des forces; et sitôt qu'il peut user de la vie, le principe en devient plus assuré.

Voilà la règle de la nature. Pourquoi la contrariez-vous? Ne voyez-vous pas qu'en pensant la corriger, vous détruisez son ouvrage, vous empêchez l'effet de ses soins? Faire au dehors ce qu'elle fait au dedans, c'est, selon vous, redoubler le danger, et au contraire c'est y faire diversion, c'est l'exténuer. L'expérience apprend qu'il meurt encore plus d'enfants élevés délicatement que d'autres. Pourvu qu'on ne passe pas la mesure de leurs forces, on risque moins à les employer qu'à les ménager. Exercez-les donc aux atteintes qu'ils auront à supporter un jour. Endurcissez leurs corps aux intempéries des saisons, des climats, des éléments, à la faim, à la soif, à la fatigue; trempez-les dans l'eau du Styx. Avant que l'habitude du corps soit acquise, on lui donne celle qu'on veut, sans danger; mais quand une fois il est dans sa consistance, toute altération lui devient périlleuse. Un enfant supportera des changements que ne supporteroit pas un homme : les fibres du premier, molles et flexibles, prennent sans effort le pli qu'on leur donne; celles de l'homme, plus endurcies, ne changent plus qu'avec violence le pli qu'elles ont reçu. On peut donc rendre un enfant robuste sans exposer sa vie et sa santé; et quand il y auroit quelque risque, encore ne faudroit-il pas balancer. Puisque ce sont des risques inséparables de la vie humaine, peut-on mieux faire que de les rejeter sur le temps de sa durée où ils sont le moins désavantageux?

Un enfant devient plus précieux en avançant en âge. Au prix de sa personne se joint celui des soins qu'il a coûtés; à la perte de sa vie se joint en lui le sentiment de la mort. C'est donc surtout à l'avenir qu'il faut songer en veillant à sa conservation; c'est contre les maux de la jeunesse qu'il faut l'armer avant qu'il y soit parvenu : car si le prix de la vie augmente jusqu'à l'âge de la rendre utile, quelle folie n'est-ce point d'épargner quelques maux à l'enfance en les multipliant sur l'âge de raison? Sont-ce là les leçons du maître?

Le sort de l'homme est de souffrir dans tous les temps. Le soin même de sa conservation est attaché à la peine. Heureux de ne connoître dans son enfance que les maux physiques! maux bien moins cruels, bien moins douloureux que les autres, et qui bien plus rarement qu'eux nous font renoncer à la vie. On ne se tue point pour les douleurs de la goutte; il n'y a guère que celles de l'ame qui produisent le désespoir. Nous plaignons le sort de l'enfance, et c'est le nôtre qu'il faudroit plaindre. Nos plus grands maux nous viennent de nous.

En naissant, un enfant crie; sa première enfance se passe à pleurer. Tantôt on l'agite, on le flatte pour l'apaiser; tantôt on le menace, on le bat pour le faire taire. Ou nous faisons ce qu'il lui plaît, ou nous en exigeons ce qu'il nous plaît; ou nous nous soumettons à ses fantaisies, ou nous le soumettons aux nôtres : point de milieu, il faut qu'il donne des ordres ou qu'il en reçoive. Ainsi ses premières idées sont celles d'empire et de servitude. Avant de savoir parler il commande; avant de pouvoir agir il obéit; et quelquefois on le châtie avant qu'il puisse connoître ses fautes, ou plutôt en commettre. C'est ainsi qu'on verse de bonne heure dans son jeune cœur les passions qu'on impute ensuite à la nature, et qu'après avoir pris peine à le rendre méchant, on se plaint de le trouver tel.

Un enfant passe six ou sept ans de cette manière entre les mains des femmes, victime de leur caprice et du sien; et après lui avoir fait apprendre ceci et cela, c'est-à-dire après avoir chargé sa mémoire ou de mots qu'il ne peut entendre, ou de choses qui ne lui sont bonnes à rien; après avoir étouffé le naturel par les passions qu'on a fait naître, on remet cet être factice entre les mains d'un précepteur, lequel achève de développer les germes artificiels qu'il trouve déjà tout formés, et lui apprend tout, hors à se connoître, hors à tirer parti de lui-même, hors à savoir vivre et se rendre heureux. Enfin, quand cet enfant esclave et tyran, plein de science et dépourvu de sens, également débile de corps et d'ame, est jeté dans le monde, en y montrant son ineptie, son orgueil et tous ses vices, il fait déplorer la misère et la perversité humaines. On se trompe; c'est là l'homme de nos fantaisies : celui de la nature est fait autrement.

Voulez-vous donc qu'il garde sa forme originelle, conservez-la dès l'instant qu'il vient au monde. Sitôt qu'il naît, emparez-vous de lui, et ne le quittez plus qu'il ne soit homme : vous ne réussirez jamais sans cela. Comme la véritable nourrice est la mère, le véritable précepteur est le père. Qu'ils s'accordent dans l'ordre de leurs fonctions ainsi que dans leur système; que des mains de l'une l'enfant passe dans celles de l'autre. Il sera mieux élevé par un père judicieux et borné que par le plus habile maître du monde; car le zèle suppléera mieux au talent que le talent au zèle.

Mais les affaires, les fonctions, les devoirs... Ah! les devoirs! sans doute le dernier est celui de père¹! Ne nous étonnons pas qu'un homme dont la femme a dédaigné de nourrir le fruit de leur union, dé-

---

¹ Quand on lit dans Plutarque* que Caton le censeur, qui gouverna Rome avec tant de gloire, éleva lui-même son fils dès le berceau, et avec un tel soin, qu'il quittoit tout pour être présent quand la nourrice, c'est-à-dire la mère, le remuoit et le lavoit; quand on lit dans Suétone** qu'Auguste, maître du monde qu'il avoit conquis et qu'il régissoit lui-même, enseignoit lui-

* Vie de Marcus Caton, § 41. — ** Vie d'Auguste, chap. LXIV.

daigne de l'élever. Il n'y a point de tableau plus charmant que celui de la famille; mais un seul trait manqué défigure tous les autres. Si la mère a trop peu de santé pour être nourrice, le père aura trop d'affaires pour être précepteur. Les enfants, éloignés, dispersés dans des pensions, dans des couvents, dans des colléges, porteront ailleurs l'amour de la maison paternelle, ou, pour mieux dire, ils y rapporteront l'habitude de n'être attachés à rien. Les frères et les sœurs se connoîtront à peine. Quand tous seront rassemblés en cérémonie, ils pourront être fort polis entre eux; ils se traiteront en étrangers. Sitôt qu'il n'y a plus d'intimité entre les parents, sitôt que la société de la famille ne fait plus la douceur de la vie, il faut bien recourir aux mauvaises mœurs pour y suppléer. Où est l'homme assez stupide pour ne pas voir la chaîne de tout cela?

Un père, quand il engendre et nourrit des enfants, ne fait en cela que le tiers de sa tâche. Il doit des hommes à son espèce; il doit à la société des hommes sociables; il doit des citoyens à l'état. Tout homme qui peut payer cette triple dette et ne le fait pas, est coupable, et plus coupable peut-

même à ses petits-fils à écrire, à nager, les éléments des sciences, et qu'il les avoit sans cesse autour de lui; on ne peut s'empêcher de rire des petites bonnes gens de ce temps-là, qui s'amusoient à de pareilles niaiseries; trop bornés, sans doute, pour savoir vaquer aux grandes affaires des grands hommes de nos jours.

être quand il la paie à demi. Celui qui ne peut remplir les devoirs de père n'a point droit de le devenir. Il n'y a ni pauvreté, ni travaux, ni respect humain, qui le dispensent de nourrir ses enfants et de les élever lui-même. Lecteur, vous pouvez m'en croire. Je prédis à quiconque a des entrailles et néglige de si saints devoirs, qu'il versera long-temps sur sa faute des larmes amères, et n'en sera jamais consolé [1].

Mais que fait cet homme riche, ce père de famille si affairé, et forcé, selon lui, de laisser ses enfants à l'abandon? il paie un autre homme pour remplir ces soins qui lui sont à charge. Ame vénale! crois-tu donner à ton fils un autre père avec de l'argent? Ne t'y trompe point; ce n'est pas même un maître que tu lui donnes, c'est un valet. Il en formera bientôt un second.

On raisonne beaucoup sur les qualités d'un bon gouverneur. La première que j'en exigerois, et celle-là seule en suppose beaucoup d'autres, c'est de n'être point un homme à vendre. Il y a des métiers si nobles, qu'on ne peut les faire pour de l'argent sans se montrer indigne de les faire; tel

---

[1] * C'est à ce passage qu'il fait allusion, lorsqu'il dit dans ses *Confessions* (liv. XII) : « En méditant mon *Traité de l'Éduca-*
« *tion*, je sentis que j'avois négligé des devoirs dont rien ne pou-
« voit me dispenser. Le remords enfin devint si vif, qu'il m'arracha
« presque l'aveu de ma faute au commencement d'*Émile*, et le trait
« même est si clair, qu'après un tel passage il est surprenant qu'on
« ait eu le courage de me le reprocher. »

est celui de l'homme de guerre; tel est celui de l'instituteur. Qui donc élèvera mon enfant? Je te l'ai déjà dit, toi-même. Je ne le peux. Tu ne le peux!... Fais-toi donc un ami. Je ne vois point d'autre ressource.

Un gouverneur! ô quelle ame sublime!... en vérité, pour faire un homme, il faut être ou père ou plus qu'homme soi-même. Voilà la fonction que vous confiez tranquillement à des mercenaires.

Plus on y pense, plus on aperçoit de nouvelles difficultés. Il faudroit que le gouverneur eût été élevé pour son élève, que ses domestiques eussent été élevés pour leur maître, que tous ceux qui l'approchent eussent reçu les impressions qu'ils doivent lui communiquer; il faudroit, d'éducation en éducation, remonter jusqu'on ne sait où. Comment se peut-il qu'un enfant soit bien élevé par qui n'a pas été bien élevé lui-même?

Ce rare mortel est-il introuvable? Je l'ignore. En ces temps d'avilissement, qui sait à quel point de vertu peut atteindre encore une ame humaine? Mais supposons ce prodige trouvé. C'est en considérant ce qu'il doit faire que nous verrons ce qu'il doit être. Ce que je crois voir d'avance est qu'un père qui sentiroit tout le prix d'un bon gouverneur, prendroit le parti de s'en passer; car il mettroit plus de peine à l'acquérir qu'à le devenir lui-même. Veut-il donc se faire un ami, qu'il élève son fils pour l'être; le voilà dispensé de le chercher ailleurs, et la nature a déjà fait la moitié de l'ouvrage.

Quelqu'un dont je ne connois que le rang m'a fait proposer d'élever son fils. Il m'a fait beaucoup d'honneur sans doute; mais, loin de se plaindre de mon refus, il doit se louer de ma discrétion. Si j'avois accepté son offre, et que j'eusse erré dans ma méthode, c'étoit une éducation manquée : si j'avois réussi, c'eût été bien pis, son fils auroit renié son titre, il n'eût plus voulu être prince.

Je suis trop pénétré de la grandeur des devoirs d'un précepteur, je sens trop mon incapacité pour accepter jamais un pareil emploi de quelque part qu'il me soit offert¹; et l'intérêt de l'amitié même ne seroit pour moi qu'un nouveau motif de refus. Je crois qu'après avoir lu ce livre, peu de gens seront tentés de me faire cette offre; et je prie ceux qui pourroient l'être, de n'en plus prendre l'inutile peine. J'ai fait autrefois un suffisant essai de ce métier pour être assuré que je n'y suis pas propre, et mon état m'en dispenseroit quand mes talents m'en rendroient capable. J'ai cru devoir cette déclaration publique à ceux qui paroissent ne pas m'accorder assez d'estime pour me croire sincère et fondé dans mes résolutions.

Hors d'état de remplir la tâche la plus utile,

---

¹ * C'est vingt ans après avoir fait un essai de ce genre avec les enfants de M. de Mably, qu'il tient ce langage. Ainsi il n'est point en contradiction avec lui-même.

j'oserai du moins essayer de la plus aisée : à l'exemple de tant d'autres, je ne mettrai point la main à l'œuvre, mais à la plume; et au lieu de faire ce qu'il faut, je m'efforcerai de le dire.

Je sais que, dans les entreprises pareilles à celle-ci, l'auteur, toujours à son aise dans des systèmes qu'il est dispensé de mettre en pratique, donne sans peine beaucoup de beaux préceptes impossibles à suivre, et que, faute de détails et d'exemples, ce qu'il dit même de praticable reste sans usage quand il n'en a pas montré l'application.

J'ai donc pris le parti de me donner un élève imaginaire, de me supposer l'âge, la santé, les connoissances et tous les talents convenables pour travailler à son éducation, de la conduire depuis le moment de sa naissance jusqu'à celui où, devenu homme fait, il n'aura plus besoin d'autre guide que lui-même. Cette méthode me paroît utile pour empêcher un auteur qui se défie de lui de s'égarer dans des visions; car, dès qu'il s'écarte de la pratique ordinaire, il n'a qu'à faire l'épreuve de la sienne sur son élève, il sentira bientôt, ou le lecteur sentira pour lui, s'il suit le progrès de l'enfance et la marche naturelle au cœur humain.

Voilà ce que j'ai tâché de faire dans toutes les difficultés qui se sont présentées. Pour ne pas grossir inutilement le livre, je me suis contenté de poser les principes dont chacun devoit sentir la vérité. Mais quant aux règles qui pourroient avoir besoin de preuves, je les ai toutes appliquées à mon Émile ou à d'autres exemples, et j'ai fait voir dans des détails très-étendus comment ce que j'établissois pouvoit être pratiqué : tel est du moins le plan que je me suis proposé de suivre. C'est au lecteur à juger si j'ai réussi.

Il est arrivé de là que j'ai d'abord peu parlé d'Émile, parce que mes premières maximes d'éducation, bien que contraires à celles qui sont établies, sont d'une évidence à laquelle il est difficile à tout homme raisonnable de refuser son consentement. Mais à mesure que j'avance, mon élève, autrement conduit que les vôtres, n'est plus un enfant ordinaire ; il lui faut un régime exprès pour lui. Alors il paroît plus fréquemment sur la scène, et vers les derniers temps je ne le perds plus un moment de vue, jusqu'à ce que, quoi qu'il en dise, il n'ait plus le moindre besoin de moi.

Je ne parle point ici des qualités d'un bon gouverneur; je les suppose, et je me suppose moi-même doué de toutes ces qualités. En lisant cet ouvrage on verra de quelle libéralité j'use envers moi.

Je remarquerai seulement, contre l'opinion commune, que le gouverneur d'un enfant doit être jeune, et même aussi jeune que peut l'être un homme sage. Je voudrois qu'il fût lui-même enfant, s'il étoit possible; qu'il pût devenir le compagnon de son élève, et s'attirer sa confiance en partageant ses amusements. Il n'y a pas assez de choses communes entre l'enfance et l'âge mûr pour qu'il se forme jamais un attachement bien solide à cette distance. Les enfants flattent quelquefois les vieillards, mais ils ne les aiment jamais [1].

On voudroit que le gouverneur eût déjà fait une éducation. C'est trop; un même homme n'en peut faire qu'une; s'il en falloit deux pour réussir, de quel droit entreprendroit-on la première?

Avec plus d'expérience on sauroit mieux faire, mais on ne le pourroit plus. Quiconque a rempli cet état une fois assez bien pour en sentir toutes les peines, ne tente point de s'y rengager; et s'il l'a mal rempli la première fois, c'est un mauvais préjugé pour la seconde.

Il est fort différent, j'en conviens, de suivre un jeune homme durant quatre ans, ou de le conduire durant vingt-cinq. Vous donnez un gouverneur à votre fils déjà tout formé; moi je veux qu'il en ait un avant que de naître. Votre homme à chaque lustre peut changer d'élève; le mien n'en aura jamais qu'un. Vous distinguez le précepteur

[1] Cette idée étoit aussi celle de l'abbé de Fleury, qui veut que le maître soit « bien fait de sa personne, parlant bien, d'un visage « agréable. Le peu de soin de s'accommoder en ceci à la foiblesse « des enfants, fait qu'il reste à la plupart de l'aversion de ce qu'ils « ont appris de gens trop vieux, maussades ou chagrins. » *Choix des Études*, n° 15.

du gouverneur : autre folie ! Distinguez-vous le disciple de l'élève ? Il n'y a qu'une science à enseigner aux enfants ; c'est celle des devoirs de l'homme. Cette science est une ; et quoi qu'ait dit Xénophon de l'éducation des Perses, elle ne se partage pas.

Au reste, j'appelle plutôt gouverneur que précepteur le maître de cette science, parce qu'il s'agit moins pour lui d'instruire que de conduire. Il ne doit point donner de préceptes, il doit les faire trouver.

S'il faut choisir avec tant de soin le gouverneur, il lui est bien permis de choisir aussi son élève, surtout quand il s'agit d'un modèle à proposer. Ce choix ne peut tomber ni sur le génie ni sur le caractère de l'enfant, qu'on ne connoît qu'à la fin de l'ouvrage, et que j'adopte avant qu'il soit né. Quand je pourrois choisir, je ne prendrois qu'un esprit commun, tel que je suppose mon élève. On n'a besoin d'élever que les hommes vulgaires, leur éducation doit seule servir d'exemple à celle de leurs semblables. Les autres s'élèvent malgré qu'on en ait.

Le pays n'est pas indifférent à la culture des hommes ; ils ne sont tout ce qu'ils peuvent être que dans les climats tempérés. Dans les climats extrêmes, le désavantage est visible. Un homme n'est pas planté comme un arbre dans un pays pour y demeurer toujours ; et celui qui part d'un des extrêmes pour arriver à l'autre, est forcé de faire le double du chemin que fait pour arriver au même terme celui qui part du terme moyen.

Que l'habitant d'un pays tempéré parcoure successivement les deux extrêmes, son avantage est encore évident; car bien qu'il soit autant modifié que celui qui va d'un extrême à l'autre, il s'éloigne pourtant de la moitié moins de sa constitution naturelle. Un François vit en Guinée et en Laponie; mais un Nègre ne vivra pas de même à Tornéa, ni un Samoïède au Benin. Il paroît encore que l'organisation du cerveau est moins parfaite aux deux extrêmes. Les Nègres ni les Lapons n'ont pas le sens des Européens. Si je veux donc que mon élève puisse être habitant de la terre, je le prendrai dans une zone tempérée; en France, par exemple, plutôt qu'ailleurs.

Dans le nord les hommes consomment beaucoup sur un sol ingrat; dans le midi ils consomment peu sur un sol fertile : de là naît une nouvelle différence qui rend les uns laborieux et les autres contemplatifs. La société nous offre en un même lieu l'image de ces différences entre les pauvres et les riches, les premiers habitent le sol ingrat, et les autres le pays fertile.

Le pauvre n'a pas besoin d'éducation; celle de son état est forcée; il n'en sauroit avoir d'autre : au contraire, l'éducation que le riche reçoit de son état, est celle qui lui convient le moins et pour lui-même et pour la société. D'ailleurs, l'éducation naturelle doit rendre un homme propre à toutes les conditions humaines : or il est moins raisonnable d'élever un pauvre pour être riche qu'un riche pour être pauvre; car, à proportion du nombre des deux états, il y a plus de ruinés que de parvenus. Choisissons donc un riche; nous serons sûrs au moins d'avoir fait un homme de plus, au lieu qu'un pauvre peut devenir homme de lui-même.

Par la même raison je ne serai pas fâché qu'Émile ait de la naissance. Ce sera toujours une victime arrachée au préjugé.

Émile est orphelin. Il n'importe qu'il ait son père et sa mère. Chargé de leurs devoirs, je succède à tous leurs droits. Il doit honorer ses parents; mais il ne doit obéir qu'à moi. C'est ma première ou plutôt ma seule condition.

J'y dois ajouter celle-ci, qui n'en est qu'une suite, qu'on ne nous ôtera jamais l'un à l'autre que de notre consentement. Cette clause est essentielle, et je voudrois même que l'élève et le gouverneur se regardassent tellement comme inséparables, que le sort de leurs jours fût toujours entre eux un objet commun. Sitôt qu'ils envisagent dans l'éloignement leur séparation, sitôt qu'ils prévoient le moment qui doit les rendre étrangers l'un à l'autre, ils le sont déjà; chacun fait son petit système à part; et tous deux occupés du temps où ils ne seront plus ensemble, n'y restent qu'à contre-cœur. Le disciple ne regarde le maître que comme l'enseigne et le fléau de l'enfance : le maître ne regarde le disciple que comme un lourd fardeau dont il brûle d'être déchargé : ils aspirent de concert au moment d'être délivrés l'un de l'autre ; et comme il n'y a jamais entre eux de véritable attachement, l'un doit avoir peu de vigilance, l'autre peu de docilité.

Mais, quand ils se regardent comme devant passer leurs jours ensemble, il leur importe de se faire aimer l'un de l'autre, et par cela même ils se deviennent chers. L'élève ne rougit point de suivre dans son enfance l'ami qu'il doit avoir étant grand ; le gouverneur prend intérêt à des soins dont il doit recueillir le fruit, et tout le mérite qu'il donne à son élève est un fonds qu'il place au profit de ses vieux jours.

Ce traité fait d'avance suppose un accouchement heureux, un enfant bien formé, vigoureux et sain. Un père n'a point de choix et ne doit point avoir de préférence dans la famille que Dieu lui donne : tous ses enfants sont également ses enfants ; il leur doit à tous les mêmes soins et la même tendresse. Qu'ils soient estropiés ou non, qu'ils soient languissants ou robustes, chacun d'eux est un dépôt dont il doit compte à la main dont il le tient, et le mariage est un contrat fait avec la nature aussi bien qu'entre les conjoints.

Mais quiconque s'impose un devoir que la nature ne lui a point imposé, doit s'assurer auparavant des moyens de le remplir; autrement il se rend comptable même de ce qu'il n'aura pu faire. Celui qui se charge d'un élève infirme et valétudinaire, change sa fonction de gouverneur en celle de garde-malade; il perd à soigner une vie inutile le temps qu'il destinoit à en augmenter le prix; il s'expose à voir une mère éplorée lui reprocher un jour la mort d'un fils qu'il lui aura long-temps conservé.

Je ne me chargerois pas d'un enfant maladif et cacochyme, dût-il vivre quatre-vingts ans. Je ne veux point d'un élève toujours inutile à lui-même et aux autres, qui s'occupe uniquement à se conserver, et dont le corps nuise à l'éducation de l'ame. Que ferois-je en lui prodiguant vainement mes soins, sinon doubler la perte de la société et lui ôter deux hommes pour un? Qu'un autre à mon défaut se charge de cet infirme, j'y consens, et j'approuve sa charité; mais mon talent à moi n'est pas celui-là : je ne sais point apprendre à vivre à qui ne songe qu'à s'empêcher de mourir.

Il faut que le corps ait de la vigueur pour obéir à l'ame : un bon serviteur doit être robuste. Je sais que l'intempérance excite les passions; elle exténue aussi le corps à la longue : les macérations, les jeûnes, produisent souvent le même effet par une cause opposée. Plus le corps est foible, plus il commande; plus il est fort, plus il obéit. Toutes les passions sensuelles logent dans des corps efféminés ; ils s'en irritent d'autant plus qu'ils peuvent moins les satisfaire.

Un corps débile affoiblit l'ame. De là l'empire de la médecine, art plus pernicieux aux hommes que tous les maux qu'il prétend guérir. Je ne sais pour moi de quelle maladie nous guérissent les médecins, mais je sais qu'ils nous en donnent de bien funestes; la lâcheté, la pusillanimité, la crédulité, la terreur de la mort : s'ils guérissent le corps, ils tuent le courage. Que nous importe qu'ils fassent marcher des cadavres? ce sont des hommes qu'il nous faut, et l'on n'en voit point sortir de leurs mains.

La médecine est à la mode parmi nous; elle doit l'être. C'est l'amusement des gens oisifs et désœuvrés, qui, ne sachant que faire de leur temps, le passent à se conserver. S'ils avoient eu le malheur de naître immortels, ils seroient les plus misérables des êtres : une vie qu'ils n'auroient jamais peur de perdre, ne seroit pour eux d'aucun prix. Il faut à ces gens-là des médecins qui les menacent pour les flatter, et qui leur donnent chaque jour le seul plaisir dont ils soient susceptibles, celui de n'être pas morts.

Je n'ai nul dessein de m'étendre ici sur la vanité de la médecine. Mon objet n'est que de la considérer par le côté moral. Je ne puis pourtant m'empêcher d'observer que les hommes font sur son usage les mêmes sophismes que sur la recherche de la vérité. Ils supposent toujours qu'en traitant un malade on le guérit, et qu'en cherchant une vérité on la trouve. Ils ne voient pas qu'il faut balancer l'avantage d'une guérison que le médecin opère, par la mort de cent malades qu'il a tués, et l'utilité d'une vérité découverte, par le tort que font les erreurs qui passent en même temps. La science qui instruit et la médecine qui guérit sont fort bonnes sans doute; mais la science qui trompe et la médecine qui tue sont mauvaises. Apprenez-nous donc à les distinguer. Voilà le nœud de la question. Si nous savions ignorer la vérité, nous ne serions jamais les dupes du mensonge; si nous savions ne vouloir pas guérir malgré la nature, nous ne mourrions jamais par la main du médecin : ces deux abstinences seroient sages; on gagneroit évidemment à s'y soumettre. Je ne dispute donc pas que la médecine ne soit utile à quelques hommes, mais je dis qu'elle est funeste au genre humain.

On me dira, comme on fait sans cesse, que les fautes sont du médecin, mais que la médecine en elle-même est infaillible. A la bonne heure; mais qu'elle vienne donc sans le médecin; car, tant qu'ils viendront ensemble, il y aura cent fois plus à craindre des erreurs de l'artiste qu'à espérer du secours de l'art [1].

[1] Bernardin de Saint-Pierre (préambule de l'*Arcadie*, note 8)

Cet art mensonger, plus fait pour les maux de l'esprit que pour ceux du corps, n'est pas plus utile aux uns qu'aux autres : il nous guérit moins de nos maladies qu'il ne nous en imprime l'effroi; il recule moins la mort qu'il ne la fait sentir d'avance; il use la vie au lieu de la prolonger, et, quand il la prolongeroit, ce seroit encore au préjudice de l'espèce, puisqu'il nous ôte à la société par les soins qu'il nous impose, et à nos devoirs par les frayeurs qu'il nous donne. C'est la connoissance des dangers qui nous les fait craindre : celui qui se croiroit invulnérable n'auroit peur de rien. A force d'armer Achille contre le péril, le poète lui ôte le mérite de la valeur; tout autre à sa place eût été un Achille au même prix.

Voulez-vous trouver des hommes d'un vrai courage, cherchez-les dans les lieux où il n'y a point de médecins, où l'on ignore les conséquences des maladies, et où l'on ne songe guère à la mort. Naturellement l'homme sait souffrir constamment et meurt en paix. Ce sont les médecins avec leurs ordonnances, les philosophes avec leurs préceptes, les prêtres avec leurs exhortations, qui l'avilissent de cœur et lui font désapprendre à mourir.

---

nous apprend que Rousseau lui dit un jour : « Si je faisois une nou-
« velle édition de mes ouvrages, j'adoucirois ce que j'y ai écrit sur
« les médecins. Il n'y a pas d'état qui demande autant d'études
« que le leur. Par tout pays ce sont les hommes les plus véritable-
« ment savants. »

Qu'on me donne donc un élève qui n'ait pas besoin de tous ces gens-là, ou je le refuse. Je ne veux point que d'autres gâtent mon ouvrage; je veux l'élever seul, ou ne m'en pas mêler. Le sage Locke, qui avoit passé une partie de sa vie à l'étude de la médecine, recommande fortement de ne jamais droguer les enfants, ni par précaution, ni pour de légères incommodités. J'irai plus loin, et je déclare que, n'appelant jamais de médecins pour moi, je n'en appellerai jamais pour mon Émile, à moins que sa vie ne soit dans un danger évident; car alors il ne peut pas lui faire p's que de le tuer.

Je sais bien que le médecin ne manquera pas de tirer avantage de ce délai. Si l'enfant meurt, on l'aura appelé trop tard; s'il réchappe, ce sera lui qui l'aura sauvé. Soit : que le médecin triomphe; mais surtout qu'il ne soit appelé qu'à l'extrémité.

Faute de savoir se guérir, que l'enfant sache être malade : cet art supplée à l'autre, et souvent réussit beaucoup mieux; c'est l'art de la nature. Quand l'animal est malade, il souffre en silence et se tient coi : or on ne voit pas plus d'animaux languissants que d'hommes. Combien l'impatience, la crainte, l'inquiétude, et surtout les remèdes, ont tué de gens que leur maladie auroit épargnés, et que le temps seul auroit guéris! On me dira que les animaux, vivant d'une manière plus conforme à la nature, doivent être sujets à moins de maux que nous. Hé bien! cette manière de vivre est précisément celle que je veux donner à mon élève; il en doit donc tirer le même profit.

La seule partie utile de la médecine est l'hygiène; encore l'hygiène est-elle moins une science qu'une vertu. La tempérance et le travail sont les deux vrais médecins de l'homme : le travail aiguise son appétit, et la tempérance l'empêche d'en abuser.

Pour savoir quel régime est le plus utile à la vie et à la santé, il ne faut que savoir quel régime observent les peuples qui se portent le mieux, sont les plus robustes, et vivent le plus long-temps. Si par les observations générales on ne trouve pas que l'usage de la médecine donne aux hommes une santé plus ferme ou une plus longue vie; par cela même que cet art n'est pas utile, il est nuisible, puisqu'il emploie le temps, les hommes et les choses à pure perte. Non seulement le temps qu'on passe à conserver la vie étant perdu pour en user, il l'en faut déduire; mais, quand ce temps est employé à nous tourmenter, il est pis que nul, il est négatif; et, pour calculer équitablement, il en faut ôter autant de celui qui nous reste. Un homme qui vit dix ans sans médecins vit plus pour lui-même et pour autrui que celui qui vit trente ans leur victime. Ayant fait l'une et l'autre épreuve, je me crois plus en droit que personne d'en tirer la conclusion.

Voilà mes raisons pour ne vouloir qu'un élève robuste et sain, et mes principes pour le maintenir tel. Je ne m'arrêterai pas à prouver au long l'utilité des travaux manuels et des exercices du corps pour renforcer le tempérament et la santé ; c'est ce que personne ne dispute : les exemples des plus longues vies se tirent presque tous d'hommes qui ont fait le plus d'exercice, qui ont supporté le plus de fatigue et de travail [1]. Je n'entrerai pas non plus dans de longs détails sur les soins que je prendrai pour ce seul objet ; on verra qu'ils entrent si nécessairement dans ma pratique, qu'il suffit d'en prendre l'esprit pour n'avoir pas besoin d'autre explication.

Avec la vie commencent les besoins. Au nou-

---

[1] En voici un exemple tiré des papiers anglois, lequel je ne puis m'empêcher de rapporter, tant il offre de réflexions à faire relatives à mon sujet.

« Un particulier nommé Patrice Oneil, né en 1647, vient de se
« remarier en 1760 pour la septième fois. Il servit dans les dragons
« la dix-septième année du règne de Charles II, et dans différents
« corps jusqu'en 1740, qu'il obtint son congé. Il a fait toutes les
« campagnes du roi Guillaume et du duc de Marlborough. Cet
« homme n'a jamais bu que de la bière ordinaire ; il s'est toujours
« nourri de végétaux, et n'a mangé de la viande que dans quel-
« ques repas qu'il donnoit à sa famille. Son usage a toujours été
« de se lever et de se coucher avec le soleil, à moins que ses de-
« voirs ne l'en aient empêché. Il est à présent dans sa cent trei-
« zième année, entendant bien, se portant bien, et marchant sans
« canne. Malgré son grand âge, il ne reste pas un seul moment
« oisif ; et tous les dimanches il va à sa paroisse, accompagné de
« ses enfants, petits-enfants, et arrière-petits-enfants. »

veau-né il faut une nourrice. Si la mère consent à remplir son devoir, à la bonne heure : on lui donnera ses directions par écrit; car cet avantage a son contre-poids et tient le gouverneur un peu plus éloigné de son élève. Mais il est à croire que l'intérêt de l'enfant et l'estime pour celui à qui elle veut bien confier un dépôt si cher, rendront la mère attentive aux avis du maître; et tout ce qu'elle voudra faire on est sûr qu'elle le fera mieux qu'une autre. S'il nous faut une nourrice étrangère, commençons par la bien choisir.

Une des misères des gens riches est d'être trompés en tout. S'ils jugent mal des hommes, faut-il s'en étonner? Ce sont les richesses qui les corrompent; et, par un juste retour, ils sentent les premiers le défaut du seul instrument qui leur soit connu. Tout est mal fait chez eux, excepté ce qu'ils y font eux-mêmes; et ils n'y font presque jamais rien. S'agit-il de chercher une nourrice, on la fait choisir par l'accoucheur. Qu'arrive-t-il de là? Que la meilleure est toujours celle qui l'a le mieux payé. Je n'irai donc pas consulter un accoucheur pour celle d'Émile; j'aurai soin de la choisir moi-même; je ne raisonnerai peut-être pas là-dessus si disertement qu'un chirurgien, mais à coup sûr je serai de meilleure foi, et mon zèle me trompera moins que son avarice.

Ce choix n'est point un si grand mystère; les règles en sont connues : mais je ne sais si l'on ne devroit pas faire un peu plus d'attention à l'âge du lait aussi bien qu'à sa qualité. Le nouveau lait est tout-à-fait séreux ; il doit presque être apéritif pour purger les restes du *meconium* épaissi dans les intestins de l'enfant qui vient de naître. Peu à peu le lait prend de la consistance et fournit une nourriture plus solide à l'enfant devenu plus fort pour la digérer. Ce n'est sûrement pas pour rien que dans les femelles de toute espèce la nature change la consistance du lait selon l'âge du nourrisson.

Il faudroit donc une nourrice nouvellement accouchée à un enfant nouvellement né. Ceci a son embarras, je le sais ; mais sitôt qu'on sort de l'ordre naturel, tout a ses embarras pour bien faire. Le seul expédient commode est de faire mal ; c'est aussi celui qu'on choisit.

Il faudroit une nourrice aussi saine de cœur que de corps : l'intempérie des passions peut, comme celle des humeurs, altérer son lait; de plus, s'en tenir uniquement au physique, c'est ne voir que la moitié de l'objet. Le lait peut être bon et la nourrice mauvaise ; un bon caractère est aussi essentiel qu'un bon tempérament. Si l'on prend une femme vicieuse, je ne dis pas que son nourrisson contractera ses vices, mais je dis qu'il en pâtira. Ne lui doit-elle pas avec son lait des soins qui demandent du zèle, de la patience, de la douceur, de la propreté ? Si elle est gourmande, intempérante, elle aura bientôt gâté son lait; si elle est négligente ou emportée, que va devenir à sa merci un pauvre malheureux qui ne peut ni se défendre ni se plaindre? Jamais en quoi que ce puisse être les méchants ne sont bons à rien de bon.

Le choix de la nourrice importe d'autant plus que son nourrisson ne doit point avoir d'autre gouvernante qu'elle, comme il ne doit point avoir d'autre précepteur que son gouverneur. Cet usage étoit celui des anciens, moins raisonneurs et plus sages que nous. Après avoir nourri des enfants de leur sexe, les nourrices ne les quittoient plus. Voilà pourquoi, dans leurs pièces de théâtre, la plupart des confidentes sont des nourrices. Il est impossible qu'un enfant qui passe successivement par tant de mains différentes soit jamais bien élevé. A chaque changement il fait de secrètes comparaisons qui tendent toujours à diminuer son estime pour ceux qui le gouvernent, et conséquemment leur autorité sur lui. S'il vient une fois à penser qu'il y a de grandes personnes qui n'ont pas plus de raison que des enfants, toute l'autorité de l'âge est perdue et l'éducation manquée. Un enfant ne doit connoître d'autres supérieurs que son père et sa mère, ou, à leur défaut, sa nourrice et son gouverneur; encore est-ce déjà trop d'un des deux: mais ce partage est inévitable; et tout ce qu'on peut faire pour y remédier est que les personnes des deux sexes qui le gouvernent soient si bien d'accord sur son compte, que les deux ne soient qu'un pour lui.

Il faut que la nourrice vive un peu plus commodément, qu'elle prenne des aliments un peu plus substantiels, mais non qu'elle change tout-à-fait de manière de vivre; car un changement prompt et total, même de mal en mieux, est toujours dangereux pour la santé; et puisque son régime ordinaire l'a laissée ou rendue saine et bien constituée, à quoi bon lui en faire changer?

Les paysannes mangent moins de viande et plus de légumes que les femmes de la ville; ce régime végétal paroît plus favorable que contraire à elles et à leurs enfants. Quand elles ont des nourrissons bourgeois, on leur donne des pots-au-feu, persuadé que le potage et le bouillon de viande leur font un meilleur chyle et fournissent plus de lait. Je ne suis point du tout de ce sentiment; et j'ai pour moi l'expérience qui nous apprend que les enfants ainsi nourris sont plus sujets à la colique et aux vers que les autres.

Cela n'est guère étonnant, puisque la substance animale en putréfaction fourmille de vers; ce qui n'arrive pas de même à la substance végétale. Le lait, bien qu'élaboré dans le corps de l'animal, est une substance végétale [1]; son analyse le démontre;

---

[1] Les femmes mangent du pain, des légumes, du laitage : les femelles des chiens et des chats en mangent aussi; les louves même paissent. Voilà des sucs végétaux pour leur lait. Reste à examiner

il tourne facilement à l'acide; et loin de donner aucun vestige d'alkali volatil, comme font les substances animales, il donne, comme les plantes, un sel neutre essentiel.

Le lait des femelles herbivores est plus doux et plus salutaire que celui des carnivores. Formé d'une substance homogène à la sienne, il en conserve mieux sa nature, et devient moins sujet à la putréfaction. Si l'on regarde à la quantité, chacun sait que les farineux font plus de sang que la viande; ils doivent donc faire aussi plus de lait. Je ne puis croire qu'un enfant qu'on ne sevreroit point trop tôt, ou qu'on ne sevreroit qu'avec des nourritures végétales, et dont la nourrice ne vivroit aussi que de végétaux, fût jamais sujet aux vers.

Il se peut que les nourritures végétales donnent un lait plus prompt à s'aigrir; mais je suis fort éloigné de regarder le lait aigri comme une nourriture malsaine : des peuples entiers qui n'en ont point d'autre, s'en trouvent fort bien, et tout cet appareil d'absorbants me paroît une pure charlatanerie. Il y a des tempéraments auxquels le lait ne convient point, et alors nul absorbant ne le leur rend supportable; les autres le supportent sans absorbants. On craint le lait trié ou caillé : c'est une folie, puisqu'on sait que le lait se caille tou-

celui des espèces qui ne peuvent absolument se nourrir que de chair, s'il y en a de telles; de quoi je doute.

jours dans l'estomac. C'est ainsi qu'il devient un aliment assez solide pour nourrir les enfants et les petits des animaux : s'il ne se cailloit point, il ne feroit que passer, il ne les nourriroit pas[1]. On a beau couper le lait de mille manières, user de mille absorbants, quiconque mange du lait digère du fromage ; cela est sans exception. L'estomac est si bien fait pour cailler le lait, que c'est avec l'estomac de veau que se fait la présure.

Je pense donc qu'au lieu de changer la nourriture ordinaire des nourrices, il suffit de la leur donner plus abondante et mieux choisie dans son espèce. Ce n'est pas par la nature des aliments que le maigre échauffe, c'est leur assaisonnement seul qui les rend malsains. Réformez les règles de votre cuisine, n'ayez ni roux ni friture ; que le beurre, ni le sel, ni le laitage, ne passent point sur le feu ; que vos légumes cuits à l'eau ne soient assaisonnés qu'arrivant tout chauds sur la table : le maigre, loin d'échauffer la nourrice, lui fournira du lait en abondance et de la meilleure qualité[2]. Se pourroit-il que, le régime végétal étant reconnu le meilleur pour l'enfant, le régime animal fût le

---

[1] Bien que les sucs qui nous nourrissent soient en liqueur, ils doivent être exprimés d'aliments solides. Un homme au travail qui ne vivroit que de bouillon dépériroit très-promptement. Il se soutiendroit beaucoup mieux avec du lait, parce qu'il se caille.

[2] Ceux qui voudront discuter plus au long les avantages et les inconvénients du régime pythagoricien, pourront consulter les

meilleur pour la nourrice? Il y a de la contradiction à cela.

C'est surtout dans les premières années de la vie que l'air agit sur la constitution des enfants. Dans une peau délicate et molle il pénètre par tous les pores, il affecte puissamment ces corps naissants, il leur laisse des impressions qui ne s'effacent point. Je ne serois donc pas d'avis qu'on tirât une paysanne de son village pour l'enfermer en ville dans une chambre et faire nourrir l'enfant chez soi ; j'aime mieux qu'il aille respirer le bon air de la campagne, qu'elle le mauvais air de la ville. Il prendra l'état de sa nouvelle mère, il habitera sa maison rustique, et son gouverneur l'y suivra. Le lecteur se souviendra bien que ce gouverneur n'est pas un homme à gages; c'est l'ami du père. Mais quand cet ami ne se trouve pas, quand ce transport n'est pas facile, quand rien de ce que vous conseillez n'est faisable, que faire à la place, me dira-t-on?... je vous l'ai déjà dit; ce que vous faites; on n'a pas besoin de conseil pour cela.

Les hommes ne sont point faits pour être entassés en fourmillières, mais épars sur la terre

traités que les docteurs Cocchi et Bianchi [1] *, son adversaire, ont faits sur cet important sujet.

[1] *Deux célèbres médecins d'Italie. Bianchi, né à Rimini en 1693, mort en 1775, publia beaucoup d'ouvrages sous le nom de *Janus Plancus*; celui dont veut parler Jean-Jacques a pour titre : *Discorso sopra il vitto pittagorico*, Venise, 1752, in-8°. Antoine Cocchi, né en 1665, mort en 1758, était originaire de Mugello, en Toscane. Il s'intitule quelquefois *Filosofo mugellano*. Il a fait une dissertation sur le régime pythagoricien, que Bentivoglio mit en françois.

qu'ils doivent cultiver. Plus ils se rassemblent, plus ils se corrompent. Les infirmités du corps, ainsi que les vices de l'ame, sont l'infaillible effet de ce concours trop nombreux. L'homme est de tous les animaux celui qui peut le moins vivre en troupeaux. Des hommes entassés comme des moutons périroient tous en très-peu de temps. L'haleine de l'homme est mortelle à ses semblables : cela n'est pas moins vrai au propre qu'au figuré.

Les villes sont le gouffre de l'espèce humaine. Au bout de quelques générations les races périssent ou dégénèrent ; il faut les renouveler, et c'est toujours la campagne qui fournit à ce renouvellement. Envoyez donc vos enfants se renouveler, pour ainsi dire, eux-mêmes, et reprendre, au milieu des champs, la vigueur qu'on perd dans l'air malsain des lieux trop peuplés. Les femmes grosses qui sont à la campagne se hâtent de revenir accoucher à la ville : elles devroient faire tout le contraire, celles surtout qui veulent nourrir leurs enfants. Elles auroient moins à regretter qu'elles ne pensent ; et, dans un séjour plus naturel à l'espèce, les plaisirs attachés aux devoirs de la nature leur ôteroient bientôt le goût de ceux qui ne s'y rapportent pas.

D'abord, après l'accouchement, on lave l'enfant avec quelque eau tiède où l'on mêle ordinairement du vin. Cette addition du vin me paroît peu nécessaire. Comme la nature ne produit rien de fermenté, il n'est pas à croire que l'usage d'une liqueur artificielle importe à la vie de ses créatures.

Par la même raison, cette précaution de faire tiédir l'eau n'est pas non plus indispensable; et en effet des multitudes de peuples lavent les enfants nouveau-nés dans les rivières ou à la mer sans autre façon : mais les nôtres, amollis avant que de naître par la mollesse des pères et des mères, apportent en venant au monde un tempérament déjà gâté, qu'il ne faut pas exposer d'abord à toutes les épreuves qui doivent le rétablir. Ce n'est que par degrés qu'on peut les ramener à leur vigueur primitive. Commencez donc d'abord par suivre l'usage, et ne vous en écartez que peu à peu. Lavez souvent les enfants; leur malpropreté en montre le besoin. Quand on ne fait que les essuyer on les déchire; mais, à mesure qu'ils se renforcent, diminuez par degrés la tiédeur de l'eau, jusqu'à ce qu'enfin vous les laviez été et hiver à l'eau froide et même glacée. Comme, pour ne pas les exposer, il importe que cette diminution soit lente, successive, et insensible, on peut se servir du thermomètre pour la mesurer exactement.

Cet usage du bain une fois établi, ne doit plus être interrompu, et il importe de le garder toute sa vie. Je le considère non seulement du côté de la propreté et de la santé actuelle, mais aussi comme une précaution salutaire pour rendre plus flexible la texture des fibres, et les faire céder sans effort et sans risque aux divers degrés de chaleur et de froid. Pour cela je voudrois qu'en grandissant on s'accoutumât peu à peu à se baigner quelquefois dans des eaux chaudes à tous les degrés supportables, et souvent dans des eaux froides à tous les degrés possibles. Ainsi, après s'être habitué à supporter les diverses températures de l'eau, qui, étant un fluide plus dense, nous touche par plus de points et nous affecte davantage, on deviendroit presque insensible à celles de l'air.

Au moment que l'enfant respire en sortant de ses enveloppes, ne souffrez pas qu'on lui en donne d'autres qui le tiennent plus à l'étroit. Point de têtières, point de bandes, point de maillot; des langes flottants et larges, qui laissent tous ses membres en liberté, et ne soient ni assez pesants pour gêner ses mouvements, ni assez chauds pour empêcher qu'il ne sente les impressions de l'air [1]. Placez-le dans un grand berceau [2] bien rembourré, où il puisse se mouvoir à l'aise et sans danger. Quand il commence à se fortifier, laissez-le ramper par la chambre; laissez-lui développer, étendre ses petits membres; vous les verrez se renforcer

---

[1] On étouffe les enfants dans les villes à force de les tenir renfermés et vêtus. Ceux qui les gouvernent en sont encore à savoir que l'air froid, loin de leur faire du mal, les renforce, et que l'air chaud les affoiblit, leur donne la fièvre, et les tue.

[2] Je dis *un berceau*, pour employer un mot usité faute d'autre, car d'ailleurs je suis persuadé qu'il n'est jamais nécessaire de bercer les enfants, et que cet usage leur est souvent pernicieux.

de jour en jour. Comparez-le avec un enfant bien emmaillotté du même âge, vous serez étonné de la différence de leurs progrès [1].

On doit s'attendre à de grandes oppositions de la part des nourrices, à qui l'enfant bien garrotté donne moins de peine que celui qu'il faut veiller incessamment. D'ailleurs sa malpropreté devient plus sensible dans un habit ouvert; il faut le net-

---

[1] « Les anciens Péruviens laissoient les bras libres aux enfants
« dans un maillot fort large : lorsqu'ils les en tiroient, ils les met-
« toient en liberté dans un trou fait en terre et garni de linges,
« dans lequel il les descendoient jusqu'à la moitié du corps : de
« cette façon ils avoient les bras libres, et ils pouvoient mouvoir
« leur tête et fléchir leur corps à leur gré, sans tomber et sans se
« blesser : dès qu'ils pouvoient faire un pas, on leur présentoit
« la mamelle d'un peu loin, comme un appât, pour les obliger à
« marcher. Les petits Nègres sont quelquefois dans une situation
« bien plus fatigante pour téter; ils embrassent l'une des hanches
« de la mère avec leurs genoux et leurs pieds, et ils la serrent si
« bien qu'ils peuvent s'y soutenir sans le secours des bras de la
« mère. Ils s'attachent à la mamelle avec leurs mains, et ils la su-
« cent constamment sans se déranger et sans tomber, malgré les
« différents mouvements de la mère, qui, pendant ce temps, travaille
« à son ordinaire. Ces enfants commencent à marcher dès le second
« mois, ou plutôt à se traîner sur les genoux et sur les mains. Cet
« exercice leur donne pour la suite la facilité de courir, dans cette
« situation, presque aussi vite que s'ils étoient sur leurs pieds. »
Hist. nat., tome IV, in-12, pag. 192.

A ces exemples M. de Buffon auroit pu ajouter celui de l'Angleterre, où l'extravagante et barbare pratique du maillot s'abolit de jour en jour. Voyez aussi La Loubère, *Voyage de Siam*; le sieur Le Beau, *Voyage du Canada*, etc. Je remplirois vingt pages de citations, si j'avois besoin de confirmer ceci par des faits.

toyer plus souvent. Enfin la coutume est un argument qu'on ne réfutera jamais en certains pays au gré du peuple de tous les états.

Ne raisonnez point avec les nourrices; ordonnez, voyez faire, et n'épargnez rien pour rendre aisés dans la pratique les soins que vous aurez prescrits. Pourquoi ne les partageriez-vous pas? Dans les nourritures ordinaires où l'on ne regarde qu'au physique, pourvu que l'enfant vive et qu'il ne dépérisse point, le reste n'importe guère : mais ici, où l'éducation commence avec la vie, en naissant l'enfant est déjà disciple, non du gouverneur, mais de la nature. Le gouverneur ne fait qu'étudier sous ce premier maître et empêcher que ses soins ne soient contrariés. Il veille le nourrisson, il l'observe, il le suit, il épie avec vigilance la première lueur de son foible entendement, comme, aux approches du premier quartier, les musulmans épient l'instant du lever de la lune.

Nous naissons capables d'apprendre, mais ne sachant rien, ne connoissant rien. L'ame, enchaînée dans des organes imparfaits et demi-formés, n'a pas même le sentiment de sa propre existence. Les mouvements, les cris de l'enfant qui vient de naître, sont des effets purement mécaniques, dépourvus de connoissance et de volonté.

Supposons qu'un enfant eût à sa naissance la stature et la force d'un homme fait; qu'il sortît, pour ainsi dire, tout armé du sein de sa mère, comme Pallas sortit du cerveau de Jupiter; cet homme-enfant seroit un parfait imbécile, un automate, une statue immobile et presque insensible : il ne verroit rien, il n'entendroit rien, il ne connoîtroit personne, il ne sauroit pas tourner les yeux vers ce qu'il auroit besoin de voir : non seulement il n'apercevroit aucun objet hors de lui, il n'en rapporteroit même aucun dans l'organe du sens qui le lui feroit apercevoir; les couleurs ne seroient point dans ses yeux, les sons ne seroient point dans ses oreilles, les corps qu'il toucheroit ne seroient point sur le sien, il ne sauroit pas même qu'il en a un : le contact de ses mains seroit dans son cerveau; toutes ses sensations se réuniroient dans un seul point; il n'existeroit que dans le commun *sensorium*; il n'auroit qu'une seule idée, savoir celle du *moi*, à laquelle il rapporteroit toutes ses sensations; et cette idée, ou plutôt ce sentiment, seroit la seule chose qu'il auroit de plus qu'un enfant ordinaire.

Cet homme, formé tout à coup, ne sauroit pas non plus se redresser sur ses pieds; il lui faudroit beaucoup de temps pour apprendre à s'y soutenir en équilibre; peut-être n'en feroit-il pas même l'essai, et vous verriez ce grand corps, fort et robuste, rester en place comme une pierre, ou ramper et se traîner comme un jeune chien.

Il sentiroit le malaise des besoins sans les connoître, et sans imaginer aucun moyen d'y pourvoir. Il n'y a nulle immédiate communication entre les muscles de l'estomac et ceux des bras et des jambes, qui, même entouré d'aliments, lui fît faire un pas pour en approcher ou étendre la main pour les saisir; et comme son corps auroit pris son accroissement, que ses membres seroient tout développés, qu'il n'auroit par conséquent ni les inquiétudes ni les mouvements continuels des enfants, il pourroit mourir de faim avant de s'être mû pour chercher sa subsistance. Pour peu qu'on ait réfléchi sur l'ordre et le progrès de nos connoissances, on ne peut nier que tel ne fût à peu près l'état primitif d'ignorance et de stupidité naturel à l'homme avant qu'il eût rien appris de l'expérience ou de ses semblables.

On connoît donc, ou l'on peut connoître, le premier point d'où part chacun de nous pour arriver au degré commun de l'entendement; mais qui est-ce qui connoît l'autre extrémité? Chacun avance plus ou moins selon son génie, son goût, ses besoins, ses talents, son zèle, et les occasions qu'il a de s'y livrer. Je ne sache pas qu'aucun philosophe ait encore été assez hardi pour dire: Voilà le terme où l'homme peut parvenir et qu'il ne sauroit passer. Nous ignorons ce que notre nature nous permet d'être; nul de nous n'a mesuré la distance qui peut se trouver entre un homme et un autre homme. Quelle est l'ame basse que cette idée n'échauffa jamais, et qui ne se dit pas quelquefois dans son orgueil : Combien j'en ai déjà passé ! combien j'en puis encore atteindre ! pourquoi mon égal iroit-il plus loin que moi?

Je le répète, l'éducation de l'homme commence à sa naissance; avant de parler, avant que d'entendre, il s'instruit déjà. L'expérience prévient les leçons; au moment qu'il connoît sa nourrice, il a déjà beaucoup acquis. On seroit surpris des connoissances de l'homme le plus grossier si l'on suivoit son progrès depuis le moment où il est né jusqu'à celui où il est parvenu. Si l'on partageoit toute la science humaine en deux parties, l'une commune à tous les hommes, l'autre particulière aux savants, celle-ci seroit très-petite en comparaison de l'autre. Mais nous ne songeons guère aux acquisitions générales, parce qu'elles se font sans qu'on y pense et même avant l'âge de raison; que d'ailleurs le savoir ne se fait remarquer que par ses différences, et que, comme dans les équations d'algèbre, les quantités communes se comptent pour rien.

Les animaux mêmes acquièrent beaucoup. Ils ont des sens, il faut qu'ils apprennent à en faire usage; ils ont des besoins, il faut qu'ils apprennent à y pourvoir; il faut qu'ils apprennent à manger, à marcher, à voler. Les quadrupèdes qui se tiennent sur leurs pieds dès leur naissance ne savent pas marcher pour cela; on voit à leurs premiers pas que ce sont des essais mal assurés. Les serins échappés de leurs cages ne savent point voler, parce qu'ils n'ont jamais volé. Tout est instruction pour les êtres animés et sensibles. Si les plantes avoient un mouvement progressif, il faudroit qu'elles eussent des sens et qu'elles acquissent des connoissances, autrement les espèces périroient bientôt.

Les premières sensations des enfants sont purement affectives; ils n'aperçoivent que le plaisir et la douleur. Ne pouvant ni marcher ni saisir, ils ont besoin de beaucoup de temps pour se former peu à peu les sensations représentatives qui leur montrent les objets hors d'eux-mêmes; mais, en attendant que ces objets s'étendent, s'éloignent pour ainsi dire de leurs yeux, et prennent pour eux des dimensions et des figures, le retour des sensations effectives commence à les soumettre à l'empire de l'habitude; on voit leurs yeux se tourner sans cesse vers la lumière, et, si elle leur vient de côté, prendre insensiblement cette direction; en sorte qu'on doit avoir soin de leur opposer le visage au jour, de peur qu'ils ne deviennent louches ou ne s'accoutument à regarder de travers. Il faut aussi qu'ils s'habituent de bonne heure aux ténèbres; autrement ils pleurent et crient sitôt qu'ils se trouvent à l'obscurité. La nourriture et le sommeil, trop exactement mesurés, leur deviennent nécessaires au bout des mêmes intervalles; et bientôt le désir ne vient plus du besoin, mais de l'habitude, ou plutôt l'habitude ajoute un nouveau besoin à celui de la nature : voilà ce qu'il faut prévenir.

La seule habitude qu'on doit laisser prendre à l'enfant est de n'en contracter aucune ; qu'on ne le porte pas plus sur un bras que sur l'autre ; qu'on ne l'accoutume pas à présenter une main plutôt que l'autre, à s'en servir plus souvent, à vouloir manger, dormir, agir aux mêmes heures, à ne pouvoir rester seul ni nuit ni jour. Préparez de loin le règne de sa liberté et l'usage de ses forces, en laissant à son corps l'habitude naturelle, en le mettant en état d'être toujours maître de lui-même, et de faire en toutes choses sa volonté sitôt qu'il en aura une.

Dès que l'enfant commence à distinguer les objets, il importe de mettre du choix dans ceux qu'on lui montre. Naturellement tous les nouveaux objets intéressent l'homme. Il se sent si foible qu'il craint tout ce qu'il ne connoît pas : l'habitude de voir des objets nouveaux sans en être affecté, détruit cette crainte. Les enfants élevés dans des maisons propres où l'on ne souffre point d'araignées, ont peur des araignées, et cette peur leur demeure souvent étant grands. Je n'ai jamais vu de paysans, ni homme, ni femme, ni enfant, avoir peur des araignées.

Pourquoi donc l'éducation d'un enfant ne commenceroit-elle pas avant qu'il parle et qu'il entende, puisque le seul choix des objets qu'on lui présente est propre à le rendre timide ou courageux ? Je veux qu'on l'habitue à voir des objets nouveaux, des animaux laids, dégoûtants, bizarres, mais peu à peu, de loin, jusqu'à ce qu'il y soit accoutumé, et qu'à force de les voir manier à d'autres, il les manie enfin lui-même. Si, durant son enfance, il a vu sans effroi des crapauds, des serpents, des écrevisses, il verra sans horreur, étant grand, quelque animal que ce soit. Il n'y a plus d'objets affreux pour qui en voit tous les jours.

Tous les enfants ont peur des masques. Je commence par montrer à Émile un masque d'une figure agréable ; ensuite quelqu'un s'applique devant lui ce masque sur le visage : je me mets à rire, tout le monde rit, et l'enfant rit comme les autres. Peu à peu je l'accoutume à des masques moins agréables, et enfin à des figures hideuses. Si j'ai bien ménagé ma gradation, loin de s'effrayer au dernier masque, il en rira comme du premier. Après cela je ne crains plus qu'on l'effraie avec des masques.

Quand, dans les adieux d'Andromaque et d'Hector, le petit Astyanax, effrayé du panache qui flotte sur le casque de son père, le méconnoît, se jette en criant sur le sein de sa nourrice, et arrache à sa mère un souris mêlé de larmes, que faut-il faire pour guérir cet effroi ? Précisément ce que fait Hector, poser le casque à terre, et puis caresser l'enfant. Dans un moment plus tranquille on ne s'en tiendroit pas là ; on s'approcheroit du casque, on joueroit avec les plumes, on les feroit manier à l'enfant ; enfin la nourrice prendroit le casque, et le poseroit en riant sur sa propre tête, si toutefois la main d'une femme osoit toucher aux armes d'Hector.

S'agit-il d'exercer Émile au bruit d'une arme à feu, je brûle d'abord une amorce dans un pistolet. Cette flamme brusque et passagère, cette espèce d'éclair le réjouit : je répète la même chose avec plus de poudre ; peu à peu j'ajoute au pistolet une petite charge sans bourre, puis une plus grande : enfin je l'accoutume au coup de fusil, aux boîtes, aux canons, aux détonations les plus terribles.

J'ai remarqué que les enfants ont rarement peur du tonnerre, à moins que les éclats ne soient affreux et ne blessent réellement l'organe de l'ouïe ; autrement cette peur ne leur vient que quand ils ont appris que le tonnerre blesse ou tue quelquefois. Quand la raison commence à les effrayer, faites que l'habitude les rassure. Avec une gradation lente et ménagée on rend l'homme et l'enfant intrépide à tout.

Dans le commencement de la vie, où la mémoire et l'imagination sont encore inactives, l'enfant n'est attentif qu'à ce qui affecte actuellement ses sens ; ses sensations étant les premiers matériaux de ses connoissances, les lui offrir dans un ordre convenable, c'est préparer sa mémoire à les fournir un jour dans le même ordre à son entendement; mais, comme il n'est attentif qu'à ses sensations, il suffit d'abord de lui montrer bien distinctement la liaison de ces mêmes sensations avec les objets qui les causent. Il veut tout toucher, tout manier : ne vous opposez point à cette inquiétude ; elle lui suggère un apprentissage très-nécessaire. C'est ainsi qu'il apprend à sentir la chaleur, le froid, la dureté, la mollesse, la pesanteur, la légèreté des corps, à juger de leur grandeur, de leur figure, et de toutes leurs qualités sensibles, en regardant, palpant [1], écoutant, surtout en comparant la vue au toucher, en estimant à l'œil la sensation qu'ils feroient sous ses doigts.

Ce n'est que par le mouvement que nous apprenons qu'il y a des choses qui ne sont pas nous; et ce n'est que par notre propre mouvement que nous acquérons l'idée de l'étendue. C'est parce que l'enfant n'a point cette idée, qu'il tend indifféremment la main pour saisir l'objet qui le touche, ou l'objet qui est à cent pas de lui. Cet effort qu'il fait vous paroît un signe d'empire, un ordre qu'il

---

[1] L'odorat est de tous les sens celui qui se développe le plus tard dans les enfants : jusqu'à l'âge de deux ou trois ans il ne paroît pas qu'ils soient sensibles ni aux bonnes ni aux mauvaises odeurs; ils ont à cet égard l'indifférence ou plutôt l'insensibilité qu'on remarque dans plusieurs animaux.

donne à l'objet de s'approcher, ou à vous de le lui apporter; et point du tout, c'est seulement que les mêmes objets qu'il voyoit d'abord dans son cerveau, puis sur ses yeux, il les voit maintenant au bout de ses bras, et n'imagine d'étendue que celle où il peut atteindre. Ayez donc soin de le promener souvent, de le transporter d'une place à l'autre, de lui faire sentir le changement de lieu, afin de lui apprendre à juger les distances. Quand il commencera de les connoître, alors il faut changer de méthode, et ne le porter que comme il vous plaît, et non comme il lui plaît; car sitôt qu'il n'est plus abusé par le sens, son effort change de cause : ce changement est remarquable, et demande explication.

Le malaise des besoins s'exprime par des signes, quand le secours d'autrui est nécessaire pour y pourvoir. De là les cris des enfants : ils pleurent beaucoup ; cela doit être. Puisque toutes leurs sensations sont affectives, quand elles sont agréables, ils en jouissent en silence; quand elles sont pénibles, ils le disent dans leur langage, et demandent du soulagement. Or, tant qu'ils sont éveillés, ils ne peuvent presque rester dans un état d'indifférence; ils dorment où sont affectés.

Toutes nos langues sont des ouvrages de l'art. On a long-temps cherché s'il y avoit une langue naturelle et commune à tous les hommes : sans doute il y en a une; et c'est celle que les enfants parlent avant de savoir parler. Cette langue n'est pas articulée, mais elle est accentuée, sonore, intelligible. L'usage des nôtres nous l'a fait négliger au point de l'oublier tout-à-fait. Étudions les enfants, et bientôt nous la rapprendrons auprès d'eux. Les nourrices sont nos maîtres dans cette langue; elles entendent tout ce que disent leurs nourrissons, elles leur répondent, elles ont avec eux des dialogues très-bien suivis; et quoiqu'elles prononcent des mots, ces mots sont parfaitement inutiles; ce n'est point le sens du mot qu'ils entendent, mais l'accent dont il est accompagné.

Au langage de la voix se joint celui du geste, non moins énergique. Ce geste n'est pas dans les foibles mains des enfants, il est sur leurs visages. Il est étonnant combien ces physionomies mal formées ont déjà d'expression : leurs traits changent d'un instant à l'autre avec une inconcevable rapidité; vous y voyez le sourire, le désir, l'effroi, naître et passer comme autant d'éclairs : à chaque fois vous croyez voir un autre visage. Ils ont certainement les muscles de la face plus mobiles que nous. En revanche leurs yeux ternes ne disent presque rien. Tel doit être le genre de leurs signes dans un âge où l'on n'a que des besoins corporels; l'expression des sensations est dans les grimaces, l'expression des sentimens est dans les regards.

Comme le premier état de l'homme est la misère et la foiblesse, ses premières voix sont la plainte et les pleurs. L'enfant sent ses besoins et ne les peut satisfaire, il implore le secours d'autrui par des cris : s'il a faim ou soif, il pleure ; s'il a trop froid ou trop chaud, il pleure ; s'il a besoin de mouvement et qu'on le tienne en repos, il pleure ; s'il veut dormir et qu'on l'agite, il pleure. Moins sa manière d'être est à sa disposition, plus il demande fréquemment qu'on la change. Il n'a qu'un langage, parce qu'il n'a, pour ainsi dire, qu'une sorte de mal-être : dans l'imperfection de ses organes il ne distingue point leurs impressions diverses ; tous les maux ne forment pour lui qu'une sensation de douleur.

De ces pleurs, qu'on croiroit si peu dignes d'attention, naît le premier rapport de l'homme à tout ce qui l'environne : ici se forme le premier anneau de cette longue chaîne dont l'ordre social est formé.

Quand l'enfant pleure, il est mal à son aise, il a quelque besoin qu'il ne sauroit satisfaire : on examine, on cherche ce besoin, on le trouve, on y pourvoit. Quand on ne le trouve pas ou quand on n'y peut pourvoir, les pleurs continuent, on en est importuné : on flatte l'enfant pour le faire taire, on le berce, on lui chante pour l'endormir : s'il s'opiniâtre, on s'impatiente, on le menace ; des nourrices brutales le frappent quelquefois. Voilà d'étranges leçons pour son entrée à la vie.

Je n'oublierai jamais d'avoir vu un de ces incommodes pleureurs ainsi frappé par sa nourrice. Il se tut sur-le-champ : je le crus intimidé. Je me disois : Ce sera une ame servile dont on n'obtiendra rien que par la rigueur. Je me trompois; le malheureux suffoquoit de colère, il avoit perdu la respiration; je le vis devenir violet. Un moment après vinrent les cris aigus ; tous les signes du ressentiment, de la fureur, du désespoir de cet âge, étoient dans ses accents. Je craignis qu'il n'expirât dans cette agitation. Quand j'aurois douté que le sentiment du juste et de l'injuste fût inné dans le cœur de l'homme, cet exemple seul m'auroit convaincu. Je suis sûr qu'un tison ardent, tombé par hasard sur la main de cet enfant, lui eût été moins sensible que ce coup assez léger mais donné dans l'intention manifeste de l'offenser.

Cette disposition des enfants à l'emportement, au dépit, à la colère, demande des ménagements excessifs. Boerhaave pense que leurs maladies sont pour la plupart de la classe des convulsives, parce que la tête étant proportionnellement plus grosse et le système des nerfs plus étendu que dans les adultes, le genre nerveux est plus susceptible d'irritation. Éloignez d'eux avec le plus grand soin les domestiques qui les agacent, les irritent, les impatientent : ils leur sont cent fois plus dangereux, plus funestes, que les injures de l'air et des saisons. Tant que les enfants ne trouveront de résistance que dans les choses et jamais dans les volontés, ils ne deviendront ni mutins ni colères, et se conserveront mieux en santé. C'est ici une des raisons pourquoi les enfants du peuple, plus libres, plus indépendants, sont généralement moins infirmes, moins délicats, plus robustes, que ceux qu'on prétend mieux élever en les contrariant sans cesse : mais il faut songer toujours qu'il y a bien de la différence entre leur obéir et ne les pas contrarier.

Les premiers pleurs des enfants sont des prières : si l'on n'y prend garde ils deviennent bientôt des ordres; ils commencent par se faire assister, ils finissent par se faire servir. Ainsi de leur propre foiblesse, d'où vient d'abord le sentiment de leur dépendance, naît ensuite l'idée de l'empire et de la domination : mais cette idée étant moins excitée par leurs besoins que par nos services, ici commencent à se faire apercevoir les effets moraux dont la cause immédiate n'est pas dans la nature; et l'on voit déjà pourquoi, dès ce premier âge, il importe de démêler l'intention secrète que dicte le geste ou le cri.

Quand l'enfant tend la main avec effort sans rien dire, il croit atteindre à l'objet, parce qu'il n'en estime pas la distance; il est dans l'erreur : mais quand il se plaint et crie en tendant la main, alors il ne s'abuse plus sur la distance, il commande à l'objet de s'approcher, ou à vous de le lui apporter. Dans le premier cas, portez-le à l'objet lentement et à petits pas; dans le second, ne faites pas seulement semblant de l'entendre : plus il criera, moins vous devez l'écouter. Il importe de l'accoutumer de bonne heure à ne commander ni aux hommes, car il n'est pas leur maître; ni aux choses, car elles ne l'entendent point. Ainsi, quand un enfant désire quelque chose qu'il voit et qu'on veut lui donner, il vaut mieux porter l'enfant à l'objet, que d'apporter l'objet à l'enfant : il tire de cette pratique une conclusion qui est de son âge, et il n'y a point d'autre moyen de la lui suggérer.

L'abbé de Saint-Pierre appeloit les hommes de grands enfants; on pourroit appeler réciproquement les enfants de petits hommes. Ces propositions ont leur vérité comme sentences; comme principes elles ont besoin d'éclaircissement. Mais quand Hobbes appeloit le méchant un enfant robuste, il disoit une chose absolument contradictoire. Toute méchanceté vient de foiblesse; l'enfant n'est méchant que parce qu'il est foible; rendez-le fort, il sera bon : celui qui pourroit tout ne feroit jamais de mal. De tous les attributs de la Divinité toute puissante, la bonté est celui sans lequel on la peut le moins concevoir. Tous les peuples qui ont reconnu deux principes ont toujours regardé le mauvais comme inférieur au bon; sans quoi ils auroient fait une supposition absurde. Voyez ci-après la Profession de foi du Vicaire savoyard.

La raison seule nous apprend à connoître le bien

et le mal. La conscience qui nous fait aimer l'un et haïr l'autre, quoique indépendante de la raison, ne peut donc se développer sans elle. Avant l'âge de raison, nous faisons le bien et le mal sans le connoître; et il n'y a point de moralité dans nos actions, quoiqu'il y en ait quelquefois dans le sentiment des actions d'autrui qui ont rapport à nous. Un enfant veut déranger tout ce qu'il voit; il casse, il brise tout ce qu'il peut atteindre; il empoigne un oiseau comme il empoigneroit une pierre, et l'étouffe sans savoir ce qu'il fait.

Pourquoi cela? D'abord la philosophie en va rendre raison par des vices naturels, l'orgueil, l'esprit de domination, l'amour-propre, la méchanceté de l'homme, le sentiment de sa foiblesse, pourra-t-elle ajouter, rend l'enfant avide de faire des actes de force, et de se prouver à lui-même son propre pouvoir. Mais voyez ce vieillard infirme et cassé, ramené par le cercle de la vie humaine à la foiblesse de l'enfance; non seulement il reste immobile et paisible, il veut encore que tout y reste autour de lui; le moindre changement le trouble et l'inquiète; il voudroit voir régner un calme universel. Comment la même impuissance jointe aux mêmes passions produiroit-elle des effets si différents dans les deux âges, si la cause primitive n'étoit changée? Et où peut-on chercher cette diversité de causes, si ce n'est dans l'état physique des deux individus? Le principe actif, commun à tous deux, se développe dans l'un et s'éteint dans l'autre; l'un se forme, et l'autre se détruit; l'un tend à la vie, et l'autre à la mort. L'activité défaillante se concentre dans le cœur du vieillard; dans celui de l'enfant elle est surabondante et s'étend au dehors; il se sent, pour ainsi dire, assez de vie pour animer tout ce qui l'environne. Qu'il fasse ou qu'il défasse, il n'importe; il suffit qu'il change l'état des choses; et tout changement est une action. Que s'il semble avoir plus de penchant à détruire, ce n'est point par méchanceté, c'est que l'action qui forme est toujours lente, et que celle qui détruit étant plus rapide, convient mieux à sa vivacité.

En même temps que l'auteur de la nature donne aux enfants ce principe actif, il prend soin qu'il soit peu nuisible, en leur laissant peu de force pour s'y livrer. Mais sitôt qu'ils peuvent considérer les gens qui les environnent comme des instruments qu'il dépend d'eux de faire agir, ils s'en servent pour suivre leur penchant et suppléer à leur propre foiblesse. Voilà comment ils deviennent incommodes, tyrans, impérieux, méchants, indomptables; progrès qui ne vient pas d'un esprit naturel de domination, mais qui le leur donne; car il ne faut pas une longue expérience pour sentir combien il est agréable d'agir par les mains d'autrui, et de n'avoir besoin que de remuer la langue pour faire mouvoir l'univers.

En grandissant, on acquiert des forces, on devient moins inquiet, moins remuant, on se renferme davantage en soi-même. L'ame et le corps se mettent, pour ainsi dire, en équilibre, et la nature ne nous demande plus que le mouvement nécessaire à notre conservation. Mais le désir de commander ne s'éteint pas avec le besoin qui l'a fait naître ; l'empire éveille et flatte l'amour-propre, et l'habitude le fortifie : ainsi succède la fantaisie au besoin, ainsi prennent leurs premières racines les préjugés et l'opinion.

Le principe une fois connu, nous voyons clairement le point où l'on quitte la route de la nature : voyons ce qu'il faut faire pour s'y maintenir.

Loin d'avoir des forces superflues, les enfants n'en ont pas même de suffisantes pour tout ce que leur demande la nature ; il faut donc leur laisser l'usage de toutes celles qu'elle leur donne et dont ils ne sauroient abuser. Première maxime.

Il faut les aider, et suppléer à ce qui leur manque, soit en intelligence, soit en force, dans tout ce qui est du besoin physique. Deuxième maxime.

Il faut, dans les secours qu'on leur donne, se borner uniquement à l'utile réel, sans rien accorder à la fantaisie ou au désir sans raison; car la fantaisie ne les tourmentera point quand on ne l'aura pas fait naître, attendu qu'elle n'est pas de la nature. Troisième maxime.

Il faut étudier avec soin leur langage et leurs signes, afin que, dans un âge où ils ne savent point dissimuler, on distingue dans leurs désirs ce qui vient immédatement de la nature et ce qui vient de l'opinion. Quatrième maxime.

L'esprit de ces règles est d'accorder aux enfants plus de liberté véritable et moins d'empire, de leur laisser plus faire par eux-mêmes et moins exiger d'autrui. Ainsi, s'accoutumant de bonne heure à borner leurs désirs à leurs forces, ils sentiront peu la privation de ce qui ne sera pas en leur pouvoir.

Voilà donc une raison nouvelle et très-importante pour laisser les corps et les membres des enfants absolument libres, avec la seule précaution de les éloigner du danger des chutes, et d'écarter de leurs mains tout ce qui peut les blesser.

Infailliblement un enfant dont le corps et les bras sont libres pleurera moins qu'un enfant embandé dans un maillot. Celui qui ne connoît que les besoins physiques ne pleure que quand il souffre, et c'est un très-grand avantage ; car alors on sait à point nommé quand il a besoin de secours, et l'on ne doit pas tarder un moment à le lui donner, s'il est possible. Mais, si vous ne pouvez le soulager, restez tranquille, sans le flatter pour l'apaiser ; vos caresses ne guériront pas sa colique ; cependant il se souviendra de ce qu'il faut faire pour être flatté ; et s'il sait une fois vous occuper de lui à sa volonté, le voilà devenu votre maître; tout est perdu.

Moins contrariés dans leurs mouvements, les enfants pleureront moins; moins importuné de leurs pleurs, on se tourmentera moins pour les faire taire; menacés ou flattés moins souvent, ils seront moins craintifs ou moins opiniâtres, et resteront mieux dans leur état naturel. C'est moins en laissant pleurer les enfants qu'en s'empressant pour les apaiser, qu'on leur fait gagner des descentes; et ma preuve est que les enfants les plus négligés y sont bien moins sujets que les autres. Je suis fort éloigné de vouloir pour cela qu'on les néglige; au contraire, il importe qu'on les prévienne, et qu'on ne se laisse pas avertir de leurs besoins par leurs cris. Mais je ne veux pas non plus que les soins qu'on leur rend soient mal entendus. Pourquoi se feroient-ils faute de pleurer dès qu'ils voient que leurs pleurs sont bons à tant de choses? Instruits du prix qu'on met à leur silence, ils se gardent bien de le prodiguer. Ils le font à la fin tellement valoir qu'on ne peut plus le payer; et c'est alors qu'à force de pleurer sans succès ils s'efforcent, s'épuisent, et se tuent.

Les longs pleurs d'un enfant qui n'est ni lié ni malade, et qu'on ne laisse manquer de rien, ne sont que des pleurs d'habitude et d'obstination. Ils ne sont point l'ouvrage de la nature, mais de la nourrice, qui, pour n'en savoir endurer l'importunité, la multiplie, sans songer qu'en faisant taire l'enfant aujourd'hui on l'excite à pleurer demain davantage.

Le seul moyen de guérir ou de prévenir cette habitude est de n'y faire aucune attention. Personne n'aime à prendre une peine inutile, pas même les enfants. Ils sont obstinés dans leurs tentatives; mais, si vous avez plus de constance qu'eux d'opiniâtreté, ils se rebutent et n'y reviennent plus. C'est ainsi qu'on leur épargne des pleurs, et qu'on les accoutume à n'en verser que quand la douleur les y force.

Au reste, quand ils pleurent par fantaisie ou par obstination, un moyen sûr pour les empêcher de continuer est de les distraire par quelque objet agréable et frappant, qui leur fasse oublier qu'ils vouloient pleurer. La plupart des nourrices excellent dans cet art, et, bien ménagé, il est très-utile: mais il est de la dernière importance que l'enfant n'aperçoive pas l'intention de le distraire; et qu'il s'amuse sans croire qu'on songe à lui : or, voilà sur quoi toutes les nourrices sont maladroites.

On sèvre trop tôt tous les enfants. Le temps où l'on doit les sevrer est indiqué par l'éruption des dents, et cette éruption est communément pénible et douloureuse. Par un instinct machinal l'enfant porte alors fréquemment à sa bouche tout ce qu'il tient pour le mâcher. On pense faciliter l'opération en lui donnant pour hochet quelque corps dur, comme l'ivoire ou la dent de loup. Je crois qu'on se trompe. Ces corps durs, appliqués sur les gencives, loin de les ramollir les rendent calleuses, les endurcissent, préparent un déchirement plus pénible et plus douloureux. Prenons toujours l'instinct pour exemple. On ne voit point les jeunes chiens exercer leurs dents naissantes sur des cailloux, sur du fer, sur des os, mais sur du bois, du cuir, des chiffons, des matières molles qui cèdent et où la dent s'imprime.

On ne sait plus être simple en rien, pas même autour des enfants. Des grelots d'argent, d'or, du corail, des cristaux à facettes, des hochets de tout prix et de toute espèce : que d'apprêts inutiles et pernicieux! Rien de tout cela. Point de grelots, point de hochets, de petites branches d'arbre avec leurs fruits et leurs feuilles, une tête de pavot dans laquelle on entend sonner les graines, un bâton de réglisse qu'il peut sucer et mâcher, l'amuseront autant que ces magnifiques colifichets, et n'auront pas l'inconvénient de l'accoutumer au luxe dès sa naissance.

Il a été reconnu que la bouillie n'est pas une nourriture fort saine. Le lait cuit et la farine crue font beaucoup de saburre, et conviennent mal à notre estomac[1]. Dans la bouillie la farine est moins

---

[1] Le mot latin *saburra* désigne le sable dont on leste un vaisseau. Le Dictionnaire de Richelet (édition de Lyon, in-fol.), le seul où *saburre* se trouve, le donne en effet comme synonyme de

cuite que dans le pain, et de plus, elle n'a pas fermenté; la panade, la crême de riz, me paroissent préférables. Si l'on veut absolument faire de la bouillie, il convient de griller un peu la farine auparavant. On fait dans mon pays, de la farine ainsi torréfiée, une soupe fort agréable et fort saine. Le bouillon de viande et le potage sont encore un médiocre aliment dont il ne faut user que le moins qu'il est possible. Il importe que les enfants s'accoutument d'abord à mâcher; c'est le vrai moyen de faciliter l'éruption des dents : et quand ils commencent d'avaler, les sucs salivaires mêlés avec les aliments en facilitent la digestion.

Je leur ferois donc mâcher d'abord des fruits secs, des croûtes. Je leur donnerois pour jouet de petits bâtons de pain dur ou de biscuit semblable au pain de Piémont, qu'on appelle dans le pays des *grisses*. A force de ramollir ce pain dans leur bouche ils en avaleroient enfin quelque peu : leurs dents se trouveroient sorties, et ils se trouveroient sevrés presque avant qu'on s'en fût aperçu. Les paysans ont pour l'ordinaire l'estomac fort bon, et l'on ne les sèvre pas avec plus de façon que cela.

Les enfants entendent parler dès leur naissance; on leur parle non seulement avant qu'ils compren-

lest. L'auteur ne veut donc dire autre chose, si ce n'est que la bouillie, laissant trop de lest dans l'estomac, le charge sans utilité *.

* Les anciens médecins donnoient le nom de *saburre* aux humeurs qui embarrassent l'estomac et les autres premières voies.

nent ce qu'on leur dit, mais avant qu'ils puissent rendre les voix qu'ils entendent. Leur organe encore engourdi ne se prête que peu à peu aux imitations des sons qu'on leur dicte, et il n'est pas même assuré que ces sons se portent d'abord à leur oreille aussi distinctement qu'à la nôtre. Je ne désapprouve pas que la nourrice amuse l'enfant par des chants et des accents très-gais et très-variés : mais je désapprouve qu'elle l'étourdisse incessamment d'une multitude de paroles inutiles auxquelles il ne comprend rien que le ton qu'elle y met. Je voudrois que les premières articulations qu'on lui fait entendre fussent rares, faciles, distinctes, souvent répétées, et que les mots qu'elles expriment ne se rapportassent qu'à des objets sensibles qu'on pût d'abord montrer à l'enfant. La malheureuse facilité que nous avons à nous payer de mots que nous n'entendons point commence plus tôt qu'on ne pense. L'écolier écoute en classe le verbiage de son régent, comme il écoutoit au maillot le babil de sa nourrice. Il me semble que ce seroit l'instruire fort utilement que de l'élever à n'y rien comprendre.

Les réflexions naissent en foule quand on veut s'occuper de la formation du langage et des premiers discours des enfants. Quoi qu'on fasse, ils apprendront toujours à parler de la même manière, et toutes les spéculations philosophiques sont ici de la plus grande inutilité.

D'abord ils ont, pour ainsi dire, une grammaire de leur âge, dont la syntaxe a des règles plus générales que la nôtre; et si l'on y faisoit bien attention, l'on seroit étonné de l'exactitude avec laquelle ils suivent certaines analogies, très-vicieuses si l'on veut, mais très-régulières, et qui ne sont choquantes que par leur dureté ou parce que l'usage ne les admet pas. Je viens d'entendre un pauvre enfant bien grondé par son père pour lui avoir dit: *Mon père, irai-je-t-y ?* Or on voit que cet enfant suivoit mieux l'analogie que nos grammairiens; car puisqu'on lui disoit: *Va-s-y,* pourquoi n'auroit-il pas dit: *Irai-je-t-y ?* Remarquez de plus avec quelle adresse il évitoit l'hiatus de *irai-je-y* ou *irai-je ?* Est-ce la faute du pauvre enfant si nous avons mal à propos ôté de la phrase cet adverbe déterminant, *y*, parce que nous n'en savions que faire? C'est une pédanterie insupportable et un soin des plus superflus de s'attacher à corriger dans les enfants toutes ces petites fautes contre l'usage, desquelles ils ne manquent jamais de se corriger d'eux-mêmes avec le temps. Parlez toujours correctement devant eux, faites qu'ils ne se plaisent avec personne autant qu'avec vous, et soyez sûrs qu'insensiblement leur langage s'épurera sur le vôtre, sans que vous les ayez jamais repris.

Mais un abus d'une tout autre importance, et qu'il n'est pas moins aisé de prévenir, est qu'on se presse trop de les faire parler, comme si l'on avoit peur qu'ils n'apprissent pas à parler d'eux-mêmes. Cet empressement indiscret produit un effet directement contraire à celui qu'on cherche. Ils en parlent plus tard, plus confusément : l'extrême attention qu'on donne à tout ce qu'ils disent les dispense de bien articuler; et comme ils daignent à peine ouvrir la bouche, plusieurs d'entre eux en conservent toute leur vie un vice de prononciation et un parler confus qui les rend presque inintelligibles.

J'ai beaucoup vécu parmi les paysans, et n'en ouï jamais grasseyer aucun, ni homme, ni femme, ni fille, ni garçon. D'où vient cela ? Les organes des paysans sont-ils autrement construits que les nôtres ? Non, mais ils sont autrement exercés. Vis-à-vis de ma fenêtre est un tertre sur lequel se rassemblent, pour jouer, les enfants du lieu. Quoiqu'ils soient assez éloignés de moi, je distingue parfaitement tout ce qu'ils disent, et j'en tire souvent de bons mémoires pour cet écrit. Tous les jours mon oreille me trompe sur leur âge ; j'entends des voix d'enfants de dix ans ; je regarde, je vois la stature et les traits d'enfants de trois à quatre. Je ne borne pas à moi seul cette expérience; les urbains qui me viennent voir, et que je consulte là-dessus, tombent tous dans la même erreur.

Ce qui la produit est que, jusqu'à cinq ou six ans, les enfants des villes, élevés dans la chambre et sous l'aile d'une gouvernante, n'ont besoin que de marmoter pour se faire entendre ; sitôt qu'ils remuent les lèvres on prend peine à les écouter ; on leur dicte des mots qu'ils rendent mal, et, à force d'y faire attention, les mêmes gens étant sans cesse autour d'eux, devinent ce qu'ils ont voulu dire plutôt que ce qu'ils ont dit.

A la campagne c'est tout autre chose. Une paysanne n'est pas sans cesse autour de son enfant ; il est forcé d'apprendre à dire très-nettement et très-haut ce qu'il a besoin de lui faire entendre. Aux champs, les enfants épars, éloignés du père, de la mère et des autres enfants, s'exercent à se faire entendre à distance, et à mesurer la force de la voix sur l'intervalle qui les sépare de ceux dont ils veulent être entendus. Voilà comme on apprend véritablement à prononcer, et non pas en bégayant quelques voyelles à l'oreille d'une gouvernante attentive. Aussi quand on interroge l'enfant d'un paysan, la honte peut l'empêcher de répondre ; mais ce qu'il dit, il le dit nettement : au lieu qu'il faut que la bonne serve d'interprète à l'enfant de la ville, sans quoi l'on n'entend rien à ce qu'il grommelle entre ses dents [1].

En grandissant, les garçons devroient se corri-

[1] Ceci n'est pas sans exception ; et souvent les enfants qui se font d'abord le moins entendre deviennent ensuite les plus étourdissants quand ils ont commencé d'élever la voix. Mais s'il falloit entrer dans toutes ces minuties, je ne finirois pas ; tout lecteur

ger de ce défaut dans les colléges, et les filles dans les couvents; en effet, les uns et les autres parlent en général plus distinctement que ceux qui ont été toujours élevés dans la maison paternelle. Mais ce qui les empêche d'acquérir jamais une prononciation aussi nette que celle des paysans, c'est la nécessité d'apprendre par cœur beaucoup de choses, et de réciter tout haut ce qu'ils ont appris; car, en étudiant, ils s'habituent à barbouiller, à prononcer négligemment et mal : en récitant, c'est pis encore; ils recherchent leurs mots avec efforts, ils traînent et alongent leurs syllabes : il n'est pas possible que, quand la mémoire vacille, la langue ne balbutie aussi. Ainsi se contractent ou se conservent les vices de la prononciation. On verra ci-après que mon Émile n'aura pas ceux-là, ou du moins qu'il ne les aura pas contractés par les mêmes causes.

Je conviens que le peuple et les villageois tombent dans une autre extrémité, qu'ils parlent presque toujours plus haut qu'il ne faut, qu'en prononçant trop exactement ils ont les articulations fortes et rudes, qu'ils ont trop d'accent, qu'ils choisissent mal leurs termes, etc.

Mais, premièrement, cette extrémité me paroît

---

sensé doit voir que l'excès et le défaut, dérivés du même abus, sont également corrigés par ma méthode. Je regarde ces deux maximes comme inséparables : *Toujours assez, et jamais trop.* De la première bien établie l'autre s'ensuit nécessairement.

beaucoup moins vicieuse que l'autre, attendu que la première loi du discours étant de se faire entendre, la plus grande faute qu'on puisse faire est de parler sans être entendu. Se piquer de n'avoir point d'accent, c'est se piquer d'ôter aux phrases leur grâce et leur énergie. L'accent est l'ame du discours, il lui donne le sentiment et la vérité. L'accent ment moins que la parole; c'est peut-être pour cela que les gens bien élevés le craignent tant. C'est de l'usage de tout dire sur le même ton qu'est venu celui de persifler les gens sans qu'ils le sentent. A l'accent proscrit succèdent des manières de prononcer ridicules, affectées, et sujettes à la mode, telles qu'on les remarque surtout dans les jeunes gens de la cour. Cette affectation de parole et de maintien est ce qui rend généralement l'abord du François repoussant et désagréable aux autres nations. Au lieu de mettre de l'accent dans son parler, il y met de l'air. Ce n'est pas le moyen de prévenir en sa faveur.

Tous ces petits défauts de langage qu'on craint tant de laisser contracter aux enfants ne sont rien; on les prévient ou on les corrige avec la plus grande facilité; mais ceux qu'on leur fait contracter en rendant leur parler sourd, confus, timide, en critiquant incessamment leur ton, en épluchant tous leurs mots, ne se corrigent jamais. Un homme qui n'apprit à parler que dans les ruelles se fera mal entendre à la tête d'un bataillon, et n'en imposera guère au peuple dans une émeute. Enseignez premièrement aux enfants à parler aux hommes, ils sauront bien parler aux femmes quand il faudra.

Nourris à la campagne dans toute la rusticité champêtre, vos enfants y prendront une voix plus sonore, ils n'y contracteront point le confus bégaiement des enfants de la ville; ils n'y contracteront pas non plus les expressions ni le ton du village, ou du moins ils les perdront aisément lorsque le maître, vivant avec eux dès leur naissance, et y vivant de jour en jour plus exclusivement, préviendra ou effacera, par la correction de son langage, l'impression du langage des paysans. Émile parlera un françois tout aussi pur que je peux le savoir, mais il le parlera plus distinctement, et l'articulera beaucoup mieux que moi.

L'enfant qui veut parler ne doit écouter que les mots qu'il peut entendre, ni dire que ceux qu'il peut articuler. Les efforts qu'il fait pour cela le portent à redoubler la même syllabe, comme pour s'exercer à la prononcer plus distinctement. Quand il commence à balbutier, ne vous tourmentez pas si fort à deviner ce qu'il dit. Prétendre être toujours écouté est encore une sorte d'empire; et l'enfant n'en doit exercer aucun. Qu'il vous suffise de pourvoir très-attentivement au nécessaire; c'est à lui de tâcher de vous faire entendre ce qui ne l'est pas. Bien moins encore faut-il se hâter d'exiger qu'il parle ; il saura bien parler de lui-même à mesure qu'il en sentira l'utilité.

On remarque, il est vrai, que ceux qui commencent à parler fort tard ne parlent jamais si distinctement que les autres ; mais ce n'est pas parce qu'ils ont parlé tard que l'organe reste embarrassé, c'est au contraire parce qu'ils sont nés avec un organe embarrassé qu'ils commencent tard à parler ; car, sans cela, pourquoi parleroient-ils plus tard que les autres ? Ont-ils moins l'occasion de parler ; et les y excite-t-on moins ? Au contraire, l'inquiétude que donne ce retard aussitôt qu'on s'en aperçoit, fait qu'on se tourmente beaucoup plus à les faire balbutier que ceux qui ont articulé de meilleure heure ; et cet empressement mal entendu peut contribuer beaucoup à rendre confus leur parler, qu'avec moins de précipitation ils auroient eu le temps de perfectionner davantage.

Les enfants qu'on presse trop de parler n'ont le temps ni d'apprendre à bien prononcer, ni de bien concevoir ce qu'on leur fait dire : au lieu que quand on les laisse aller d'eux-mêmes, ils s'exercent d'abord aux syllabes les plus faciles à prononcer ; et y joignant peu à peu quelque signification qu'on entend par leurs gestes, ils vous donnent leurs mots avant de recevoir les vôtres ; cela fait qu'ils ne reçoivent ceux-ci qu'après les avoir entendus. N'étant point pressés de s'en servir, ils commencent par bien observer quel sens vous leur donnez; et, quand ils s'en sont assurés, ils les adoptent.

Le plus grand mal de la précipitation avec laquelle on fait parler les enfants avant l'âge n'est pas que les premiers discours qu'on leur tient et les premiers mots qu'ils disent n'aient aucun sens pour eux, mais qu'ils aient un autre sens que le nôtre, sans que nous sachions nous en apercevoir; en sorte que, paroissant nous répondre fort exactement, ils nous parlent sans nous entendre et sans que nous les entendions. C'est pour l'ordinaire à de pareilles équivoques qu'est due la surprise où nous jettent quelquefois leurs propos, auxquels nous prêtons des idées qu'ils n'y ont point jointes. Cette inattention de notre part au véritable sens que les mots ont pour les enfants, me paroît être la cause de leurs premières erreurs, et ces erreurs, même après qu'ils en sont guéris, influent sur leur tour d'esprit pour le reste de leur vie. J'aurai plus d'une occasion dans la suite d'éclaircir ceci par des exemples.

Resserrez donc le plus qu'il est possible le vocabulaire de l'enfant. C'est un très-grand inconvénient qu'il ait plus de mots que d'idées, et qu'il sache dire plus de choses qu'il n'en peut penser. Je crois qu'une des raisons pourquoi les paysans ont généralement l'esprit plus juste que les gens de la ville, est que leur dictionnaire est moins étendu. Ils ont peu d'idées, mais ils les comparent très-bien.

Les premiers développements de l'enfance se font presque tous à la fois. L'enfant apprend à parler, à manger, à marcher, à peu près dans le même temps. C'est ici proprement la première époque de sa vie. Auparavant il n'est rien de plus que ce qu'il étoit dans le sein de sa mère; il n'a nul sentiment, nulle idée; à peine a-t-il des sensations; il ne sent pas même sa propre existence.

> Vivit, et est vitæ nescius ipse suæ.
> Ovid., Trist., lib. 1.

FIN DU LIVRE PREMIER.

LIVRE SECOND.

C'est ici le second terme de la vie, et celui auquel proprement finit l'enfance; car les mots *infans* et *puer* ne sont pas synonymes. Le premier est compris dans l'autre, et signifie *qui ne peut parler*; d'où vient que dans Valère-Maxime on trouve *puerum infantem*[1]. Mais je continue à me servir de ce mot selon l'usage de notre langue, jusqu'à l'âge pour lequel elle a d'autres noms.

Quand les enfants commencent à parler ils pleurent moins. Ce progrès est naturel; un langage est substitué à l'autre. Sitôt qu'ils peuvent dire qu'ils souffrent avec des paroles, pourquoi le diroient-ils avec des cris, si ce n'est quand la douleur est trop vive pour que la parole puisse l'exprimer? S'ils continuent alors à pleurer, c'est la faute des gens qui sont autour d'eux. Dès qu'une fois Émile aura dit, *j'ai mal*, il faudra des douleurs bien vives pour le forcer de pleurer.

Si l'enfant est délicat, sensible, que naturellement il se mette à crier pour rien, en rendant ses cris inutiles et sans effet j'en taris bientôt la source. Tant qu'il pleure je ne vais point à lui; j'y cours

[1] Lib. I, cap. VI.

sitôt qu'il s'est tu. Bientôt sa manière de m'appeler sera de se taire, ou tout au plus de jeter un seul cri. C'est par l'effet sensible des signes que les enfants jugent de leurs sens; il n'y a point d'autre convention pour eux : quelque mal qu'un enfant se fasse, il est très-rare qu'il pleure quand il est seul, à moins qu'il n'ait l'espoir d'être entendu.

S'il tombe, s'il se fait une bosse à la tête, s'il saigne du nez, s'il se coupe les doigts, au lieu de m'empresser autour de lui d'un air alarmé, je resterai tranquille, au moins pour un peu de temps. Le mal est fait; c'est une nécessité qu'il l'endure; tout mon empressement ne serviroit qu'à l'effrayer davantage et augmenter sa sensibilité. Au fond, c'est moins le coup que la crainte qui tourmente, quand on s'est blessé. Je lui épargnerai du moins cette dernière angoisse; car très-sûrement il jugera de son mal comme il verra que j'en juge : s'il me voit accourir avec inquiétude, le consoler, le plaindre, il s'estimera perdu : s'il me voit garder mon sang-froid, il reprendra bientôt le sien, et croira le mal guéri quand il ne le sentira plus. C'est à cet âge qu'on prend les premières leçons de courage, et que souffrant sans effroi de légères douleurs, on apprend par degrés à supporter les grandes.

Loin d'être attentif à éviter qu'Émile ne se blesse, je serois fort fâché qu'il ne se blessât jamais, et qu'il grandît sans connoître la douleur. Souffrir est la première chose qu'il doit apprendre, et celle qu'il aura le plus grand besoin de savoir. Il semble que les enfants ne soient petits et foibles que pour prendre ces importantes leçons sans danger. Si l'enfant tombe de son haut, il ne se cassera pas la jambe; s'il se frappe avec un bâton, il ne se cassera pas le bras; s'il saisit un fer tranchant, il ne serrera guère, et ne se coupera pas bien avant. Je ne sache pas qu'on ait jamais vu d'enfant en liberté se tuer, s'estropier, ni se faire un mal considérable, à moins qu'on ne l'ait indiscrètement exposé sur des lieux élevés, ou seul autour du feu, ou qu'on n'ait laissé des instruments dangereux à sa portée. Que dire de ces magasins de machines qu'on rassemble autour d'un enfant pour l'armer de toutes pièces contre la douleur, jusqu'à ce que, devenu grand, il reste à sa merci, sans courage et sans expérience, qu'il se croie mort à la première piqûre, et s'évanouisse en voyant la première goutte de son sang?

Notre manie enseignante et pédantesque est toujours d'apprendre aux enfants ce qu'ils apprendroient beaucoup mieux d'eux-mêmes, et d'oublier ce que nous aurions pu seuls leur enseigner. Y a-t-il rien de plus sot que la peine qu'on prend pour leur apprendre à marcher, comme si l'on en avoit vu quelqu'un qui, par la négligence de sa nourrice, ne sût pas marcher étant grand? Combien voit-on de gens au contraire marcher mal toute leur vie, parce qu'on leur a mal appris à marcher !

Émile n'aura ni bourlets, ni paniers roulants, ni chariots, ni lisières; ou du moins, dès qu'il commencera de savoir mettre un pied devant l'autre, on ne le soutiendra que sur les lieux pavés, et l'on ne fera qu'y passer en hâte [1]. Au lieu de le laisser croupir dans l'air usé d'une chambre, qu'on le mène journellement au milieu d'un pré. Là, qu'il coure, qu'il s'ébatte, qu'il tombe cent fois le jour, tant mieux : il en apprendra plus tôt à se relever. Le bien-être de la liberté rachète beaucoup de blessures. Mon élève aura souvent des contusions; en revanche, il sera toujours gai : si les vôtres en ont moins, ils sont toujours contrariés, toujours enchaînés, toujours tristes. Je doute que le profit soit de leur côté.

Un autre progrès rend aux enfants la plainte moins nécessaire ; c'est celui de leurs forces. Pouvant plus par eux-mêmes, ils ont un besoin moins fréquent de recourir à autrui. Avec leur force se développe la connoissance qui les met en état de la diriger. C'est à ce second degré que commence proprement la vie de l'individu, c'est alors qu'il prend la conscience de lui-même. La mémoire

[1] Il n'y a rien de plus ridicule et de plus mal assuré que la démarche des gens qu'on a trop menés par la lisière étant petits : c'est encore ici une de ces observations triviales à force d'être justes, et qui sont justes en plus d'un sens.

étend le sentiment de l'identité sur tous les moments de son existence; il devient véritablement un, le même, et par conséquent déjà capable de bonheur ou de misère. Il importe donc de commencer à le considérer ici comme un être moral.

Quoiqu'on assigne à peu près le plus long terme de la vie humaine et les probabilités qu'on a d'approcher de ce terme à chaque âge, rien n'est plus incertain que la durée de la vie de chaque homme en particulier; très-peu parviennent à ce plus long terme. Les plus grands risques de la vie sont dans son commencement; moins on a vécu, moins on doit espérer de vivre. Des enfants qui naissent, la moitié, tout au plus, parvient à l'adolescence; et il est probable que votre élève n'atteindra pas l'âge d'homme.

Que faut-il donc penser de cette éducation barbare qui sacrifie le présent à un avenir incertain, qui charge un enfant de chaînes de toute espèce, et commence par le rendre misérable pour lui préparer au loin je ne sais quel prétendu bonheur dont il est à croire qu'il ne jouira jamais ? Quand je supposerois cette éducation raisonnable dans son objet, comment voir, sans indignation, de pauvres infortunés soumis à un joug insupportable et condamnés à des travaux continuels comme des galériens, sans être assuré que tant de soins leur seront jamais utiles. L'âge de la gaieté se passe au milieu des pleurs, des châtiments, des menaces, de l'esclavage. On tourmente le malheureux pour son bien ; et l'on ne voit pas la mort qu'on appelle, et qui va le saisir au milieu de ce triste appareil. Qui sait combien d'enfants périssent victimes de l'extravagante sagesse d'un père ou d'un maître? Heureux d'échapper à sa cruauté, le seul avantage qu'ils tirent des maux qu'il leur a fait souffrir, est de mourir sans regretter la vie, dont ils n'ont connu que les tourments.

Hommes, soyez humains, c'est votre premier devoir : soyez-le pour tous les états, pour tous les âges, pour tout ce qui n'est pas étranger à l'homme. Quelle sagesse y a-t-il pour vous hors de l'humanité ? Aimez l'enfance ; favorisez ses jeux, ses plaisirs, son aimable instinct. Qui de vous n'a pas regretté quelquefois cet âge où le rire est toujours sur les lèvres, et où l'ame est toujours en paix ? Pourquoi voulez-vous ôter à ces petits innocents la jouissance d'un temps si court qui leur échappe, et d'un bien si précieux dont ils ne sauroient abuser ? Pourquoi voulez-vous remplir d'amertume et de douleurs ces premiers ans si rapides, qui ne reviendront pas plus pour eux qu'ils ne peuvent revenir pour vous ? Pères, savez-vous le moment où la mort attend vos enfants ? Ne vous préparez pas des regrets en leur ôtant le peu d'instants que la nature leur donne : aussitôt qu'ils peuvent sentir le plaisir d'être, faites qu'ils en jouissent ; faites qu'à quelque heure que Dieu les appelle, ils ne meurent point sans avoir goûté la vie.

Que de voix vont s'élever contre moi! J'entends de loin les clameurs de cette fausse sagesse qui nous jette incessamment hors de nous, qui compte toujours le présent pour rien, et poursuivant sans relâche un avenir qui fuit à mesure qu'on avance, à force de nous transporter où nous ne sommes pas, nous transporte où nous ne serons jamais.

C'est, me répondez-vous, le temps de corriger les mauvaises inclinations de l'homme ; c'est dans l'âge de l'enfance, où les peines sont le moins sensibles, qu'il faut les multiplier pour les épargner dans l'âge de raison. Mais qui vous dit que tout cet arrangement est à votre disposition, et que toutes ces belles instructions dont vous accablez le foible esprit d'un enfant ne lui seront pas un jour plus pernicieuses qu'utiles? Qui vous assure que vous épargnez quelque chose par les chagrins que vous lui prodiguez? Pourquoi lui donnez-vous plus de maux que son état n'en comporte, sans être sûr que ces maux présents sont à la décharge de l'avenir? et comment me prouverez-vous que ces mauvais penchants dont vous prétendez le guérir ne lui viennent pas de vos soins mal entendus bien plus que de la nature? Malheureuse prévoyance, qui rend un être actuellement misérable, sur l'espoir bien ou mal fondé de le rendre heureux un jour! Que si ces raisonneurs vulgaires confondent la licence avec la liberté, et l'enfant qu'on rend heureux avec l'enfant qu'on gâte, apprenons-leur à les distinguer.

Pour ne point courir après des chimères, n'oublions pas ce qui convient à notre condition. L'humanité a sa place dans l'ordre des choses; l'enfance a la sienne dans l'ordre de la vie humaine: il faut considérer l'homme dans l'homme, et l'enfant dans l'enfant. Assigner à chacun sa place et l'y fixer, ordonner les passions humaines selon la constitution de l'homme, est tout ce que nous pouvons faire pour son bien-être. Le reste dépend de causes étrangères qui ne sont point en notre pouvoir.

Nous ne savons ce que c'est que bonheur ou malheur absolu. Tout est mêlé dans cette vie; on n'y goûte aucun sentiment pur, on n'y reste pas deux moments dans le même état. Les affections de nos ames, ainsi que les modifications de nos corps, sont dans un flux continuel. Le bien et le mal nous sont communs à tous, mais en différentes mesures. Le plus heureux est celui qui souffre le moins de peines; le plus misérable est celui qui sent le moins de plaisirs. Toujours plus de souffrances que de jouissances : voilà la différence commune à tous. La félicité de l'homme ici-bas n'est donc qu'un état négatif; on doit la mesurer par la moindre quantité des maux qu'il souffre.

Tout sentiment de peine est inséparable du

désir de s'en délivrer; toute idée de plaisir est inséparable du désir d'en jouir : tout désir suppose privation; c'est donc dans la disproportion de nos désirs et de nos facultés que consiste notre misère. Un être sensible dont les facultés égaleroient les désirs seroit un être absolument heureux.

En quoi donc consiste la sagesse humaine ou la route du vrai bonheur? Ce n'est pas précisément à diminuer nos désirs; car, s'ils étoient au-dessous de notre puissance, une partie de nos facultés resteroit oisive, et nous ne jouirions pas de tout notre être : ce n'est pas non plus à étendre nos facultés; car si nos désirs s'étendoient à la fois en plus grand rapport, nous n'en deviendrions que plus misérables : mais c'est à diminuer l'excès des désirs sur les facultés, et à mettre en égalité parfaite la puissance et la volonté. C'est alors seulement que toutes les forces étant en action, l'ame cependant restera paisible, et que l'homme se trouvera bien ordonné.

C'est ainsi que la nature, qui fait tout pour le mieux, l'a d'abord institué. Elle ne lui donne immédiatement que les désirs nécessaires à sa conservation, et les facultés suffisantes pour les satisfaire. Elle a mis toutes les autres comme en réserve au fond de son ame pour s'y développer au besoin. Ce n'est que dans cet état primitif que l'équilibre du pouvoir et du désir se rencontre, et que l'homme n'est pas malheureux. Sitôt que ses facultés virtuelles se mettent en action, l'imagination, la plus active de toutes, s'éveille et les devance. C'est l'imagination qui étend pour nous la mesure des possibles, soit en bien, soit en mal, et qui, par conséquent, excite et nourrit les désirs par l'espoir de les satisfaire. Mais l'objet qui paroissoit d'abord sous la main fuit plus vite qu'on ne peut le poursuivre; quand on croit l'atteindre il se transforme et se montre au loin devant nous. Ne voyant plus le pays déjà parcouru, nous le comptons pour rien; celui qui reste à parcourir s'agrandit, s'étend sans cesse. Ainsi l'on s'épuise sans arriver au terme; et plus nous gagnons sur la jouissance, plus le bonheur s'éloigne de nous.

Au contraire, plus l'homme est resté près de sa condition naturelle, plus la différence de ses facultés à ses désirs est petite, et moins, par conséquent, il est éloigné d'être heureux. Il n'est jamais moins misérable que quand il paroît dépourvu de tout; car la misère ne consiste pas dans la privation des choses, mais dans le besoin qui s'en fait sentir.

Le monde réel a ses bornes, le monde imaginaire est infini : ne pouvant élargir l'un, rétrécissons l'autre; car c'est de leur seule différence que naissent toutes les peines qui nous rendent vraiment malheureux. Otez la force, la santé, le bon témoignage de soi, tous les biens de cette vie sont dans l'opinion; ôtez les douleurs du corps et les remords de la conscience, tous nos maux sont imaginaires. Ce principe est commun, dira-t-on; j'en conviens : mais l'application pratique n'en est pas commune; et c'est uniquement de la pratique qu'il s'agit ici.

Quand on dit que l'homme est foible, que veut-on dire? Ce mot de foiblesse indique un rapport, un rapport de l'être auquel on l'applique. Celui dont la force passe les besoins, fût-il un insecte, un ver, est un être fort : celui dont les besoins passent la force, fût-il un éléphant, un lion; fût-il un conquérant, un héros; fût-il un dieu, c'est un être foible. L'ange rebelle qui méconnut sa nature étoit plus foible que l'heureux mortel qui vit en paix selon la sienne. L'homme est très-fort quand il se contente d'être ce qu'il est; il est très-foible quand il veut s'élever au-dessus de l'humanité. N'allez-donc pas vous figurer qu'en étendant vos facultés vous étendez vos forces; vous les diminuez, au contraire, si votre orgueil s'étend plus qu'elles. Mesurons le rayon de notre sphère, et restons au centre comme l'insecte au milieu de sa toile; nous nous suffirons toujours à nous-mêmes, et nous n'aurons point à nous plaindre de notre foiblesse, car nous ne la sentirons jamais.

Tous les animaux ont exactement les facultés nécessaires pour se conserver. L'homme seul en a de superflues. N'est-il pas bien étrange que ce superflu soit l'instrument de sa misère? Dans tout pays les bras d'un homme valent plus que sa subsistance. S'il étoit assez sage pour compter ce surplus pour rien, il auroit toujours le nécessaire, parce qu'il n'auroit jamais rien de trop. Les grands besoins, disoit Favorin, naissent des grands biens; et souvent le meilleur moyen de se donner les choses dont on manque est de s'ôter celles qu'on a [1]. C'est à force de nous travailler pour augmenter notre bonheur que nous le changeons en misère. Tout homme qui ne voudroit que vivre, vivroit heureux; par conséquent il vivroit bon; car où seroit pour lui l'avantage d'être méchant?

Si nous étions immortels, nous serions des êtres très-misérables. Il est dur de mourir, sans doute; mais il est doux d'espérer qu'on ne vivra pas toujours, et qu'une meilleure vie finira les peines de celle-ci. Si l'on nous offroit l'immortalité sur la terre, qui est-ce [2] qui voudroit accepter ce triste présent? Quelle ressource, quel espoir, quelle consolation nous resteroit-il contre les rigueurs du sort et contre les injustices des hommes? L'ignorant, qui ne prévoit rien, sent peu le prix de la vie, et craint peu de la perdre; l'homme éclairé voit des biens d'un plus grand prix, qu'il préfère à celui-là. Il n'y a que le demi-savoir et la

---

[1] *Noct. attic.*, lib. IX, cap. VIII.

[2] On conçoit que je parle ici des hommes qui réfléchissent, et non pas de tous les hommes.

fausse sagesse qui, prolongeant nôs vues jusqu'à la mort, et pas au-delà, en font pour nous le pire des maux. La nécessité de mourir n'est à l'homme sage qu'une raison pour supporter les peines de la vie. Si l'on n'étoit pas sûr de la perdre une fois, elle coûteroit trop à conserver.

Nos maux moraux sont tous dans l'opinion, hors un seul, qui est le crime; et celui-là dépend de nous : nos maux physiques se détruisent ou nous détruisent. Le temps ou la mort sont nos remèdes : mais nous souffrons d'autant plus que nous savons moins souffrir; et nous nous donnons plus de tourment pour guérir nos maladies que nous n'en aurions à les supporter. Vis selon la nature, sois patient, et chasse les médecins, tu n'éviteras pas la mort, mais tu ne la sentiras qu'une fois, tandis qu'ils la portent chaque jour dans ton imagination troublée, et que leur art mensonger, au lieu de prolonger tes jours, t'en ôte la jouissance. Je demanderai toujours quel vrai bien cet art a fait aux hommes. Quelques uns de ceux qu'il guérit mourroient, il est vrai; mais des millions qu'il tue resteroient en vie. Homme sensé, ne mets point à cette loterie où trop de chances sont contre toi. Souffre, meurs, ou guéris; mais surtout vis jusqu'à ta dernière heure.

Tout n'est que folie et contradiction dans les institutions humaines. Nous nous inquiétons plus de notre vie à mesure qu'elle perd de son prix.

LIVRE II.

Les vieillards la regrettent plus que les jeunes gens; ils ne veulent pas perdre les apprêts qu'ils ont faits pour en jouir; à soixante ans, il est bien cruel de mourir avant d'avoir commencé de vivre. On croit que l'homme a un vif amour pour sa conservation, et cela est vrai; mais on ne voit pas que cet amour, tel que nous le sentons, est en grande partie l'ouvrage des hommes. Naturellement l'homme ne s'inquiète pour se conserver qu'autant que les moyens en sont en son pouvoir; sitôt que ces moyens lui échappent, il se tranquillise et meurt sans se tourmenter inutilement. La première loi de la résignation nous vient de la nature. Les sauvages, ainsi que les bêtes, se débattent fort peu contre la mort, et l'endurent presque sans se plaindre. Cette loi détruite, il s'en forme une autre qui vient de la raison; mais peu savent l'en tirer, et cette résignation factice n'est jamais aussi pleine et entière que la première.

La prévoyance! la prévoyance qui nous porte sans cesse au-delà de nous, et souvent nous place où nous n'arriverons point, voilà la véritable source de toutes nos misères. Quelle manie à un être aussi passager que l'homme de regarder toujours au loin dans un avenir qui vient si rarement, et de négliger le présent dont il est sûr! manie d'autant plus funeste qu'elle augmente incessamment avec l'âge, et que les vieillards, toujours défiants, prévoyants, avares, aiment mieux se refuser aujourd'hui le nécessaire que de manquer du superflu dans cent ans. Ainsi nous tenons à tout, nous nous accrochons à tout ; les temps, les lieux, les hommes, les choses, tout ce qui est, tout ce qui sera, importe à chacun de nous : notre individu n'est plus que la moindre partie de nous-mêmes. Chacun s'étend, pour ainsi dire, sur la terre entière, et devient sensible sur toute cette grande surface. Est-il étonnant que nos maux se multiplient dans tous les points par où l'on peut nous blesser ? Que de princes se désolent pour la perte d'un pays qu'ils n'ont jamais vu ! Que de marchands il suffit de toucher aux Indes, pour les faire crier à Paris [1]!

Est-ce la nature qui porte ainsi les hommes si loin d'eux-mêmes ? Est-ce elle qui veut que chacun apprenne son destin des autres, et quelquefois l'apprenne le dernier; en sorte que tel est mort heureux ou misérable sans en avoir jamais rien su? Je vois un homme frais, gai, vigoureux, bien portant; sa présence inspire la joie, ses yeux annoncent le contentement, le bien-être; il porte avec

---

[1] * « Un soin extresme prend l'homme d'allonger son estre, il y a pourveu par toutes ses pieces... nous entraisnons tout avec nous; nul ne pense assez n'estre qu'un... Plus nous amplifions nostre possession, d'autant plus nous engageons-nous aux coups de la fortune. La carriere de nos desirs doit estre circonscrite et restreinte à ung court limite des commodités les plus proches. Les actions qui se conduisent sans cette reflexion, ce sont actions erronees et maladives. » MONTAIGNE, liv. III, chap. x.

lui l'image du bonheur. Vient une lettre de la poste, l'homme heureux la regarde, elle est à son adresse, il l'ouvre, il la lit. A l'instant son air change ; il pâlit, il tombe en défaillance. Revenu à lui, il pleure, il s'agite, il gémit, il s'arrache les cheveux, il fait retentir l'air de ses cris, il semble attaqué d'affreuses convulsions. Insensé ! quel mal t'a donc fait ce papier ? quel membre t'a-t-il ôté ? quel crime t'a-t-il fait commettre ? enfin qu'a-t-il changé dans toi-même pour te mettre dans l'état où je te vois ?

Que la lettre se fût égarée, qu'une main charitable l'eût jetée au feu, le sort de ce mortel, heureux et malheureux à la fois, eût été, ce me semble, un étrange problème. Son malheur, direz-vous, étoit réel. Fort bien, mais il ne le sentoit pas. Où étoit-il donc ? Son bonheur étoit imaginaire. J'entends ; la santé, la gaieté, le bien-être, le contentement d'esprit, ne sont plus que des visions. Nous n'existons plus où nous sommes, nous n'existons qu'où nous ne sommes pas. Est-ce la peine d'avoir une si grande peur de la mort, pourvu que ce en quoi nous vivons reste [1] ?

O homme ! resserre ton existence au dedans de toi, et tu ne seras plus misérable. Reste à la place

---

[1] * « Major pars mortalium de naturæ malignitate conqueritur « quod in exiguum ævi gignimur... non exiguum temporis habe- « mus, sed multum perdimus. Satis longa vita est, si tota bene « collocaretur... Præcipitat quisque vitam suam, et desiderio la- « borat præsentium tædio. » Senec., de Brev. vit., cap. I et VII.

« Nos affections s'emportent au-delà de nous... nous ne sommes que la nature t'assigne dans la chaîne des êtres, rien ne t'en pourra faire sortir; ne regimbe point contre la dure loi de la nécessité, et n'épuise pas, à vouloir lui résister, des forces que le ciel ne t'a point données pour étendre ou prolonger ton existence, mais seulement pour la conserver comme il lui plaît et autant qu'il lui plaît. Ta liberté, ton pouvoir, ne s'étendent qu'aussi loin que tes forces naturelles, et pas au-delà; tout le reste n'est qu'esclavage, illusion, prestige. La domination même est servile, quand elle tient à l'opinion; car tu dépends des préjugés de ceux que tu gouvernes par les préjugés. Pour les conduire comme il te plaît, il faut te conduire comme il leur plaît. Ils n'ont qu'à changer de manière de penser, il faudra bien par force que tu changes de manière d'agir. Ceux qui t'approchent n'ont qu'à savoir gouverner les opinions du peuple que tu crois gouverner, ou des favoris qui te gouvernent, ou celles de ta famille, ou les tiennes propres : ces visirs, ces courtisans, ces prêtres, ces soldats, ces valets, ces caillettes, et jusqu'à des enfants, quand tu serois un Thémistocle en génie [1], vont te mener comme un

---

iamais chez nous, nous sommes tousjours au-delà : la crainte, le desir, l'espérance, nous eslancent vers l'advenir et nous desrobbent le sentiment et la consideration de ce qui est, pour nous amuser à ce qui sera, voire quand nous ne serons plus. » MONTAIGNE, liv. I, ch. III.

[1] Ce petit garçon que vous voyez là, disoit Thémistocle à ses amis, est l'arbitre de la Grèce; car il gouverne sa mère, sa mère

enfant toi-même au milieu de tes légions. Tu as beau faire; jamais ton autorité réelle n'ira plus loin que tes facultés réelles. Sitôt qu'il faut voir par les yeux des autres, il faut vouloir par leurs volontés. Mes peuples sont mes sujets, dis-tu fièrement. Soit. Mais toi, qu'es-tu? le sujet de tes ministres. Et tes ministres à leur tour, que sont-ils? les sujets de leurs commis, de leurs maîtresses, les valets de leurs valets. Prenez tout, usurpez tout, et puis versez l'argent à pleines mains; dressez des batteries de canon; élevez des gibets, des roues; donnez des lois, des édits; multipliez les espions, les soldats, les bourreaux, les prisons, les chaînes : pauvres petits hommes, de quoi vous sert tout cela? vous n'en serez ni mieux servis, ni moins volés, ni moins trompés, ni plus absolus. Vous direz toujours, Nous voulons; et vous ferez toujours ce que voudront les autres.

Le seul qui fait sa volonté est celui qui n'a pas besoin, pour la faire, de mettre les bras d'un autre au bout des siens : d'où il suit que le premier de tous les biens n'est pas l'autorité, mais la liberté. L'homme vraiment libre ne veut que ce qu'il peut, et fait ce qu'il lui plaît. Voilà ma maxime fonda-

me gouverne, je gouverne les Athéniens, et les Athéniens gouvernent les Grecs [*]. Oh! quels petits conducteurs on trouveroit souvent aux plus grands empires, si du prince on descendoit par degrés jusqu'à la première main qui donne le branle en secret!

[*] Plutarque, *Dicts notables des Rois et Capitaines*, § 40.

mentale. Il ne s'agit que de l'appliquer à l'enfance, et toutes les règles de l'éducation vont en découler.

La société a fait l'homme plus foible, non seulement en lui ôtant le droit qu'il avoit sur ses propres forces, mais surtout en les lui rendant insuffisantes. Voilà pourquoi ses désirs se multiplient avec sa foiblesse, et voilà ce qui fait celle de l'enfance comparée à l'âge d'homme. Si l'homme est un être fort, et si l'enfant est un être foible, ce n'est pas parce que le premier a plus de force absolue que le second; mais c'est parce que le premier peut naturellement se suffire à lui-même et que l'autre ne le peut. L'homme doit donc avoir plus de volontés, et l'enfant plus de fantaisies; mot par lequel j'entends tous les désirs qui ne sont pas de vrais besoins, et qu'on ne peut contenter qu'avec le secours d'autrui.

J'ai dit la raison de cet état de foiblesse. La nature y pourvoit par l'attachement des pères et des mères : mais cet attachement peut avoir son excès, son défaut, ses abus. Des parents qui vivent dans l'état civil y transportent leur enfant avant l'âge. En lui donnant plus de besoins qu'il n'en a, ils ne soulagent pas sa foiblesse, ils l'augmentent. Ils l'augmentent encore en exigeant de lui ce que la nature n'exigeoit pas, en soumettant à leurs volontés le peu de forces qu'il a pour servir les siennes, en changeant de part ou d'autre en esclavage la dépendance réciproque où le tient sa foiblesse et où les tient leur attachement.

L'homme sage sait rester à sa place; mais l'enfant, qui ne connoît pas la sienne, ne sauroit s'y maintenir. Il a parmi nous mille issues pour en sortir; et c'est à ceux qui le gouvernent à l'y retenir, et cette tâche n'est pas facile. Il ne doit être ni bête ni homme, mais enfant; il faut qu'il sente sa foiblesse et non qu'il en souffre; il faut qu'il dépende et non qu'il obéisse; il faut qu'il demande et non qu'il commande. Il n'est soumis aux autres qu'à cause de ses besoins, et parce qu'ils voient mieux que lui ce qui lui est utile, ce qui peut contribuer ou nuire à sa conservation. Nul n'a droit, pas même le père, de commander à l'enfant ce qui ne lui est bon à rien.

Avant que les préjugés et les institutions humaines aient altéré nos penchants naturels, le bonheur des enfants ainsi que des hommes consiste dans l'usage de leur liberté; mais cette liberté dans les premiers est bornée par leur foiblesse. Quiconque fait ce qu'il veut est heureux, s'il se suffit à lui-même; c'est le cas de l'homme vivant dans l'état de nature. Quiconque fait ce qu'il veut n'est pas heureux, si ses besoins passent ses forces; c'est le cas de l'enfant dans le même état. Les enfants ne jouissent même dans l'état de nature que d'une liberté imparfaite, semblable à celle dont jouissent les hommes dans l'état civil. Chacun de nous, ne pouvant plus se passer des autres, redevient à cet égard foible et misérable. Nous étions faits pour être hommes; les lois et la société nous ont replongés dans l'enfance. Les riches, les grands, les rois, sont tous des enfants qui, voyant qu'on s'empresse à soulager leur misère, tirent de cela même une vanité puérile, et sont tous fiers des soins qu'on ne leur rendroit pas s'ils étoient hommes faits.

Ces considérations sont importantes; et servent à résoudre toutes les contradictions du système social. Il y a deux sortes de dépendances : celle des choses, qui est de la nature; celle des hommes, qui est de la société. La dépendance des choses, n'ayant aucune moralité, ne nuit point à la liberté, et n'engendre point de vices : la dépendance des hommes étant désordonnée [1] les engendre tous, et c'est par elle que le maître et l'esclave se dépravent mutuellement. S'il y a quelque moyen de remédier à ce mal dans la société, c'est de substituer la loi à l'homme, et d'armer les volontés générales d'une force réelle, supérieure à l'action de toute volonté particulière. Si les lois des nations pouvoient avoir, comme celles de la nature, une inflexibilité que jamais aucune force humaine ne

---

[1] Dans mes *Principes du Droit politique*, il est démontré que nulle volonté particulière ne peut être ordonnée dans le système social*.

* Voyez le chapitre III du livre II, et le chapitre premier du livre IV.

pût vaincre, la dépendance des hommes redeviendroit alors celle des choses; on réuniroit dans la république tous les avantages de l'état naturel à ceux de l'état civil; on joindroit à la liberté qui maintient l'homme exempt de vices, la moralité qui l'élève à la vertu.

Maintenez l'enfant dans la seule dépendance des choses, vous aurez suivi l'ordre de la nature dans le progrès de son éducation. N'offrez jamais à ses volontés indiscrètes que des obstacles physiques ou des punitions qui naissent des actions mêmes, et qu'il se rappelle dans l'occasion : sans lui défendre de mal faire, il suffit de l'en empêcher. L'expérience ou l'impuissance doivent seules lui tenir lieu de loi. N'accordez rien à ses désirs parce qu'il le demande, mais parce qu'il en a besoin. Qu'il ne sache ce que c'est qu'obéissance quand il agit, ni ce que c'est qu'empire quand on agit pour lui. Qu'il sente également sa liberté dans ses actions et dans les vôtres. Suppléez à la force qui lui manque, autant précisément qu'il en a besoin pour être libre et non pas impérieux ; qu'en recevant vos services avec une sorte d'humiliation, il aspire au moment où il pourra s'en passer, et où il aura l'honneur de se servir lui-même.

La nature a, pour fortifier le corps et le faire croître, des moyens qu'on ne doit jamais contrarier. Il ne faut point contraindre un enfant de rester quand il veut aller, ni d'aller quand il veut rester en place. Quand la volonté des enfants n'est point gâtée par notre faute, ils ne veulent rien inutilement. Il faut qu'ils sautent, qu'ils courent, qu'ils crient quand ils en ont envie. Tous leurs mouvements sont des besoins de leur constitution qui cherche à se fortifier; mais on doit se défier de ce qu'ils désirent sans le pouvoir faire eux-mêmes, et que d'autres sont obligés de faire pour eux. Alors il faut distinguer avec soin le vrai besoin, le besoin naturel, du besoin de fantaisie qui commence à naître, ou de celui qui ne vient que de la surabondance de vie dont j'ai parlé.

J'ai déjà dit ce qu'il faut faire quand un enfant pleure pour avoir ceci ou cela. J'ajouterai seulement que dès qu'il peut demander en parlant ce qu'il désire, et que, pour l'obtenir plus vite ou pour vaincre un refus, il appuie de pleurs sa demande, elle lui doit être irrévocablement refusée. Si le besoin l'a fait parler, vous devez le savoir et faire aussitôt ce qu'il demande; mais céder quelque chose à ses larmes, c'est l'exciter à en verser, c'est lui apprendre à douter de votre bonne volonté, et à croire que l'importunité peut plus sur vous que la bienveillance. S'il ne vous croit pas bon, bientôt il sera méchant; s'il vous croit foible, il sera bientôt opiniâtre : il n'importe d'accorder toujours au premier signe ce qu'on ne veut pas refuser. Ne soyez point prodigue en refus, mais ne les révoquez jamais.

Gardez-vous surtout de donner à l'enfant de vaines formules de politesse, qui lui servent au besoin de paroles magiques pour soumettre à ses volontés tout ce qui l'entoure, et obtenir à l'instant ce qui lui plaît. Dans l'éducation façonnière des riches on ne manque jamais de les rendre poliment impérieux, en leur prescrivant les termes dont ils doivent se servir pour que personne n'ose leur résister : leurs enfants n'ont ni ton ni tours suppliants ; ils sont aussi arrogants, même plus, quand ils prient, que quand ils commandent, comme étant bien plus sûrs d'être obéis. On voit d'abord que *s'il vous plaît* signifie dans leur bouche *il me plaît*, et que *je vous prie* signifie *je vous ordonne*. Admirable politesse, qui n'aboutit pour eux qu'à changer le sens des mots, et à ne pouvoir jamais parler autrement qu'avec empire ! Quant à moi, qui crains moins qu'Émile ne soit grossier qu'arrogant, j'aime beaucoup mieux qu'il dise en priant, *faites cela*, qu'en commandant, *je vous prie*. Ce n'est pas le terme dont il se sert qui m'importe, mais bien l'acception qu'il y joint.

Il y a un excès de rigueur et un excès d'indulgence, tous deux également à éviter. Si vous laissez pâtir les enfants, vous exposez leur santé, leur vie ; vous les rendez actuellement misérables ; si vous leur épargnez avec trop de soin toute espèce de mal-être, vous leur préparez de grandes misères, vous les rendez délicats, sensibles ; vous les sortez de leur état d'hommes, dans lequel ils rentreront un jour malgré vous. Pour ne les pas exposer à quelques maux de la nature, vous êtes l'artisan de ceux qu'elle ne leur a pas donnés. Vous me direz que je tombe dans le cas de ces mauvais pères auxquels je reprochois de sacrifier le bonheur des enfants à la considération d'un temps éloigné qui ne peut jamais être.

Non pas : car la liberté que je donne à mon élève le dédommage amplement des légères incommodités auxquelles je le laisse exposé. Je vois de petits polissons jouer sur la neige, violets, transis, et pouvant à peine remuer les doigts. Il ne tient qu'à eux de s'aller chauffer, ils n'en font rien ; si on les y forçoit, ils sentiroient cent fois plus les rigueurs de la contrainte, qu'ils ne sentent celles du froid. De quoi donc vous plaignez-vous? Rendrai-je votre enfant misérable en ne l'exposant qu'aux incommodités qu'il veut bien souffrir? Je fais son bien dans le moment présent en le laissant libre ; je fais son bien dans l'avenir en l'armant contre les maux qu'il doit supporter. S'il avoit le choix d'être mon élève ou le vôtre, pensez-vous qu'il balançât un instant?

Concevez-vous quelque vrai bonheur possible pour aucun être hors de sa constitution? et n'est-ce pas sortir l'homme de sa constitution que de vouloir l'exempter également de tous les maux de son espèce? Oui, je le soutiens ; pour sentir les grands biens, il faut qu'il connoisse les petits maux; telle est sa nature. Si le physique va trop bien, le moral se corrompt. L'homme qui ne connoîtroit pas la douleur ne connoîtroit ni l'attendrissement de l'humanité, ni la douceur de la commisération; son cœur ne seroit ému de rien, il ne seroit pas sociable, il seroit un monstre parmi ses semblables.

Savez-vous quel est le plus sûr moyen de rendre votre enfant misérable? c'est de l'accoutumer à tout obtenir; car ses désirs croissant incessamment par la facilité de les satisfaire, tôt ou tard l'impuissance vous forcera malgré vous d'en venir au refus, et ce refus inaccoutumé lui donnera plus de tourment que la privation même de ce qu'il désire. D'abord il voudra la canne que vous tenez; bientôt il voudra votre montre; ensuite il voudra l'oiseau qui vole; il voudra l'étoile qu'il voit briller; il voudra tout ce qu'il verra: à moins d'être Dieu, comment le contenterez-vous?

C'est une disposition naturelle à l'homme de regarder come sien tout cem qui est en son pouvoir. En ce sens le principe de Hobbes est vrai jusqu'à certain point : multipliez avec nos désirs les moyens de les satisfaire, chacun se fera le maître de tout. L'enfant donc qui n'a qu'à vouloir pour obtenir se croit le propriétaire de l'univers; il regarde tous les hommes comme ses esclaves : et quand enfin l'on est forcé de lui refuser quelque chose, lui, croyant tout possible quand il commande, prend ce refus pour un acte de rébellion ; toutes les raisons qu'on lui donne dans un âge incapable de raisonnement ne sont à son gré que des prétextes ; il voit partout de la mauvaise volonté : le sentiment d'une injustice prétendue aigrissant son naturel, il prend tout le monde en haine, et, sans jamais savoir gré de la complaisance, il s'indigne de toute opposition.

Comment concevrois-je qu'un enfant ainsi dominé par la colère et dévoré des passions les plus irascibles, puisse jamais être heureux ? Heureux, lui ! c'est un despote ; c'est à la fois le plus vil des esclaves et la plus misérable des créatures. J'ai vu des enfants élevés de cette manière, qui vouloient qu'on renversât la maison d'un coup d'épaule, qu'on leur donnât le coq qu'ils voyoient sur un clocher, qu'on arrêtât un régiment en marche pour entendre les tambours plus long-temps, et qui perçoient l'air de leurs cris, sans vouloir écouter personne, aussitôt qu'on tardoit à leur obéir. Tout s'empressoit vainement à leur complaire ; leurs désirs s'irritant par la facilité d'obtenir, ils s'obstinoient aux choses impossibles, et ne trouvoient partout que contradictions, qu'obstacles, que peines, que douleurs. Toujours grondants, toujours mutins, toujours furieux, ils passoient les jours à crier, à se plaindre. Étoient-ce là des êtres bien fortunés ? La foiblesse et la domination réunies n'engendrent que folie et misère. De deux enfants gâtés, l'un bat la table, et l'autre fait fouetter la mer : ils auront bien à fouetter et à battre avant de vivre contents.

Si ces idées d'empire et de tyrannie les rendent misérables dès leur enfance, que sera-ce quand ils grandiront, et que leurs relations avec les autres hommes commenceront à s'étendre et se multiplier? Accoutumés à voir tout fléchir devant eux, quelle surprise, en entrant dans le monde, de sentir que tout leur résiste, et de se trouver écrasés du poids de cet univers qu'ils pensoient mouvoir à leur gré !

Leurs airs insolents, leur puérile vanité, ne leur attirent que mortification, dédains, railleries ; ils boivent les affronts comme l'eau: de cruelles épreuves leur apprennent bientôt qu'ils ne connoissent ni leur état ni leurs forces; ne pouvant tout, ils croient ne rien pouvoir. Tant d'obstacles inaccoutumés les rebutent, tant de mépris les avilissent: ils deviennent lâches, craintifs, rampants, et retombent autant au-dessous d'eux-mêmes qu'ils s'étoient élevés au-dessus.

Revenons à la règle primitive. La nature a fait les enfants pour être aimés et secourus; mais les a-t-elle faits pour être obéis et craints? Leur a-t-elle donné un air imposant, un œil sévère, une voix rude et menaçante pour se faire redouter? Je comprends que le rugissement d'un lion épouvante les animaux, et qu'ils tremblent en voyant sa terrible hure ; mais si jamais on vit un spectacle indécent, odieux, risible, c'est un corps de magistrats, le chef à la tête, en habit de cérémonie, prosternés devant un enfant au maillot, qu'ils haranguent en termes pompeux, et qui crie et bave pour toute réponse.

A considérer l'enfance en elle-même, y a-t-il au monde un être plus foible, plus misérable, plus à la merci de tout ce qui l'environne, qui ait si grand besoin de pitié, de soins, de protection, qu'un enfant? Ne semble-t-il pas qu'il ne montre une figure si douce et un air si touchant, qu'afin que tout ce qui l'approche s'intéresse à sa foiblesse et s'empresse à le secourir? Qu'y a-t-il donc de plus choquant, de plus contraire à l'ordre, que de voir un enfant impérieux et mutin commander à tout ce qui l'entoure, et prendre impudemment le ton de maître avec ceux qui n'ont qu'à l'abandonner pour le faire périr?

D'autre part, qui ne voit que la foiblesse du premier âge enchaîne les enfants de tant de manières, qu'il est barbare d'ajouter à cet assujettissement celui de nos caprices, en leur ôtant une liberté si bornée, de laquelle ils peuvent si peu abuser, et dont il est si peu utile à eux et à nous qu'on les prive? S'il n'y a point d'objet si digne de risée qu'un enfant hautain, il n'y a point d'objet si digne de pitié qu'un enfant craintif. Puisque avec l'âge de raison commence la servitude civile, pourquoi la prévenir par la servitude privée? Souffrons qu'un moment de la vie soit exempt de ce joug que la nature ne nous a pas imposé, et laissons à l'enfance l'exercice de la liberté naturelle, qui l'éloigne au moins pour un temps des vices que l'on contracte dans l'esclavage. Que ces instituteurs sévères, que ces pères asservis à leurs enfants viennent donc les uns et les autres avec leurs frivoles objections, et qu'avant de vanter leurs méthodes ils apprennent une fois celle de la nature.

Je reviens à la pratique. J'ai déjà dit que votre enfant ne doit rien obtenir parce qu'il le demande, mais parce qu'il en a besoin[1], ni rien faire par obéissance, mais seulement par nécessité : ainsi les mots d'obéir et de commander seront proscrits de son dictionnaire, encore plus ceux de devoir et d'obligation; mais ceux de force, de nécessité, d'impuissance et de contrainte, y doivent tenir une grande place. Avant l'âge de raison l'on ne sauroit avoir aucune idée des êtres moraux ni des relations sociales; il faut donc éviter, autant qu'il

---

[1] On doit sentir que, comme la peine est souvent une nécessité, le plaisir est quelquefois un besoin. Il n'y a donc qu'un seul désir des enfants auquel on ne doive jamais complaire; c'est celui de se faire obéir. D'où il suit que, dans tout ce qu'ils demandent, c'est surtout au motif qui les porte à le demander qu'il faut faire attention. Accordez-leur, tant qu'il est possible, tout ce qui peut leur faire un plaisir réel; refusez-leur toujours ce qu'ils ne demandent que par fantaisie ou pour faire un acte d'autorité.

se peut, d'employer des mots qui les expriment, de peur que l'enfant n'attache d'abord à ces mots de fausses idées qu'on ne saura point ou qu'on ne pourra plus détruire. La première fausse idée qui entre dans sa tête est en lui le germe de l'erreur et du vice; c'est à ce premier pas qu'il faut surtout faire attention. Faites que, tant qu'il n'est frappé que des choses sensibles, toutes ses idées s'arrêtent aux sensations; faites que de toutes parts il n'aperçoive autour de lui que le monde physique : sans quoi soyez sûr qu'il ne vous écoutera point du tout, ou qu'il se fera du monde moral, dont vous lui parlez, des notions fantastiques que vous n'effacerez de la vie.

Raisonner avec les enfants étoit la grande maxime de Locke; c'est la plus en vogue aujourd'hui : son succès ne me paroît pourtant pas fort propre à la mettre en crédit; et pour moi je ne vois rien de plus sot que ces enfants avec qui l'on a tant raisonné. De toutes les facultés de l'homme, la raison, qui n'est, pour ainsi dire, qu'un composé de toutes les autres, est celle qui se développe le plus difficilement et le plus tard; et c'est de celle-là qu'on veut se servir pour développer les premières! Le chef-d'œuvre d'une bonne éducation est de faire un homme raisonnable : et l'on prétend élever un enfant par la raison! C'est commencer par la fin, c'est vouloir faire l'instrument de l'ouvrage. Si les enfants entendoient raison, ils n'auroient pas besoin d'être élevés; mais en leur parlant dès leur bas âge une langue qu'ils n'entendent point, on les accoutume à se payer de mots, à contrôler tout ce qu'on leur dit, à se croire aussi sages que leurs maîtres, à devenir disputeurs et mutins; et tout ce qu'on pense obtenir d'eux par des motifs raisonnables, on ne l'obtient jamais que par ceux de convoitise, ou de crainte, ou de vanité, qu'on est toujours forcé d'y joindre.

Voici la formule à laquelle peuvent se réduire à peu près toutes les leçons de morale qu'on fait et qu'on peut faire aux enfants.

LE MAÎTRE.

Il ne faut pas faire cela.

L'ENFANT.

Et pourquoi ne faut-il pas faire cela?

LE MAÎTRE.

Parce que c'est mal fait.

L'ENFANT.

Mal fait! Qu'est-ce qui est mal fait?

LE MAÎTRE.

Ce qu'on vous défend.

L'ENFANT.

Quel mal y a-t-il à faire ce qu'on me défend?

LE MAÎTRE.

On vous punit pour avoir désobéi.

L'ENFANT.

Je ferai en sorte qu'on n'en sache rien.

LE MAÎTRE.

On vous épiera.

L'ENFANT.

Je me cacherai.

LE MAÎTRE.

On vous questionnera.

L'ENFANT.

Je mentirai.

LE MAÎTRE.

Il ne faut pas mentir.

L'ENFANT.

Pourquoi ne faut-il pas mentir?

LE MAÎTRE.

Parce que c'est mal fait, etc.

Voilà le cercle inévitable. Sortez-en, l'enfant ne vous entend plus. Ne sont-ce pas là des instructions fort utiles? Je serois bien curieux de savoir ce qu'on pourroit mettre à la place de ce dialogue? Locke lui-même y eût à coup sûr été fort embarrassé. Connoître le bien et le mal, sentir la raison des devoirs de l'homme, n'est pas l'affaire d'un enfant.

La nature veut que les enfants soient enfants avant que d'être hommes. Si nous voulons pervertir cet ordre, nous produirons des fruits précoces qui n'auront ni maturité ni saveur, et ne tarderont pas à se corrompre : nous aurons de jeunes docteurs et de vieux enfants. L'enfance a des manières de voir, de penser, de sentir, qui lui sont propres; rien n'est moins sensé que d'y vouloir substituer les nôtres; et j'aimerois autant exiger qu'un enfant eût cinq pieds de haut que du jugement à dix ans. En effet, à quoi lui serviroit la raison à cet âge? Elle est le frein de la force, et l'enfant n'a pas besoin de ce frein.

En essayant de persuader à vos élèves le devoir de l'obéissance, vous joignez à cette prétendue persuasion la force et les menaces, ou, qui pis est, la flatterie et les promesses. Ainsi donc, amorcés par l'intérêt ou contraints par la force, ils font semblant d'être convaincus par la raison. Ils voient très-bien que l'obéissance leur est avantageuse, et la rébellion nuisible aussitôt que vous vous apercevez de l'une ou de l'autre. Mais comme vous n'exigez rien d'eux qui ne leur soit désagréable, et qu'il est toujours pénible de faire les volontés d'autrui, ils se cachent pour faire les leurs, persuadés qu'ils font bien si l'on ignore leur désobéissance; mais prêts à convenir qu'ils font mal, s'ils sont découverts, de crainte d'un plus grand mal. La raison du devoir n'étant pas de leur âge, il n'y a homme au monde qui vînt à bout de la leur rendre vraiment sensible; mais la crainte du châtiment, l'espoir du pardon, l'importunité, l'embarras de répondre, leur arrachent tous les aveux qu'on exige; et l'on croit les avoir convaincus, quand on ne les a qu'ennuyés ou intimidés.

Qu'arrive-t-il de là? Premièrement, qu'en leur

imposant un devoir qu'ils ne sentent pas, vous les indisposez contre votre tyrannie, et les détournez de vous aimer; que vous leur apprenez à devenir dissimulés, faux, menteurs, pour extorquer des récompenses ou se dérober aux châtiments; qu'enfin, les accoutumant à couvrir toujours d'un motif apparent, un motif secret, vous leur donnez vous-même le moyen de vous abuser sans cesse, de vous ôter la connoissance de leur vrai caractère, et de payer vous et les autres de vaines paroles dans l'occasion. Les lois, direz-vous, quoique obligatoires pour la conscience, usent de même de contrainte avec les hommes faits. J'en conviens. Mais que sont ces hommes, sinon des enfants gâtés par l'éducation? Voilà précisément ce qu'il faut prévenir. Employez la force avec les enfants et la raison avec les hommes; tel est l'ordre naturel: le sage n'a pas besoin de lois.

Traitez votre élève selon son âge. Mettez-le d'abord à sa place, et tenez-l'y si bien, qu'il ne tente plus d'en sortir. Alors, avant de savoir ce que c'est que sagesse, il en pratiquera la plus importante leçon. Ne lui commandez jamais rien, quoi que ce soit au monde, absolument rien. Ne lui laissez pas même imaginer que vous prétendiez avoir aucune autorité sur lui. Qu'il sache seulement qu'il est foible et que vous êtes fort; que, par son état et le vôtre, il est nécessairement à votre merci; qu'il le sache, qu'il l'apprenne, qu'il le sente ; qu'il sente de bonne heure sur sa tête altière le dur joug que la nature impose à l'homme, le pesant joug de la nécessité, sous lequel il faut que tout être fini ploie ; qu'il voie cette nécessité dans les choses, jamais dans le caprice[1] des hommes ; que le frein qui le retient soit la force et non l'autorité. Ce dont il doit s'abstenir, ne le lui défendez pas ; empêchez-le de le faire, sans explications, sans raisonnements ; ce que vous lui accordez, accordez-le à son premier mot, sans sollicitations, sans prières, surtout sans conditions. Accordez avec plaisir, ne refusez qu'avec répugnance ; mais que tous vos refus soient irrévocables : qu'aucune importunité ne vous ébranle ; que le *non* prononcé soit un mur d'airain contre lequel l'enfant n'aura pas épuisé cinq ou six fois ses forces, qu'il ne tentera plus de le renverser.

C'est ainsi que vous le rendrez patient, égal, résigné, paisible, même quand il n'aura pas ce qu'il a voulu ; car il est dans la nature de l'homme d'endurer patiemment la nécessité des choses, mais non la mauvaise volonté d'autrui. Ce mot, *il n'y en a plus*, est une réponse contre laquelle jamais enfant ne s'est mutiné, à moins qu'il ne crût que c'étoit un mensonge. Au reste, il n'y a

---

[1] On doit être sûr que l'enfant traitera de caprice toute volonté contraire à la sienne, et dont il ne sentira pas la raison. Or, un enfant ne sent la raison de rien dans tout ce qui choque ses fantaisies.

point ici de milieu ; il faut n'en rien exiger du tout, ou le plier d'abord à la plus parfaite obéissance. La pire éducation est de le laisser flottant entre ses volontés et les vôtres, et de disputer sans cesse entre vous et lui à qui des deux sera le maître : j'aimerois cent fois mieux qu'il le fût toujours.

Il est bien étrange que, depuis qu'on se mêle d'élever des enfants, on n'ait imaginé d'autre instrument pour les conduire que l'émulation ; la jalousie, l'envie, la vanité, l'avidité, la vile crainte, toutes les passions les plus dangereuses, les plus promptes à fermenter, et les plus propres à corrompre l'ame, même avant que le corps soit formé. A chaque instruction précoce qu'on veut faire entrer dans leur tête, on plante un vice au fond de leur cœur; d'insensés instituteurs pensent faire des merveilles en les rendant méchants pour leur apprendre ce que c'est que bonté ; et puis ils nous disent gravement : Tel est l'homme. Oui, tel est l'homme que vous avez fait.

On a essayé tous les instruments hors un, le seul précisément qui peut réussir ; la liberté bien réglée. Il ne faut point se mêler d'élever un enfant quand on ne sait pas le conduire où l'on veut par les seules lois du possible et de l'impossible. La sphère de l'un et de l'autre lui étant également inconnue, on l'étend, on la resserre autour de lui comme on veut. On l'enchaîne, on le pousse, on le retient, avec le seul lien de la nécessité, sans qu'il en murmure : on le rend souple et docile par la seule force des choses, sans qu'aucun vice ait l'occasion de germer en lui; car jamais les passions ne s'animent tant qu'elles sont de nul effet.

Ne donnez à votre élève aucune espèce de leçon verbale; il n'en doit recevoir que de l'expérience. Ne lui infligez aucune espèce de châtiment; car il ne sait ce que c'est qu'être en faute : ne lui faites jamais demander pardon, car il ne sauroit vous offenser. Dépourvu de toute moralité dans ses actions, il ne peut rien faire qui soit moralement mal et qui mérite ni châtiment ni réprimande.

Je vois déjà le lecteur effrayé juger de cet enfant par les nôtres : il se trompe. La gêne perpétuelle où vous tenez vos élèves irrite leur vivacité; plus ils sont contraints sous vos yeux, plus ils sont turbulents au moment qu'ils s'échappent : il faut bien qu'ils se dédommagent quand ils peuvent de la dure contrainte où vous les tenez. Deux écoliers de la ville feront plus de dégât dans un pays que la jeunesse de tout un village. Enfermez un petit monsieur et un petit paysan dans une chambre; le premier aura tout renversé, tout brisé, avant que le second soit sorti de sa place. Pourquoi cela? si ce n'est que l'un se hâte d'abuser d'un moment de licence, tandis que l'autre, toujours sûr de sa liberté, ne se presse jamais d'en user. Et cependant les enfants des villageois, souvent flattés ou contrariés, sont encore bien loin de l'état où je veux qu'on les tienne.

Posons pour maxime incontestable que les premiers mouvements de la nature sont toujours droits : il n'y a point de perversité originelle dans le cœur humain ; il ne s'y trouve pas un seul vice dont on ne puisse dire comment et par où il y est entré. La seule passion naturelle à l'homme est l'amour de soi-même ; ou l'amour-propre pris dans un sens étendu. Cet amour-propre en soi ou relativement à nous est bon et utile ; et comme il n'a point de rapport nécessaire à autrui, il est à cet égard naturellement indifférent : il ne devient bon ou mauvais que par l'application qu'on en fait et les relations qu'on lui donne. Jusqu'à ce que le guide de l'amour-propre, qui est la raison, puisse naître, il importe donc qu'un enfant ne fasse rien parce qu'il est vu ou entendu, rien en un mot par rapport aux autres, mais seulement ce que la nature lui demande ; et alors il ne fera rien que de bien.

Je n'entends pas qu'il ne fera jamais de dégât, qu'il ne se blessera point, qu'il ne brisera pas peut-être un meuble de prix s'il le trouve à sa portée. Il pourroit faire beaucoup de mal sans mal faire, parce que la mauvaise action dépend de l'intention de nuire, et qu'il n'aura jamais cette intention. S'il l'avoit une seule fois, tout seroit déjà perdu ; il seroit méchant presque sans ressource.

Telle chose est mal aux yeux de l'avarice, qui ne l'est pas aux yeux de la raison. En laissant les enfants en pleine liberté d'exercer leur étourderie, il convient d'écarter d'eux tout ce qui pourroit la rendre coûteuse, et de ne laisser à leur portée rien de fragile et de précieux. Que leur appartement soit garni de meubles grossiers et solides; point de miroirs, point de porcelaines, point d'objets de luxe. Quant à mon Émile, que j'élève à la campagne, sa chambre n'aura rien qui la distingue de celle d'un paysan. A quoi bon la parer avec tant de soin, puisqu'il y doit rester si peu? Mais je me trompe; il la parera lui-même, et nous verrons bientôt de quoi.

Que si, malgré vos précautions, l'enfant vient à faire quelque désordre, à casser quelque pièce utile, ne le punissez point de votre négligence, ne le grondez point, qu'il n'entende pas un seul mot de reproche; ne lui laissez pas même entrevoir qu'il vous ait donné du chagrin; agissez exactement comme si le meuble se fût cassé de lui-même; enfin croyez avoir beaucoup fait si vous pouvez ne rien dire.

Oserois-je exposer ici la plus grande, la plus importante, la plus utile règle de toute l'éducation? ce n'est pas de gagner du temps, c'est d'en perdre. Lecteurs vulgaires, pardonnez-moi mes paradoxes: il en faut faire quand on réfléchit; et, quoi que vous puissiez dire, j'aime mieux être homme à paradoxes qu'homme à préjugés. Le plus dangereux intervalle de la vie humaine est celui de la naissance à l'âge de douze ans. C'est le temps où germent les erreurs et les vices, sans qu'on ait encore aucun instrument pour les détruire; et quand l'instrument vient, les racines sont si profondes, qu'il n'est plus temps de les arracher. Si les enfants sautoient tout d'un coup de la mamelle à l'âge de raison, l'éducation qu'on leur donne pourroit leur convenir; mais, selon le progrès naturel, il leur en faut une toute contraire. Il faudroit qu'ils ne fissent rien de leur ame jusqu'à ce qu'elle eût toutes ses facultés : car il est impossible qu'elle aperçoive le flambeau que vous lui présentez tandis qu'elle est aveugle, et qu'elle suive dans l'immense plaine des idées une route que la raison trace encore si légèrement pour les meilleurs yeux.

La première éducation doit donc être purement négative. Elle consiste, non point à enseigner la vertu ni la vérité, mais à garantir le cœur du vice et l'esprit de l'erreur. Si vous pouviez ne rien faire et ne rien laisser faire; si vous pouviez amener votre élève sain et robuste à l'âge de douze ans, sans qu'il sût distinguer sa main droite de sa main gauche, dès vos premières leçons les yeux de son entendement s'ouvriroient à la raison; sans préjugés, sans habitudes, il n'auroit rien en lui qui pût contrarier l'effet de vos soins. Bientôt il deviendroit entre vos mains le plus sage des hommes; et en commençant par ne rien faire vous auriez fait un prodige d'éducation.

Prenez le contre-pied de l'usage, et vous ferez presque toujours bien. Comme on ne veut pas faire d'un enfant un enfant, mais un docteur, les pères et les maîtres n'ont jamais assez tôt tancé, corrigé, réprimandé, flatté, menacé, promis, instruit, parlé raison. Faites mieux; soyez raisonnable, et ne raisonnez point avec votre élève, surtout pour lui faire approuver ce qui lui déplaît; car amener ainsi toujours la raison dans les choses désagréables, ce n'est que la lui rendre ennuyeuse, et la décréditer de bonne heure dans un esprit qui n'est pas encore en état de l'entendre. Exercez son corps, ses organes, ses sens, sa force, mais tenez son ame oisive aussi long-temps qu'il se pourra. Redoutez tous les sentiments antérieurs au jugement qui les apprécie. Retenez, arrêtez les impressions étrangères : et, pour empêcher le mal de naître, ne vous pressez point de faire le bien; car il n'est jamais tel que quand la raison l'éclaire. Regardez tous les délais comme des avantages : c'est gagner beaucoup que d'avancer vers le terme sans rien perdre; laissez mûrir l'enfance dans les enfants. Enfin, quelque leçon leur devient-elle nécessaire, gardez-vous de la donner aujourd'hui, si vous pouvez différer jusqu'à demain sans danger.

Une autre considération qui confirme l'utilité de cette méthode, est celle du génie particulier de l'enfant, qu'il faut bien connoître pour savoir quel régime moral lui convient. Chaque esprit a sa forme propre selon laquelle il a besoin d'être gouverné; et il importe au succès des soins qu'on prend qu'il soit gouverné par cette forme et non par une autre. Homme prudent, épiez long-temps la nature, observez bien votre élève avant de lui dire le premier mot; laissez d'abord le germe de son caractère en pleine liberté de se montrer, ne le contraignez en quoi que ce puisse être, afin de le mieux voir tout entier. Pensez-vous que ce temps de liberté soit perdu pour lui? tout au contraire; il sera le mieux employé, car c'est ainsi que vous apprendrez à ne pas perdre un seul moment dans un temps plus précieux : au lieu que, si vous commencez d'agir avant de savoir ce qu'il faut faire, vous agirez au hasard; sujet à vous tromper, il faudra revenir sur vos pas; vous serez plus éloigné du but que si vous eussiez été moins pressé de l'atteindre. Ne faites donc pas comme l'avare qui perd beaucoup pour ne vouloir rien perdre. Sacrifiez dans le premier âge un temps que vous regagnerez avec usure dans un âge plus avancé. Le sage médecin ne donne pas étourdiment les ordonnances à la première vue, mais il étudie premièrement le tempérament du malade avant de lui rien prescrire; il commence tard à le traiter, mais il le guérit, tandis que le médecin trop pressé le tue.

Mais où placerons-nous cet enfant pour l'élever ainsi comme un être insensible, comme un automate? Le tiendrons-nous dans le globe de la lune, dans une île déserte? L'écarterons-nous de tous les humains? N'aura-t-il pas continuellement dans le monde le spectacle et l'exemple des passions d'autrui? Ne verra-t-il jamais d'autres enfants de son âge? Ne verra-t-il pas ses parents, ses voisins, sa nourrice, sa gouvernante, son laquais, son gouverneur même, qui après tout ne sera pas un ange?

Cette objection est forte et solide. Mais vous ai-je dit que ce fût une entreprise aisée qu'une éducation naturelle? O hommes! est-ce ma faute si vous avez rendu difficile tout ce qui est bien? Je sens ces difficultés, j'en conviens : peut-être sont-elles insurmontables; mais toujours est-il sûr qu'en s'appliquant à les prévenir on les prévient jusqu'à certain point. Je montre le but qu'il faut qu'on se propose : je ne dis pas qu'on puisse arriver; mais je dis que celui qui approchera davantage aura le mieux réussi [1].

---

[1] Ainsi Fénélon avoit dit, dans son traité de *l'Éducation des Filles* : « Quand on entreprend un ouvrage sur la meilleure édu-
« cation, ce n'est pas pour donner des règles imparfaites. Il est
« vrai que chacun ne pourra pas aller dans la pratique aussi loin
« que nos pensées vont sur le papier; mais enfin, lorsqu'on ne
« pourra pas aller jusqu'à la perfection, il ne sera pas inutile de
« l'avoir connue, et de s'être efforcé d'y atteindre; c'est le meil-
« leur moyen d'en approcher. » Chap. XIII.

Souvenez-vous qu'avant d'oser entreprendre de former un homme, il faut s'être fait homme soi-même; il faut trouver en soi l'exemple qu'il se doit proposer. Tandis que l'enfant est encore sans connoissance, on a le temps de préparer tout ce qui l'approche à ne frapper ses premiers regards que des objets qu'il lui convient de voir. Rendez-vous respectable à tout le monde, commencez par vous faire aimer afin que chacun cherche à vous complaire. Vous ne serez point maître de l'enfant si vous ne l'êtes de tout ce qui l'entoure; et cette autorité ne sera jamais suffisante, si elle n'est fondée sur l'estime de la vertu. Il ne s'agit point d'épuiser sa bourse et de verser l'argent à pleines mains; je n'ai jamais vu que l'argent fît aimer personne. Il ne faut point être avare et dur, ni plaindre la misère qu'on peut soulager; mais vous aurez beau ouvrir vos coffres, si vous n'ouvrez aussi votre cœur, celui des autres vous restera toujours fermé. C'est votre temps, ce sont vos soins, vos affections, c'est vous-même qu'il faut donner; car quoi que vous puissiez faire, on sent toujours que votre argent n'est point vous. Il y a des témoignages d'intérêt et de bienveillance qui font plus d'effet, et sont réellement plus utiles que tous les dons: combien de malheureux, de malades, ont plus besoin de consolations que d'aumônes! combien d'opprimés à qui la protection sert plus que l'argent! Raccommodez les gens qui se brouillent, prévenez les procès ; portez les enfants au devoir, les pères à l'indulgence ; favorisez d'heureux mariages ; empêchez les vexations ; employez, prodiguez le crédit des parents de votre élève en faveur du foible à qui on refuse justice, et que le puissant accable. Déclarez-vous hautement le protecteur des malheureux. Soyez juste, humain, bienfaisant. Ne faites pas seulement l'aumône, faites la charité ; les œuvres de miséricorde soulagent plus de maux que l'argent : aimez les autres, et ils vous aimeront ; servez-les, et ils vous serviront ; soyez leur frère, et ils seront vos enfants.

C'est encore ici une des raisons pourquoi je veux élever Émile à la campagne, loin de la canaille des valets, les derniers des hommes après leurs maîtres ; loin des noires mœurs des villes, que le vernis dont on les couvre rend séduisantes et contagieuses pour les enfants ; au lieu que les vices des paysans, sans apprêt et dans toute leur grossièreté, sont plus propres à rebuter qu'à séduire, quand on n'a nul intérêt à les imiter.

Au village, un gouverneur sera beaucoup plus maître des objets qu'il voudra présenter à l'enfant ; sa réputation, ses discours, son exemple, auront une autorité qu'ils ne sauroient avoir à la ville : étant utile à tout le monde, chacun s'empressera de l'obliger, d'être estimé de lui, de se montrer au disciple tel que le maître voudroit qu'on fût en effet ; et si l'on ne se corrige pas du vice, on s'abstiendra du scandale ; c'est tout ce dont nous avons besoin pour notre objet.

Cessez de vous en prendre aux autres de vos propres fautes : le mal que les enfants voient les corrompt moins que celui que vous leur apprenez. Toujours sermonneurs, toujours moralistes, toujours pédants, pour une idée que vous leur donnez la croyant bonne, vous leur en donnez à la fois vingt autres qui ne valent rien : pleins de ce qui se passe dans votre tête, vous ne voyez pas l'effet que vous produisez dans la leur. Parmi ce long flux de paroles dont vous les excédez incessamment, pensez-vous qu'il n'y en ait pas une qu'ils saisissent à faux ? Pensez-vous qu'ils ne commentent pas à leur manière vos explications diffuses, et qu'ils n'y trouvent pas de quoi se faire un système à leur portée, qu'ils sauront vous opposer dans l'occasion ?

Écoutez un petit bonhomme qu'on vient d'endoctriner ; laissez-le jaser, questionner, extravaguer à son aise, et vous allez être surpris du tour étrange qu'ont pris vos raisonnements dans son esprit : il confond tout, il renverse tout, il vous impatiente, il vous désole quelquefois par des objections imprévues ; il vous réduit à vous taire, ou à le faire taire : et que peut-il penser de ce silence de la part d'un homme qui aime tant à parler ? Si jamais il remporte cet avantage, et qu'il s'en aperçoive, adieu l'éducation ; tout est fini dès ce moment, il ne cherche plus à s'instruire, il cherche à vous réfuter.

Maîtres zélés, soyez simples, discrets, retenus : ne vous hâtez jamais d'agir que pour empêcher d'agir les autres : je le répéterai sans cesse, renvoyez, s'il se peut, une bonne instruction, de peur d'en donner une mauvaise. Sur cette terre dont la nature eût fait le premier paradis de l'homme, craignez d'exercer l'emploi du tentateur en voulant donner à l'innocence la connoissance du bien et du mal : ne pouvant empêcher que l'enfant ne s'instruise au dehors par des exemples, bornez toute votre vigilance à imprimer ces exemples dans son esprit sous l'image qui lui convient.

Les passions impétueuses produisent un grand effet sur l'enfant qui en est témoin, parce qu'elles ont des signes très-sensibles qui le frappent et le forcent d'y faire attention. La colère surtout est si bruyante dans ses emportements, qu'il est impossible de ne pas s'en apercevoir étant à portée. Il ne faut pas demander si c'est là pour un pédagogue l'occasion d'entamer un beau discours. Eh! point de beaux discours, rien du tout, pas un seul mot. Laissez venir l'enfant : étonné du spectacle, il ne manquera pas de vous questionner. La réponse est simple; elle se tire des objets mêmes qui frappent ses sens. Il voit un visage enflammé, des yeux étincelants, un geste menaçant, il entend des cris; tous signes que le corps n'est pas dans son assiette.

Dites-lui posément, sans affectation, sans mystère: Ce pauvre homme est malade, il est dans un accès de fièvre. Vous pouvez de là tirer occasion de lui donner, mais en peu de mots, une idée des maladies et de leurs effets; car cela aussi est de la nature, et c'est un des liens de la nécessité auxquels il se doit sentir assujetti.

Se peut-il que sur cette idée, qui n'est pas fausse, il ne contracte pas de bonne heure une certaine répugnance à se livrer aux excès des passions, qu'il regardera comme des maladies? et croyez-vous qu'une pareille notion, donnée à propos, ne produira pas un effet aussi salutaire que le plus ennuyeux sermon de morale? Mais voyez dans l'avenir les conséquences de cette notion: vous voilà autorisé, si jamais vous y êtes contraint, à traiter un enfant mutin comme un enfant malade; à l'enfermer dans sa chambre, dans son lit s'il le faut, à le tenir au régime, à l'effrayer lui-même de ses vices naissants, à les lui rendre odieux et redoutables, sans que jamais il puisse regarder comme un châtiment la sévérité dont vous serez peut-être forcé d'user pour l'en guérir. Que s'il vous arrive à vous-même, dans quelque moment de vivacité, de sortir du sang-froid et de la modération dont vous devez faire votre étude, ne cherchez point à lui déguiser votre faute; mais dites-lui franchement, avec un tendre reproche : Mon ami, vous m'avez fait mal.

Au reste, il importe que toutes les naïvetés que peut produire dans un enfant la simplicité des idées dont il est nourri, ne soient jamais relevées en sa présence, ni citées de manière qu'il puisse l'apprendre. Un éclat de rire indiscret peut gâter le travail de six mois, et faire un tort irréparable pour toute la vie. Je ne puis assez redire que, pour être le maître de l'enfant, il faut être son propre maître. Je me représente mon petit Émile, au fort d'une rixe entre deux voisines, s'avançant vers la plus furieuse, et lui disant d'un ton de commisération : *Ma bonne, vous êtes malade, j'en suis bien fâché.* A coup sûr cette saillie ne restera pas sans effet sur les spectateurs; ni peut-être sur les actrices. Sans rire, sans le gronder, sans le louer, je l'emmène de gré ou de force avant qu'il puisse apercevoir cet effet, ou du moins avant qu'il y pense, et je me hâte de le distraire sur d'autres objets qui le lui fassent bien vite oublier.

Mon dessein n'est point d'entrer dans tous les détails, mais seulement d'exposer les maximes générales, et de donner des exemples dans les occasions difficiles. Je tiens pour impossible qu'au sein de la société l'on puisse amener un enfant à l'âge de douze ans, sans lui donner quelque idée des rapports d'homme à homme, et de la moralité des actions humaines. Il suffit qu'on s'applique à lui rendre ces notions nécessaires le plus tard qu'il se pourra, et que, quand elles deviendront inévitables, on les borne à l'utilité présente, seulement pour qu'il ne se croie pas le maître de tout, et qu'il ne fasse pas du mal à autrui sans scrupule et sans le savoir. Il y a des caractères doux et tranquilles qu'on peut mener loin sans danger dans leur première innocence; mais il y a aussi des naturels violents dont la férocité se développe de bonne heure, et qu'il faut se hâter de faire hommes pour n'être pas obligés de les enchaîner.

Nos premiers devoirs sont envers nous; nos sentiments primitifs se concentrent en nous-mêmes; tous nos mouvements naturels se rapportent d'abord à notre conservation et à notre bien-être. Ainsi le premier sentiment de la justice ne nous vient pas de celle que nous devons, mais de celle qui nous est due; et c'est encore un des contresens des éducations communes, que, parlant d'abord aux enfants de leurs devoirs, jamais de leurs droits, on commence par leur dire le contraire de ce qu'il faut, ce qu'ils ne sauroient entendre, et ce qui ne peut les intéresser.

Si j'avois donc à conduire un de ceux que je viens de supposer, je me dirois : Un enfant ne s'attaque pas aux personnes [1], mais aux choses; et

---

[1] On ne doit jamais souffrir qu'un enfant se joue aux grandes personnes comme avec ses inférieurs, ni même comme avec ses égaux. S'il osoit frapper sérieusement quelqu'un, fût-ce son laquais, fût-ce le bourreau, faites qu'on lui rende toujours ses coups avec usure, et de manière à lui ôter l'envie d'y revenir. J'ai vu d'im-

bientôt il apprend par expérience à respecter quiconque le passe en âge et en force : mais les choses ne se défendent pas elles-mêmes. La première idée qu'il faut lui donner est donc moins celle de la liberté que de la propriété; et, pour qu'il puisse avoir cette idée, il faut qu'il ait quelque chose en propre. Lui citer ses hardes, ses meubles, ses jouets, c'est ne lui rien dire; puisque, bien qu'il dispose de ces choses, il ne sait ni pourquoi ni comment il les a. Lui dire qu'il les a parce qu'on les lui a données, c'est ne faire guère mieux; car, pour donner, il faut avoir : voilà donc une propriété antérieure à la sienne; et c'est le principe de la propriété qu'on lui veut expliquer; sans compter que le don est une convention, et que l'enfant ne peut savoir encore ce que c'est que convention [1]. Lecteurs, remarquez, je vous prie, dans cet exemple et dans cent mille autres, comment, fourrant dans la tête des enfants des mots qui n'ont aucun sens à leur portée, on croit pourtant les avoir fort bien instruits.

prudentes gouvernantes animer la mutinerie d'un enfant, l'exciter à battre, s'en laisser battre elles-mêmes, et rire de ses foibles coups, sans songer qu'ils étoient autant de meurtres dans l'intention du petit furieux, et que celui qui veut battre étant jeune, voudra tuer étant grand.

[1] Voilà pourquoi la plupart des enfants veulent ravoir ce qu'ils ont donné, et pleurent quand on ne le leur veut pas rendre. Cela ne leur arrive plus quand ils ont bien conçu ce que c'est que don; seulement ils sont alors plus circonspects à donner.

Il s'agit donc de remonter à l'origine de la propriété ; car c'est de là que la première idée en doit naître. L'enfant, vivant à la campagne, aura pris quelque notion des travaux champêtres ; il ne faut pour cela que des yeux, du loisir, et il aura l'un et l'autre. Il est de tout âge, surtout du sien, de vouloir créer, imiter, produire, donner des signes de puissance et d'activité. Il n'aura pas vu deux fois labourer un jardin, semer, lever, croître des légumes, qu'il voudra jardiner à son tour.

Par les principes ci-devant établis, je ne m'oppose point à son envie : au contraire, je la favorise, je partage son goût, je travaille avec lui, non pour son plaisir, mais pour le mien ; du moins il le croit ainsi : je deviens son garçon jardinier ; en attendant qu'il ait des bras, je laboure pour lui la terre : il en prend possession en y plantant une fève ; et sûrement cette possession est plus sacrée et plus respectable que celle que prenoit Nunès Balbao de l'Amérique méridionale au nom du roi d'Espagne, en plantant son étendard sur les côtes de la mer du Sud.

On vient tous les jours arroser les fèves, on les voit lever dans des transports de joie. J'augmente cette joie en lui disant, Cela vous appartient ; et lui expliquant alors ce terme d'appartenir, je lui fais sentir qu'il a mis là son temps, son travail, sa peine, sa personne enfin ; qu'il y a dans cette terre quelque chose de lui-même qu'il peut réclamer contre qui que ce soit, comme il pourroit retirer son bras de la main d'un autre homme qui voudroit le retenir malgré lui.

Un beau jour il arrive empressé, et l'arrosoir à la main. O spectacle! ô douleur! toutes les fèves sont arrachées; tout le terrain est bouleversé, la place même ne se reconnoît plus. Ah! qu'est devenu mon travail, mon ouvrage, le doux fruit de mes soins et de mes sueurs? Qui m'a ravi mon bien? qui m'a pris mes fèves? Ce jeune cœur se soulève; le premier sentiment de l'injustice y vient verser sa triste amertume; les larmes coulent en ruisseaux; l'enfant désolé remplit l'air de gémissements et de cris. On prend part à sa peine, à son indignation; on cherche, on s'informe, on fait des perquisitions. Enfin l'on découvre que le jardinier a fait le coup : on le fait venir.

Mais nous voici bien loin de compte. Le jardinier apprenant de quoi on se plaint, commence à se plaindre plus haut que nous. Quoi! messieurs, c'est vous qui m'avez ainsi gâté mon ouvrage! J'avois semé là des melons de Malte dont la graine m'avoit été donnée comme un trésor, et desquels j'espérois vous régaler quand ils seroient mûrs; mais voilà que, pour y planter vos misérables fèves, vous m'avez détruit mes melons déjà tout levés, et que je ne remplacerai jamais. Vous m'avez fait un tort irréparable, et vous vous êtes privés vous-mêmes du plaisir de manger des melons exquis.

JEAN-JACQUES.

Excusez-nous, mon pauvre Robert. Vous aviez mis là votre travail, votre peine. Je vois bien que nous avons eu tort de gâter votre ouvrage; mais nous vous ferons venir d'autre graine de Malte, et nous ne travaillerons plus la terre avant de savoir si quelqu'un n'y a point mis la main avant nous.

ROBERT.

Oh bien! messieurs, vous pouvez donc vous reposer, car il n'y a plus guère de terre en friche. Moi, je travaille celle que mon père a bonifiée; chacun en fait autant de son côté, et toutes les terres que vous voyez sont occupées depuis long-temps.

ÉMILE.

Monsieur Robert, il y a donc souvent de la graine de melon perdue?

ROBERT.

Pardonnez-moi, mon jeune cadet; car il ne nous vient pas souvent de petits messieurs aussi étourdis que vous. Personne ne touche au jardin de son voisin; chacun respecte le travail des autres, afin que le sien soit en sûreté.

ÉMILE.
Mais moi je n'ai point de jardin.

ROBERT.
Que m'importe? si vous gâtez le mien, je ne vous

y laisserai plus promener, car, voyez-vous, je ne veux pas perdre ma peine.

JEAN-JACQUES.

Ne pourroit-on pas proposer un arrangement au bon Robert? Qu'il nous accorde, à mon petit ami et à moi, un coin de son jardin pour le cultiver, à condition qu'il aura la moitié du produit.

ROBERT.

Je vous l'accorde sans condition. Mais souvenez-vous que j'irai labourer vos fèves, si vous touchez à mes melons.

Dans cet essai de la manière d'inculquer aux enfants les notions primitives, on voit comment l'idée de la propriété remonte naturellement au droit de premier occupant par le travail. Cela est clair, net, simple, et toujours à la portée de l'enfant. De là jusqu'au droit de propriété et aux échanges il n'y a plus qu'un pas, après lequel il faut s'arrêter tout court.

On voit encore qu'une explication que je renferme ici dans deux pages d'écriture sera peut-être l'affaire d'un an pour la pratique; car, dans la carrière des idées morales, on ne peut avancer trop lentement ni trop bien s'affermir à chaque pas. Jeunes maîtres, pensez, je vous prie, à cet exemple, et souvenez-vous qu'en toute chose vos leçons doivent être plus en actions qu'en discours; car les enfants oublient aisément ce qu'ils ont dit et ce qu'on leur a dit, mais non pas ce qu'ils ont fait et ce qu'on leur a fait.

De pareilles instructions se doivent donner, comme je l'ai dit, plus tôt ou plus tard, selon que le naturel paisible ou turbulent de l'élève en accélère ou retarde le besoin; leur usage est d'une évidence qui saute aux yeux : mais pour ne rien omettre d'important dans les choses difficiles, donnons encore un exemple.

Votre enfant dyscole gâte tout ce qu'il touche: ne vous fâchez point; mettez hors de sa portée ce qu'il peut gâter. Il brise les meubles dont il se sert; ne vous hâtez point de lui en donner d'autres: laissez-lui sentir le préjudice de la privation. Il casse les fenêtres de sa chambre; laissez le vent souffler sur lui nuit et jour sans vous soucier des rhumes; car il vaut mieux qu'il soit enrhumé que fou. Ne vous plaignez jamais des incommodités qu'il vous cause, mais faites qu'il les sente le premier. A la fin vous faites raccommoder les vitres, toujours sans rien dire. Il les casse encore; changez alors de méthode; dites-lui sèchement, mais sans colère : Les fenêtres sont à moi; elles ont été mises là par mes soins; je veux les garantir. Puis vous l'enfermerez à l'obscurité dans un lieu sans fenêtre. A ce procédé si nouveau il commence par crier, tempêter; personne ne l'écoute. Bientôt il se lasse et change de ton; il se plaint, il gémit: un domestique se présente, le mutin le prie de le délivrer. Sans chercher de prétexte pour n'en rien faire, le domestique répond : *J'ai aussi des vitres à conserver*, et s'en va. Enfin, après que l'enfant aura demeuré là plusieurs heures, assez long-temps pour s'y ennuyer et s'en souvenir, quelqu'un lui suggérera de vous proposer un accord au moyen duquel vous lui rendriez la liberté, et il ne casseroit plus les vitres. Il ne demandera pas mieux. Il vous fera prier de le venir voir : vous viendrez ; il vous fera sa proposition, et vous l'accepterez à l'instant en lui disant : C'est très-bien pensé ; nous y gagnerons tous deux : que n'avez-vous eu plus tôt cette bonne idée ! Et puis, sans lui demander ni protestation ni confirmation de sa promesse, vous l'embrasserez avec joie et l'emmènerez sur-le-champ dans sa chambre, regardant cet accord comme sacré et inviolable autant que si le serment y avoit passé. Quelle idée pensez-vous qu'il prendra, sur ce procédé, de la foi des engagements et de leur utilité ? Je suis trompé s'il y a sur la terre un seul enfant, non déjà gâté, à l'épreuve de cette conduite, et qui s'avise après cela de casser une fenêtre à dessein. Suivez la chaîne de tout cela. Le petit méchant ne songeoit guère, en faisant un trou pour planter sa fève, qu'il se creusoit un cachot où sa science ne tarderoit pas à le faire enfermer[1].

[1] Au reste, quand ce devoir de tenir ses engagements ne seroit pas affermi dans l'esprit de l'enfant par le poids de son utilité, bientôt le sentiment intérieur, commençant à poindre, le lui im-

Nous voilà dans le monde moral, voilà la porte ouverte au vice. Avec les conventions et les devoirs naissent la tromperie et le mensonge. Dès qu'on peut faire ce qu'on ne doit pas, on veut cacher ce qu'on n'a pas dû faire. Dès qu'un intérêt fait promettre, un intérêt plus grand peut faire violer la promesse; il ne s'agit plus que de la violer impunément : la ressource est naturelle; on se cache et l'on ment. N'ayant pu prévenir le vice, nous voici déjà dans le cas de le punir. Voilà les misères de la vie humaine qui commencent avec ses erreurs.

J'en ai dit assez pour faire entendre qu'il ne faut jamais infliger aux enfants le châtiment comme châtiment, mais qu'il doit toujours leur arriver comme une suite naturelle de leur mauvaise action. Ainsi vous ne déclamerez point contre le mensonge, vous ne les punirez point précisément

---

poseroit comme une loi de la conscience, comme un principe inné qui n'attend pour se développer que les connoissances auxquelles il s'applique. Ce premier trait n'est point marqué par la main des hommes, mais gravé dans nos cœurs par l'auteur de toute justice. Otez la loi primitive des conventions et l'obligation qu'elle impose, tout est illusoire et vain dans la société humaine. Qui ne tient que par son profit à sa promesse n'est guère plus lié que s'il n'eût rien promis; ou tout au plus il en sera du pouvoir de la violer comme de la bisque des joueurs, qui ne tardent à s'en prévaloir que pour attendre le moment de s'en prévaloir avec plus davantage. Ce principe est de la dernière importance, et mérite d'être approfondi; car c'est ici que l'homme commence à se mettre en contradiction avec lui-même.

pour avoir menti, mais vous ferez que tous les mauvais effets du mensonge, comme de n'être point cru quand on dit la vérité, d'être accusé du mal qu'on n'a point fait, quoiqu'on s'en défende, se rassemblent sur leur tête quand ils ont menti. Mais expliquons ce que c'est que mentir pour les enfants.

Il y a deux sortes de mensonges; celui de fait qui regarde le passé, celui de droit qui regarde l'avenir. Le premier a lieu quand on nie d'avoir fait ce qu'on a fait, ou quand on affirme avoir fait ce qu'on n'a pas fait, et en général quand on parle sciemment contre la vérité des choses. L'autre a lieu quand on promet ce qu'on n'a pas dessein de tenir, et en général quand on montre une intention contraire à celle qu'on a. Ces deux mensonges peuvent quelquefois se rassembler dans le même [1]; mais je les considère ici par ce qu'ils ont de différent.

Celui qui sent le besoin qu'il a du secours des autres, et qui ne cesse d'éprouver leur bienveillance, n'a nul intérêt de les tromper; au contraire, il a un intérêt sensible qu'ils voient les choses comme elles sont, de peur qu'ils ne se trompent à son préjudice. Il est donc clair que le mensonge de fait n'est pas naturel aux enfants; mais c'est la

[1] Comme, lorsqu'accusé d'une mauvaise action, le coupable s'en défend en se disant honnête homme. Il ment alors dans le fait et dans le droit.

loi de l'obéissance qui produit la nécessité de mentir, parce que l'obéissance étant pénible, on s'en dispense en secret le plus qu'on peut, et que l'intérêt présent d'éviter le châtiment ou le reproche l'emporte sur l'intérêt éloigné d'exposer la vérité. Dans l'éducation naturelle et libre, pourquoi donc votre enfant vous mentiroit-il? Qu'a-t-il à vous cacher? Vous ne le reprenez point, vous ne le punissez de rien, vous n'exigez rien de lui. Pourquoi ne vous diroit-il pas tout ce qu'il a fait aussi naïvement qu'à son petit camarade? Il ne peut voir à cet aveu plus de danger d'un côté que de l'autre.

Le mensonge de droit est moins naturel encore, puisque les promesses de faire ou de s'abstenir sont des actes conventionnels, qui sortent de l'état de nature et dérogent à la liberté. Il y a plus; tous les engagements des enfants sont nuls par eux-mêmes, attendu que leur vue bornée ne pouvant s'étendre au-delà du présent, en s'engageant ils ne savent ce qu'ils font. A peine l'enfant peut-il mentir quand il s'engage; car, ne songeant qu'à se tirer d'affaire dans le moment présent, tout moyen qui n'a pas un effet présent lui devient égal : en promettant pour un temps futur il ne promet rien, et son imagination encore endormie ne sait point étendre son être sur deux temps différents. S'il pouvoit éviter le fouet ou obtenir un cornet de dragées en promettant de se jeter demain par la fenêtre, il le promettroit à l'instant. Voilà pourquoi les lois n'ont aucun égard aux engagements des enfants; et quand les pères et les maîtres plus sévères exigent qu'ils les remplissent, c'est seulement dans ce que l'enfant devroit faire, quand même il ne l'auroit pas promis.

L'enfant, ne sachant ce qu'il fait quand il s'engage, ne peut donc mentir en s'engageant. Il n'en est pas de même quand il manque à sa promesse, ce qui est encore une espèce de mensonge rétroactif : car il se souvient très-bien d'avoir fait cette promesse ; mais ce qu'il ne voit pas, c'est l'importance de la tenir. Hors d'état de lire dans l'avenir, il ne peut prévoir les conséquences des choses ; et quand il viole ses engagements, il ne fait rien contre la raison de son âge.

Il suit de là que les mensonges des enfants sont tous l'ouvrage des maîtres, et que vouloir leur apprendre à dire la vérité n'est autre chose que leur apprendre à mentir. Dans l'empressement qu'on a de les régler, de les gouverner, de les instruire, on ne se trouve jamais assez d'instruments pour en venir à bout. On veut se donner de nouvelles prises dans leur esprit par des maximes sans fondement, par des préceptes sans raison, et l'on aime mieux qu'ils sachent leurs leçons et qu'ils mentent, que s'ils demeuroient ignorants et vrais.

Pour nous, qui ne donnons à nos élèves que des leçons de pratique, et qui aimons mieux qu'ils soient bons que savants, nous n'exigeons point d'eux la vérité, de peur qu'ils ne la déguisent, et nous ne leur faisons rien promettre qu'ils soient tentés de ne pas tenir. S'il s'est fait en mon absence quelque mal dont j'ignore l'auteur, je me garderai d'en accuser Émile, ou de lui dire : *Est-ce vous*[1] ? Car en cela que ferois-je autre chose sinon lui apprendre à le nier ? Que si son naturel difficile me force à faire avec lui quelque convention, je prendrai si bien mes mesures que la proposition en vienne toujours de lui, jamais de moi ; que, quand il s'est engagé, il ait toujours un intérêt présent et sensible à remplir son engagement ; et que, si jamais il y manque, ce mensonge attire sur lui des maux qu'il voie sortir de l'ordre même des choses, et non pas de la vengeance de son gouverneur. Mais, loin d'avoir besoin de recourir à de si cruels expédients, je suis presque sûr qu'Émile apprendra fort tard ce que c'est que mentir, et qu'en l'apprenant il sera fort étonné, ne pouvant concevoir à quoi peut être bon le mensonge. Il est très-clair que plus je rends son bien-être indépendant, soit des volontés, soit des jugements

---

[1] Rien n'est plus indiscret qu'une pareille question, surtout quand l'enfant est coupable : alors, s'il croit que vous savez ce qu'il a fait, il verra que vous lui tendez un piége, et cette opinion ne peut manquer de l'indisposer contre vous. S'il ne le croit pas, il se dira : Pourquoi découvrirai-je ma faute ? Et voilà la première tentation du mensonge devenue l'effet de votre imprudente question.

des autres, plus je coupe en lui tout intérêt de mentir.

Quand on n'est point pressé d'instruire, on n'est point pressé d'exiger, et l'on prend son temps pour ne rien exiger qu'à propos. Alors l'enfant se forme, en ce qu'il ne se gâte point. Mais, quand un étourdi de précepteur, ne sachant comment s'y prendre, lui fait à chaque instant promettre ceci ou cela, sans distinction, sans choix, sans mesure, l'enfant, ennuyé, surchargé de toutes ces promesses, les néglige, les oublie, les dédaigne enfin, et les regardant comme autant de vaines formules, se fait un jeu de les faire et de les violer. Voulez-vous donc qu'il soit fidèle à tenir sa parole, soyez discret à l'exiger.

Le détail dans lequel je viens d'entrer sur le mensonge peut, à bien des égards, s'appliquer à tous les autres devoirs, qu'on ne prescrit aux enfants qu'en les leur rendant non seulement haïssables, mais impraticables. Pour paroître leur prêcher la vertu, on leur fait aimer tous les vices: on les leur donne en leur défendant de les avoir. Veut-on les rendre pieux, on les mène s'ennuyer à l'église; en leur faisant incessamment marmotter des prières, on les force d'aspirer au bonheur de ne plus prier Dieu. Pour leur inspirer la charité, on leur fait donner l'aumône, comme si l'on dédaignoit de la donner soi-même. Eh! ce n'est pas l'enfant qui doit donner, c'est le maître : quelque attachement qu'il ait pour son élève, il doit lui disputer cet honneur; il doit lui faire juger qu'à son âge on n'en est point encore digne. L'aumône est une action d'homme qui connoît la valeur de ce qu'il donne et le besoin que son semblable en a. L'enfant, qui ne connoît rien de cela, ne peut avoir aucun mérite à donner; il donne sans charité, sans bienfaisance; il est presque honteux de donner, quand fondé sur son exemple et le vôtre, il croit qu'il n'y a que les enfants qui donnent, et qu'on ne fait plus l'aumône étant grand.

Remarquez qu'on ne fait jamais donner par l'enfant que des choses dont il ignore la valeur, des pièces de métal qu'il a dans sa poche, et qui ne lui servent qu'à cela. Un enfant donneroit plutôt cent louis qu'un gâteau. Mais engagez ce prodigue distributeur à donner les choses qui lui sont chères, des jouets, des bonbons, son goûter, et nous saurons bientôt si vous l'avez rendu vraiment libéral.

On trouve encore un expédient à cela, c'est de rendre bien vite à l'enfant ce qu'il a donné, de sorte qu'il s'accoutume à donner tout ce qu'il sait bien qui lui va revenir. Je n'ai guère vu dans les enfants que ces deux espèces de générosité, donner ce qui ne leur est bon à rien, ou donner ce qu'ils sont sûrs qu'on va leur rendre. Faites en sorte, dit Locke, qu'ils soient convaincus par expérience que le plus libéral est toujours le mieux partagé. C'est là rendre un enfant libéral en apparence, et avare en effet. Il ajoute que les enfants contracteront ainsi l'habitude de la libéralité. Oui, d'une libéralité usurière, qui donne un œuf pour avoir un bœuf. Mais quand il s'agira de donner tout de bon, adieu l'habitude ; lorsqu'on cessera de leur rendre, ils cesseront bientôt de donner. Il faut regarder à l'habitude de l'ame plutôt qu'à celle des mains. Toutes les autres vertus qu'on apprend aux enfants ressemblent à celle-là. Et c'est à leur prêcher ces solides vertus qu'on use leurs jeunes ans dans la tristesse ! Ne voilà-t-il pas une savante éducation !

Maîtres, laissez les simagrées, soyez vertueux et bons, que vos exemples se gravent dans la mémoire de vos élèves, en attendant qu'ils puissent entrer dans leurs cœurs. Au lieu de me hâter d'exiger du mien des actes de charité, j'aime mieux les faire en sa présence, et lui ôter même le moyen de m'imiter en cela, comme un honneur qui n'est pas de son âge ; car il importe qu'il ne s'accoutume pas à regarder les devoirs des hommes seulement comme des devoirs d'enfants. Que si, me voyant assister les pauvres, il me questionne là-dessus, et qu'il soit temps de lui répondre [1], je

---

[1] On doit concevoir que je ne résous pas ses questions quand il lui plaît ; mais quand il me plaît ; autrement ce seroit m'asservir à ses volontés, et me mettre dans la plus dangereuse dépendance où un gouverneur puisse être de son élève.

lui dirai : « Mon ami, c'est que, quand les pauvres « ont bien voulu qu'il y eût des riches, les riches « ont promis de nourrir tous ceux qui n'auroient « de quoi vivre ni par leur bien ni par leur tra- « vail. » « Vous avez donc aussi promis cela? » reprendra-t-il. « Sans doute; je ne suis maître du « bien qui passe par mes mains qu'avec la condi- « tion qui est attachée à sa propriété. »

Après avoir entendu ce discours, et l'on a vu comment on peut mettre un enfant en état de l'entendre, un autre qu'Émile seroit tenté de m'imiter et de se conduire en homme riche : en pareil cas, j'empêcherois au moins que ce ne fût avec ostentation; j'aimerois mieux qu'il me dérobât mon droit et se cachât pour donner. C'est une fraude de son âge, et la seule que je lui pardonnerois.

Je sais que toutes ces vertus par imitation sont des vertus de singe, et que nulle bonne action n'est moralement bonne que quand on la fait comme telle, et non parce que d'autres la font. Mais, dans un âge où le cœur ne sent rien encore, il faut bien faire imiter aux enfants les actes dont on veut leur donner l'habitude, en attendant qu'ils les puissent faire par discernement et par amour du bien. L'homme est imitateur, l'animal même l'est; le goût de l'imitation est de la nature bien ordonnée; mais il dégénère en vice dans la société. Le singe imite l'homme qu'il craint, et n'imite pas les animaux qu'il méprise; il juge bon ce que fait un être meilleur que lui. Parmi nous, au contraire, nos arlequins de toute espèce imitent le beau pour le dégrader, pour le rendre ridicule ; ils cherchent dans le sentiment de leur bassesse à s'égaler ce qui vaut mieux qu'eux ; ou, s'ils s'efforcent d'imiter ce qu'ils admirent, on voit dans le choix des objets le faux goût des imitateurs : ils veulent bien plus en imposer aux autres ou faire applaudir leur talent, que se rendre meilleurs ou plus sages. Le fondement de l'imitation parmi nous vient du désir de se transporter toujours hors de soi. Si je réussis dans mon entreprise, Émile n'aura sûrement pas ce désir. Il faut donc nous passer du bien apparent qu'il peut produire.

Approfondissez toutes les règles de votre éducation, vous les trouverez ainsi toutes à contresens, surtout en ce qui concerne les vertus et les mœurs. La seule leçon de morale qui convienne à l'enfance, et la plus importante à tout âge, est de ne jamais faire de mal à personne. Le précepte même de faire du bien, s'il n'est subordonné à celui-là, est dangereux, faux, contradictoire. Qui est-ce qui ne fait pas du bien ? tout le monde en fait, le méchant comme les autres ; il fait un heureux aux dépens de cent misérables ; et de là viennent toutes nos calamités. Les plus sublimes vertus sont négatives : elles sont aussi les plus difficiles, parce qu'elles sont sans ostentation, et au-dessus même de ce plaisir si doux au cœur de l'homme, d'en renvoyer un autre content de nous. O quel bien fait nécessairement à ses semblables celui d'entre eux, s'il en est un, qui ne leur fait jamais de mal! de quelle intrépidité d'ame, de quelle vigueur de caractère il a besoin pour cela! Ce n'est pas en raisonnant sur cette maxime, c'est en tâchant de la pratiquer, qu'on sent combien il est grand et pénible d'y réussir[1].

Voilà quelques foibles idées des précautions avec lesquelles je voudrois qu'on donnât aux enfants les instructions qu'on ne peut quelquefois leur refuser sans les exposer à nuire à eux-mêmes ou aux autres, et surtout à contracter de mauvaises habitudes dont on auroit peine ensuite à les corriger: mais soyons sûrs que cette nécessité se présentera rarement pour les enfants élevés comme ils doivent l'être, parce qu'il est impossible qu'ils deviennent

---

[1] Le précepte de ne jamais nuire à autrui emporte celui de tenir à la société humaine le moins qu'il est possible; car, dans l'état social, le bien de l'un fait nécessairement le mal de l'autre. Ce rapport est dans l'essence de la chose, et rien ne sauroit le changer. Qu'on cherche sur ce principe lequel est le meilleur de l'homme social ou du solitaire. Un auteur illustre dit qu'il n'y a que le méchant qui soit seul[*]; moi je dis qu'il n'y a que le bon qui soit seul. Si cette proposition est moins sentencieuse, elle est plus vraie et mieux raisonnée que la précédente. Si le méchant étoit seul, quel mal feroit-il? C'est dans la société qu'il dresse ses machines pour nuire aux autres. Si l'on veut rétorquer cet argument pour l'homme de bien, je réponds par l'article auquel appartient cette note.

[*] Diderot, préface du *Fils naturel*. Rousseau se plaint, dans ses *Confessions*, de la dureté de cette sentence prononcée par son ami, qui savoit qu'il étoit *seul* à l'Hermitage.

indociles, méchants, menteurs, avides, quand on n'aura pas semé dans leurs cœurs les vices qui les rendent tels. Ainsi ce que j'ai dit sur ce point sert plus aux exceptions qu'aux règles; mais ces exceptions sont plus fréquentes à mesure que les enfants ont plus d'occasions de sortir de leur état et de contracter les vices des hommes. Il faut nécessairement à ceux qu'on élève au milieu du monde des instructions plus précoces qu'à ceux qu'on élève dans la retraite. Cette éducation solitaire seroit donc préférable, quand elle ne feroit que donner à l'enfance le temps de mûrir.

Il est un autre genre d'exceptions contraires pour ceux qu'un heureux naturel élève au-dessus de leur âge. Comme il y a des hommes qui ne sortent jamais de l'enfance, il y en a d'autres qui, pour ainsi dire, n'y passent point, et sont hommes presque en naissant. Le mal est que cette dernière exception est très-rare, très-difficile à connoître, et que chaque mère, imaginant qu'un enfant peut être un prodige, ne doute point que le sien n'en soit un. Elles font plus, elles prennent pour des indices extraordinaires ceux mêmes qui marquent l'ordre accoutumé: la vivacité, les saillies, l'étourderie, la piquante naïveté; tous signes caractéristiques de l'âge, et qui montrent le mieux qu'un enfant n'est qu'un enfant. Est-il étonnant que celui qu'on fait beaucoup parler et à qui l'on permet de tout dire, qui n'est gêné par aucun égard, par aucune bienséance, fasse par hasard quelque heureuse rencontre? Il le seroit bien plus qu'il n'en fît jamais, comme il le seroit qu'avec mille mensonges un astrologue ne perdît jamais aucune vérité. Ils mentiront tant, disoit Henri IV, qu'à la fin ils diront vrai. Quiconque veut trouver quelques bons mots n'a qu'à dire beaucoup de sottises. Dieu garde de mal les gens à la mode, qui n'ont d'autre mérite pour être fêtés!

Les pensées les plus brillantes peuvent tomber dans le cerveau des enfants, ou plutôt les meilleurs mots dans leur bouche, comme les diamants du plus grand prix sous leurs mains, sans que pour cela ni les pensées ni les diamants leur appartiennent; il n'y a point de véritable propriété pour cet âge en aucun genre. Les choses que dit un enfant ne sont pas pour lui ce qu'elles sont pour nous; il n'y joint pas les mêmes idées. Ces idées, si tant est qu'il en ait, n'ont dans sa tête ni suite ni liaison; rien de fixe, rien d'assuré dans tout ce qu'il pense. Examinez votre prétendu prodige. En de certains moments vous lui trouverez un ressort d'une extrême activité, une clarté d'esprit à percer les nues. Le plus souvent ce même esprit vous paroît lâche, moite, et comme environné d'un épais brouillard. Tantôt il vous devance, et tantôt il reste immobile. Un instant vous diriez, c'est un génie, et l'instant d'après, c'est un sot. Vous vous tromperiez toujours; c'est un enfant. C'est un aiglon qui fend l'air un instant, et retombe l'instant d'après dans son aire.

Traitez-le donc selon son âge malgré les apparences, et craignez d'épuiser ses forces pour les avoir voulu trop exercer. Si ce jeune cerveau s'échauffe, si vous voyez qu'il commence à bouillonner, laissez-le d'abord fermenter en liberté, mais ne l'excitez jamais, de peur que tout ne s'exhale; et quand les premiers esprits se seront évaporés, retenez, comprimez les autres, jusqu'à ce qu'avec les années tout se tourne en chaleur vivifiante et en véritable force. Autrement vous perdrez votre temps et vos soins, vous détruirez votre propre ouvrage; et après vous être indiscrètement enivrés de toutes ces vapeurs inflammables, il ne vous restera qu'un marc sans vigueur.

Des enfants étourdis viennent les hommes vulgaires : je ne sache point d'observation plus générale et plus certaine que celle-là. Rien n'est plus difficile que de distinguer dans l'enfance la stupidité réelle, de cette apparente et trompeuse stupidité qui est l'annonce des ames fortes. Il paroît d'abord étrange que les deux extrêmes aient des signes si semblables : et cela doit pourtant être; car dans un âge où l'homme n'a encore nulles véritables idées, toute la différence qui se trouve entre celui qui a du génie et celui qui n'en a pas, est que le dernier n'admet que de fausses idées, et que le premier, n'en trouvant que de telles, n'en admet aucune : il ressemble donc au stupide en ce que l'un n'est capable de rien, et que rien ne convient à l'autre. Le seul signe qui peut les distinguer dépend du hasard, qui peut offrir au dernier quelque idée à sa portée, au lieu que le premier est toujours le même partout. Le jeune Caton, durant son enfance, sembloit un imbécile dans la maison. Il étoit taciturne et opiniâtre, voilà tout le jugement qu'on portoit de lui. Ce ne fut que dans l'antichambre de Sylla que son oncle apprit à le connoître. S'il ne fût point entré dans cette antichambre, peut-être eût-il passé pour une brute jusqu'à l'âge de raison : si César n'eût point vécu, peut-être eût-on toujours traité de visionnaire ce même Caton qui pénétra son funeste génie, et prévit tous ses projets de si loin. O que ceux qui jugent si précipitamment les enfants sont sujets à se tromper! Ils sont souvent plus enfants qu'eux. J'ai vu, dans un âge assez avancé, un homme[1] qui m'honoroit de son amitié passer dans sa famille et chez ses amis pour un esprit borné; cette excellente tête se mûrissoit en silence. Tout à coup il s'est montré philosophe, et je ne doute pas que la postérité ne lui marque une place honorable et distinguée parmi les meilleurs raisonneurs et les plus profonds métaphysiciens de son siècle.

Respectez l'enfance, et ne vous pressez point

---

[1] L'abbé de Condillac.

de la juger, soit en bien, soit en mal. Laissez les exceptions s'indiquer, se prouver, se confirmer long-temps avant d'adopter pour elles des méthodes particulières. Laissez long-temps agir la nature avant de vous mêler d'agir à sa place, de peur de contrarier ses opérations. Vous connoissez, dites-vous, le prix du temps et n'en voulez point perdre. Vous ne voyez pas que c'est bien plus le perdre d'en mal user que de n'en rien faire, et qu'un enfant mal instruit est plus loin de la sagesse que celui qu'on n'a point instruit du tout. Vous êtes alarmé de le voir consumer ses premières années à ne rien faire ! Comment ! n'est-ce rien que d'être heureux ? n'est-ce rien que de sauter, jouer, courir toute la journée ? De sa vie il ne sera si occupé. Platon, dans sa *République*, qu'on croit si austère, n'élève les enfants qu'en fêtes, jeux, chansons, passe-temps; on diroit qu'il a tout fait quand il leur a bien appris à se réjouir : et Sénèque parlant de l'ancienne jeunesse romaine : Elle étoit, dit-il, toujours debout, on ne lui enseignoit rien qu'elle dût apprendre assise [1]. En valoit-elle moins parvenue à l'âge viril ? Effrayez-vous donc peu de cette oisiveté prétendue. Que diriez-vous d'un homme qui, pour mettre toute

---

[1] * *Nihil liberos suos docebant, quod discendum esset jacentibus.* Epist. 88. — Ce même passage se trouve dans Montaigne, liv. II, chap. xxi.

« C'est merveille, dit-il encore (liv. I, chap. xxv), combien

la vie à profit, ne voudroit jamais dormir? Vous diriez : Cet homme est insensé; il ne jouit pas du temps, il se l'ôte; pour fuir le sommeil il court à la mort. Songez donc que c'est ici la même chose, et que l'enfance est le sommeil de la raison.

L'apparente facilité d'apprendre est cause de la perte des enfants. On ne voit pas que cette facilité même est la preuve qu'ils n'apprennent rien. Leur cerveau lisse et poli rend comme un miroir les objets qu'on lui présente; mais rien ne reste, rien ne pénètre. L'enfant retient les mots, les idées se réfléchissent : ceux qui l'écoutent les entendent, lui seul ne les entend point.

Quoique la mémoire et le raisonnement soient deux facultés essentiellement différentes, cependant l'une ne se développe véritablement qu'avec l'autre. Avant l'âge de raison l'enfant ne reçoit pas des idées, mais des images; et il y a cette différence entre les unes et les autres, que les images ne sont que des peintures absolues des objets sensibles, et que les idées sont des notions des objets, déterminées par des rapports. Une image peut être seule dans l'esprit qui se la représente; mais toute idée en suppose d'autres. Quand on imagine, on

---

« Platon se monstre soigneux, en ses loix, de la gayeté et passe-
« temps de la jeunesse de sa cité; et combien il s'arreste à leurs
« courses, jeux, chansons, saults et danses... Il s'estend à mille
« preceptes pour ses gymnases; pour les sciences lettrees, il s'y
« amuse fort peu, etc. »

ne fait que voir ; quand on conçoit, on compare. Nos sensations sont purement passives, au lieu que toutes nos perceptions ou idées naissent d'un principe actif qui juge. Cela sera démontré ci-après.

Je dis donc que les enfants, n'étant pas capables de jugement, n'ont point de véritable mémoire. Ils retiennent des sons, des figures, des sensations, rarement des idées, plus rarement leurs liaisons. En m'objectant qu'ils apprennent quelques éléments de géométrie, on croit bien prouver contre moi ; et tout au contraire, c'est pour moi qu'on prouve : on montre que, loin de savoir raisonner d'eux-mêmes, ils ne savent pas même retenir les raisonnements d'autrui ; car suivez ces petits géomètres dans leur méthode, vous voyez aussitôt qu'ils n'ont retenu que l'exacte impression de la figure et les termes de la démonstration. A la moindre objection nouvelle, ils n'y sont plus ; renversez la figure, ils n'y sont plus. Tout leur savoir est dans la sensation, rien n'a passé jusqu'à l'entendement. Leur mémoire elle-même n'est guère plus parfaite que leurs autres facultés, puisqu'il faut presque toujours qu'ils rapprennent étant grands les choses dont ils ont appris les mots dans l'enfance.

Je suis cependant bien éloigné de penser que les enfants n'aient aucune espèce de raisonnement[1]. Au contraire, je vois qu'ils raisonnent très-

[1] J'ai fait cent fois réflexion en écrivant, qu'il est impossible,

bien dans tout ce qu'ils connoissent et qui se rapporte à leur intérêt présent et sensible. Mais c'est sur leurs connoissances que l'on se trompe, en leur prêtant celles qu'ils n'ont pas, et les faisant raisonner sur ce qu'ils ne sauroient comprendre. On se trompe encore en voulant les rendre attentifs à des considérations qui ne les touchent en aucune manière, comme celle de leur intérêt à venir, de leur bonheur étant hommes, de l'estime qu'on aura pour eux quand ils seront grands; discours qui, tenus à des êtres dépourvus de toute prévoyance, ne signifient absolument rien pour eux. Or, toutes les études forcées de ces pauvres infortunés tendent à ces objets entièrement étran-

---

dans un long ouvrage, de donner toujours les mêmes sens aux mêmes mots. Il n'y a point de langue assez riche pour fournir autant de termes, de tours, et de phrases, que nos idées peuvent avoir de modifications. La méthode de définir tous les termes, et de substituer sans cesse la définition à la place du défini, est belle, mais impraticable; car comment éviter le cercle? Les définitions pourroient être bonnes si l'on n'employoit pas des mots pour les faire. Malgré cela, je suis persuadé qu'on peut être clair, même dans la pauvreté de notre langue, non pas en donnant toujours les mêmes acceptions aux mêmes mots, mais en faisant en sorte, autant de fois qu'on emploie chaque mot, que l'acception qu'on lui donne soit suffisamment déterminée par les idées qui s'y rapportent, et que chaque période où ce mot se trouve lui serve, pour ainsi dire, de définition. Tantôt je dis que les enfants sont incapables de raisonnement, et tantôt je les fais raisonner avec assez de finesse. Je ne crois pas en cela me contredire dans mes idées, mais je ne puis disconvenir que je ne me contredise souvent dans mes expressions.

gers à leurs esprits. Qu'on juge de l'attention qu'ils y peuvent donner.

Les pédagogues qui nous étalent en grand appareil les instructions qu'ils donnent à leurs disciples, sont payés pour tenir un autre langage : cependant on voit, par leur propre conduite, qu'ils pensent exactement comme moi. Car que leur apprennent-ils enfin? Des mots, encore des mots, et toujours des mots. Parmi les diverses sciences qu'ils se vantent de leur enseigner, ils se gardent bien de choisir celles qui leur seroient véritablement utiles, parce que ce seroient des sciences de choses, et qu'ils n'y réussiroient pas; mais celles qu'on paroît savoir quand on en sait les termes, le blason, la géographie, la chronologie, les langues, etc., toutes études si loin de l'homme, et surtout de l'enfant, que c'est une merveille si rien de tout cela lui peut être utile une seule fois en sa vie.

On sera surpris que je compte l'étude des langues au nombre des inutilités de l'éducation : mais on se souviendra que je ne parle ici que des études du premier âge; et, quoi qu'on puisse dire, je ne crois pas que jusqu'à l'âge de douze ou quinze ans, nul enfant, les prodiges à part, ait jamais vraiment appris deux langues.

Je conviens que si l'étude des langues n'étoit que celle des mots, c'est-à-dire des figures ou des sons qui les expriment, cette étude pourroit convenir aux enfants : mais les langues, en changeant les signes, modifient aussi les idées qu'ils représentent. Les têtes se forment sur les langages, les pensées prennent la teinte des idiomes. La raison seule est commune, l'esprit en chaque langue a sa forme particulière, différence qui pourroit bien être en partie la cause ou l'effet des caractères nationaux, et ce qui paroît confirmer cette conjecture, est que, chez toutes les nations du monde, la langue suit les vicissitudes des mœurs, et se conserve ou s'altère comme elles.

De ces formes diverses l'usage en donne une à l'enfant, et c'est la seule qu'il garde jusqu'à l'âge de raison. Pour en avoir deux, il faudroit qu'il sût comparer des idées ; et comment les compareroit-il, quand il est à peine en état de les concevoir ? Chaque chose peut avoir pour lui mille signes différents ; mais chaque idée ne peut avoir qu'une forme : il ne peut donc apprendre à parler qu'une langue. Il en apprend cependant plusieurs, me dit-on : je le nie. J'ai vu de ces petits prodiges qui croyoient parler cinq ou six langues. Je les ai entendus successivement parler allemand, en termes latins, en termes françois, en termes italiens ; ils se servoient à la vérité de cinq ou six dictionnaires, mais ils ne parloient toujours qu'allemand. En un mot, donnez aux enfants tant de synonymes qu'il vous plaira : vous changerez les mots, non la langue ; ils n'en sauront jamais qu'une.

C'est pour cacher en ceci leur inaptitude qu'on les exerce par préférence sur les langues mortes, dont il n'y a plus de juges qu'on ne puisse récuser. L'usage familier de ces langues étant perdu depuis long-temps, on se contente d'imiter ce qu'on en trouve écrit dans les livres ; et l'on appelle cela les parler. Si tel est le grec et le latin des maîtres, qu'on juge de celui des enfants ! A peine ont-ils appris par cœur leur rudiment, auquel ils n'entendent absolument rien, qu'on leur apprend d'abord à rendre un discours françois en mots latins ; puis, quand ils sont plus avancés, à coudre en prose des phrases de Cicéron, et en vers des centons de Virgile. Alors ils croient parler latin : qui est-ce qui viendra les contredire ?

En quelque étude que ce puisse être, sans l'idée des choses représentées, les signes représentants ne sont rien. On borne pourtant toujours l'enfant à ces signes, sans jamais pouvoir lui faire comprendre aucune des choses qu'ils représentent. En pensant lui apprendre la description de la terre, on ne lui apprend qu'à connoître des cartes : on lui apprend des noms de villes, de pays, de rivières, qu'il ne conçoit pas exister ailleurs que sur le papier où l'on les lui montre. Je me souviens d'avoir vu quelque part une géographie qui commençoit ainsi : *Qu'est-ce que le monde ? C'est un globe de carton.* Telle est précisément la géographie des enfants. Je pose en fait qu'après deux ans de sphère et de cosmographie, il n'y a pas un seul enfant de dix ans qui, sur les règles qu'on lui a données, sût se conduire de Paris à Saint-Denis. Je pose en fait qu'il n'y en a pas un qui, sur un plan du jardin de son père, fût en état d'en suivre les détours sans s'égarer. Voilà ces docteurs qui savent à point nommé où sont Pékin, Ispahan, le Mexique; et tous les pays de la terre.

J'entends dire qu'il convient d'occuper les enfants à des études où il ne faille que des yeux : cela pourroit être s'il y avoit quelque étude où il ne fallût que des yeux : mais je n'en connois point de telle.

Par une erreur encore plus ridicule, on leur fait étudier l'histoire : on s'imagine que l'histoire est à leur portée parce qu'elle n'est qu'un recueil de faits. Mais qu'entend-on par ce mot de faits? croit-on que les rapports qui déterminent les faits historiques soient si faciles à saisir, que les idées s'en forment sans peine dans l'esprit des enfants? Croit-on que la véritable connoissance des événements soit séparable de celle de leurs causes, de celle de leurs effets, et que l'historique tienne si peu au moral qu'on puisse connoître l'un sans l'autre? Si vous ne voyez dans les actions des hommes que les mouvements extérieurs et purement physiques, qu'apprenez-vous dans l'histoire? absolument rien; et cette étude, dénuée de tout intérêt, ne vous donne pas plus de plaisir que d'instruction. Si vous voulez apprécier ces actions par leurs rapports moraux, essayez de faire entendre ces rapports à vos élèves, et vous verrez alors si l'histoire est de leur âge.

Lecteurs, souvenez-vous toujours que celui qui vous parle n'est ni un savant ni un philosophe, mais un homme simple, ami de la vérité, sans parti, sans système; un solitaire, qui, vivant peu avec les hommes, a moins d'occasions de s'imboire de leurs préjugés, et plus le temps pour réfléchir sur ce qui le frappe quand il commerce avec eux. Mes raisonnements sont moins fondés sur des principes que sur des faits; et je crois ne pouvoir mieux vous mettre à portée d'en juger, que de vous rapporter souvent quelque exemple des observations qui me les suggèrent.

J'étois allé passer quelques jours à la campagne chez une bonne mère de famille qui prenoit grand soin de ses enfants et de leur éducation. Un matin que j'étois présent aux leçons de l'aîné, son gouverneur, qui l'avoit très-bien instruit de l'histoire ancienne, reprenant celle d'Alexandre, tomba sur le trait connu du médecin Philippe qu'on a mis en tableau, et qui sûrement en valoit bien la peine[1].

[1] * Voyez Quinte-Curce, liv. III, chap. vi. — Le même trait est rapporté aussi par Montaigne. « Alexandre.... ayant eu advis, « par une lettre de Parmenion, que Philippus, son plus cher mé- « decin, estoit corrompu par l'argent de Darius pour l'empoi- « sonner; en mesme temps qu'il donnoit à lire sa lettre à Philippus, « il avala le bruvage qu'il lui avoit présenté. » Liv. I, chap. xxiii.

Le gouverneur, homme de mérite, fit sur l'intrépidité d'Alexandre plusieurs réflexions qui ne me plurent point, mais que j'évitai de combattre, pour ne pas le décréditer dans l'esprit de son élève. A table, on ne manqua pas, selon la méthode françoise, de faire beaucoup babiller le petit bonhomme. La vivacité naturelle à son âge, et l'attente d'un applaudissement sûr, lui firent débiter mille sottises, tout à travers lesquelles partoient de temps en temps quelques mots heureux qui faisoient oublier le reste. Enfin vint l'histoire du médecin Philippe : il la raconta fort nettement et avec beaucoup de grâce. Après l'ordinaire tribut d'éloges qu'exigeoit la mère et qu'attendoit le fils, on raisonna sur ce qu'il avoit dit. Le plus grand nombre blâma la témérité d'Alexandre; quelques-uns, à l'exemple du gouverneur, admiroient sa fermeté, son courage : ce qui me fit comprendre qu'aucun de ceux qui étoient présents ne voyoit en quoi consistoit la véritable beauté de ce trait. Pour moi, leur dis-je, il me paroît que s'il y a le moindre courage, la moindre fermeté dans l'action d'Alexandre, elle n'est qu'une extravagance. Alors tout le monde se réunit, et convint que c'étoit une extravagance. J'allois répondre et m'échauffer, quand une femme, qui étoit à côté de moi, et qui n'avoit pas ouvert la bouche, se pencha vers mon oreille, et me dit tout bas : Tais-toi, Jean-Jacques, ils ne t'entendront pas. Je la regardai; je fus frappé, et je me tus.

Après le dîner, soupçonnant sur plusieurs indices que mon jeune docteur n'avoit rien compris du tout à l'histoire qu'il avoit si bien racontée, je le pris par la main, je fis avec lui un tour de parc, et l'ayant questionné tout à mon aise, je trouvai qu'il admiroit plus que personne le courage si vanté d'Alexandre : mais savez-vous où il voyoit ce courage? uniquement dans celui d'avaler d'un seul trait un breuvage de mauvais goût, sans hésiter, sans marquer la moindre répugnance. Le pauvre enfant, à qui l'on avoit fait prendre médecine il n'y avoit pas quinze jours, et qui ne l'avoit prise qu'avec une peine infinie, en avoit encore le déboire à la bouche. La mort, l'empoisonnement, ne passoient dans son esprit que pour des sensations désagréables, et il ne concevoit pas, pour lui, d'autre poison que du séné. Cependant il faut avouer que la fermeté du héros avoit fait une grande impression sur son jeune cœur, et qu'à la première médecine qu'il faudroit avaler il avoit bien résolu d'être un Alexandre. Sans entrer dans des éclaircissements qui passoient évidemment sa portée, je le confirmai dans ces dispositions louables, et je m'en retournai riant en moi-même de la haute sagesse des pères et des maîtres, qui pensent apprendre l'histoire aux enfants.

Il est aisé de mettre dans leurs bouches les mots de rois, d'empires, de guerres, de conquêtes, de révolutions, de lois; mais quand il sera question d'attacher à ces mots des idées nettes, il y aura loin de l'entretien du jardinier Robert à toutes ces explications.

Quelques lecteurs, mécontents du *tais-toi, Jean-Jacques*, demanderont, je le prévois, ce que je trouve enfin de si beau dans l'action d'Alexandre. Infortunés! s'il faut vous le dire, comment le comprendrez-vous? C'est qu'Alexandre croyoit à la vertu; c'est qu'il y croyoit sur sa tête, sur sa propre vie; c'est que sa grande ame étoit faite pour y croire. O que cette médecine avalée étoit une belle profession de foi! Non, jamais mortel n'en fit une si sublime. S'il est quelque moderne Alexandre, qu'on me le montre à de pareils traits[1].

S'il n'y a point de science de mots, il n'y a point d'étude propre aux enfants. S'ils n'ont pas de vraies idées, ils n'ont point de véritable mémoire; car je n'appelle pas ainsi celle qui ne retient que des sensations. Que sert d'inscrire dans leur tête un catalogue de signes qui ne représentent rien pour eux? En apprenant les choses, n'apprendront-ils pas les signes? Pourquoi leur donner la peine inutile de les apprendre deux fois? Et cependant

---

[1].* « Ce prince, dit Montaigne à ce sujet, est le souverain pa-
« tron des actes hazardeux : mais je ne sçay s'il y a traict en sa vie
« qui ayt plus de fermeté que cettuy cy, ny une beaulté illustre
« par tant de visaiges. » Liv. I, chap. xxiii.

quels dangereux préjugés ne commence-t-on pas à leur inspirer, en leur faisant prendre pour de la science des mots qui n'ont aucun sens pour eux! C'est du premier mot dont l'enfant se paie, c'est de la première chose qu'il apprend sur la parole d'autrui, sans en voir l'utilité lui-même, que son jugement est perdu : il aura long-temps à briller aux yeux des sots avant qu'il répare une telle perte [1].

Non, si la nature donne au cerveau d'un enfant cette souplesse qui le rend propre à recevoir toutes sortes d'impressions, ce n'est pas pour qu'on y grave des noms de rois, des dates, des termes de blason, de sphère, de géographie, et tous ces mots sans aucun sens pour son âge et sans aucune utilité pour quelque âge que ce soit, dont on accable sa triste et stérile enfance; mais c'est pour que

---

[1] La plupart des savants le sont à la manière des enfants. La vaste érudition résulte moins d'une multitude d'idées que d'une multitude d'images. Les dates, les noms propres, les lieux, tous les objets isolés ou dénués d'idées, se retiennent uniquement par la mémoire des signes, et rarement se rappelle-t-on quelqu'une de ces choses sans voir en même temps le *recto* ou le *verso* de la page où on l'a lue, ou la figure sous laquelle on la vit la première fois. Telle étoit à peu près la science à la mode des siècles derniers. Celle de notre siècle est autre chose : on n'étudie plus, on n'observe plus; on rêve, et l'on nous donne gravement pour de la philosophie les rêves de quelques mauvaises nuits. On me dira que je rêve aussi; j'en conviens : mais, ce que les autres n'ont garde de faire, je donne mes rêves pour des rêves, laissant chercher au lecteur s'ils ont quelque chose d'utile aux gens éveillés.

toutes les idées qu'il peut concevoir et qui lui sont utiles, toutes celles qui se rapportent à son bonheur et doivent l'éclairer un jour sur ses devoirs, s'y tracent de bonne heure en caractères ineffaçables, et lui servent à se conduire pendant sa vie d'une manière convenable à son être et à ses facultés.

Sans étudier dans les livres, l'espèce de mémoire que peut avoir un enfant ne reste pas pour cela oisive; tout ce qu'il voit, tout ce qu'il entend le frappe, et il s'en souvient; il tient registre en lui-même des actions, des discours des hommes; et tout ce qui l'environne est le livre dans lequel, sans y songer, il enrichit continuellement sa mémoire en attendant que son jugement puisse en profiter. C'est dans le choix de ces objets, c'est dans le soin de lui présenter sans cesse ceux qu'il peut connoître et de lui cacher ceux qu'il doit ignorer, que consiste le véritable art de cultiver en lui cette première faculté; et c'est par-là qu'il faut tâcher de lui former un magasin de connoissances qui servent à son éducation durant sa jeunesse, et à sa conduite dans tous les temps. Cette méthode, il est vrai, ne forme point de petits prodiges et ne fait pas briller les gouvernantes et les précepteurs; mais elle forme des hommes judicieux, robustes, sains de corps et d'entendement, qui, sans s'être fait admirer étant jeunes, se font honorer étant grands.

Émile n'apprendra jamais rien par cœur, pas même des fables, pas même celles de La Fontaine, toutes naïves, toutes charmantes qu'elles sont; car les mots des fables ne sont pas plus les fables que les mots de l'histoire ne sont l'histoire. Comment peut-on s'aveugler assez pour appeler les fables la morale des enfants, sans songer que l'apologue, en les amusant, les abuse; que, séduits par le mensonge, ils laissent échapper la vérité, et que ce qu'on fait pour leur rendre l'instruction agréable les empêche d'en profiter? Les fables peuvent instruire les hommes; mais il faut dire la vérité nue aux enfants; sitôt qu'on la couvre d'un voile, ils ne se donnent plus la peine de le lever.

On fait apprendre les fables de La Fontaine à tous les enfants, et il n'y en a pas un seul qui les entende. Quand ils les entendroient, ce seroit encore pis; car la morale en est tellement mêlée et si disproportionnée à leur âge, qu'elle les porteroit plus au vice qu'à la vertu. Ce sont encore là, direz-vous, des paradoxes. Soit; mais voyons si ce sont des vérités.

Je dis qu'un enfant n'entend point les fables qu'on lui fait apprendre, parce que, quelque effort qu'on fasse pour les rendre simples, l'instruction qu'on en veut tirer force d'y faire entrer des idées qu'il ne peut saisir, et que le tour même de la poésie, en les lui rendant plus faciles à retenir, les lui rend plus difficiles à concevoir; en sorte qu'on achète l'agrément aux dépens de la clarté. Sans citer cette multitude de fables qui n'ont rien d'intelligible ni d'utile pour les enfants, et qu'on leur fait indiscrètement apprendre avec les autres, parce qu'elles s'y trouvent mêlées, bornons-nous à celles que l'auteur semble avoir faites spécialement pour eux.

Je ne connois dans tout le recueil de La Fontaine que cinq ou six fables où brille éminemment la naïveté puérile; de ces cinq ou six je prends pour exemple la première de toutes¹, parce que c'est celle dont la morale est le plus de tout âge, celle que les enfants saisissent le mieux, celle qu'ils apprennent avec le plus de plaisir, enfin celle que pour cela même l'auteur a mise par préférence à la tête de son livre. En lui supposant réellement l'objet d'être entendu des enfants, de leur plaire et de les instruire, cette fable est assurément son chef-d'œuvre : qu'on me permette donc de la suivre et de l'examiner en peu de mots.

LE CORBEAU ET LE RENARD.

FABLE.

Maître corbeau, sur un arbre perché,

Maître ! que signifie ce mot en lui-même ? que

---

¹ * C'est la seconde et non la première, comme l'a très-bien remarqué M. Formey.

LIVRE II.

signifie-t-il au-devant d'un nom propre? quel sens a-t-il dans cette occasion?

Qu'est-ce qu'un corbeau?

Qu'est-ce qu'*un arbre perché?* L'on ne dit pas *sur un arbre perché*, l'on dit *perché sur un arbre*. Par conséquent, il faut parler des inversions de la poésie; il faut dire ce que c'est que prose et que vers.

Tenoit dans son bec un fromage.

Quel fromage? étoit-ce un fromage de Suisse, de Brie ou de Hollande? Si l'enfant n'a point vu de corbeaux, que gagnez-vous à lui en parler? s'il en a vu, comment concevra-t-il qu'ils tiennent un fromage à leur bec? Faisons toujours des images d'après nature.

Maître renard, par l'odeur alléché,

Encore un maître! mais pour celui-ci c'est à bon titre : il est maître passé dans les tours de son métier. Il faut dire ce que c'est qu'un renard, et distinguer son vrai naturel du caractère de convention qu'il a dans les fables.

Alléché. Ce mot n'est pas usité. Il le faut expliquer; il faut dire qu'on ne s'en sert plus qu'en vers. L'enfant demandera pourquoi l'on parle autrement en vers qu'en prose. Que lui répondrez-vous?

Alléché par l'odeur d'un fromage! Ce fromage, tenu par un corbeau perché sur un arbre, devoit avoir beaucoup d'odeur pour être senti par le renard dans un taillis ou dans son terrier ! Est-ce ainsi que vous exercez votre élève à cet esprit de critique judicieuse qui ne s'en laisse imposer qu'à bonnes enseignes, et sait discerner la vérité du mensonge dans les narrations d'autrui ?

Lui tint à peu près ce langage :

Ce langage ! Les renards parlent donc ? ils parlent donc la même langue que les corbeaux ? Sage précepteur, prends garde à toi : pèse bien ta réponse avant de la faire ; elle importe plus que tu n'as pensé.

Eh ! bonjour, monsieur le corbeau !

Monsieur ! titre que l'enfant voit tourner en dérision, même avant qu'il sache que c'est un titre d'honneur. Ceux qui disent *monsieur du Corbeau* auront bien d'autres affaires avant que d'avoir expliqué ce *du*.

Que vous êtes joli ! que vous me semblez beau !

Cheville, redondance inutile. L'enfant voyant répéter la même chose en d'autres termes, apprend à parler lâchement. Si vous dites que cette redondance est un art de l'auteur, qu'elle entre dans le dessein du renard qui veut paroître multiplier les éloges avec les paroles, cette excuse sera bonne pour moi, mais non pas pour mon élève.

Sans mentir, si votre ramage

Sans mentir ! on ment donc quelquefois ? Où en sera l'enfant si vous ne lui apprenez que le renard ne dit *sans mentir* que parce qu'il ment ?

> Répondoit à votre plumage,

Répondoit ! que signifie ce mot ? Apprenez à l'enfant à comparer des qualités aussi différentes que la voix et le plumage ; vous verrez comme il vous entendra.

> Vous seriez le phénix des hôtes de ces bois.

Le phénix ! Qu'est-ce qu'un phénix ? Nous voici tout à coup jetés dans la menteuse antiquité, presque dans la mythologie.

Les hôtes de ces bois ! Quel discours figuré ! Le flatteur ennoblit son langage et lui donne plus de dignité pour le rendre plus séduisant. Un enfant entendra-t-il cette finesse ? sait-il seulement, peut-il savoir ce que c'est qu'un style noble et un style bas ?

> A ces mots, le corbeau ne se sent pas de joie,

Il faut avoir éprouvé déjà des passions bien vives pour sentir cette expression proverbiale.

> Et pour montrer sa belle voix,

N'oubliez pas que, pour entendre ce vers et toute la fable, l'enfant doit savoir ce que c'est que la belle voix du corbeau.

> Il ouvre un large bec, laisse tomber sa proie.

Ce vers est admirable : l'harmonie seule en fait image. Je vois un grand vilain bec ouvert ; j'entends tomber le fromage à travers les branches : mais ces sortes de beautés sont perdues pour les enfants.

> Le renard s'en saisit, et dit : Mon bon monsieur,

Voilà donc déjà la bonté transformée en bêtise.

Assurément on ne perd pas de temps pour instruire les enfants.

<blockquote>Apprenez que tout flatteur</blockquote>

Maxime générale; nous n'y sommes plus.

<blockquote>Vit aux dépens de celui qui l'écoute.</blockquote>

Jamais enfant de dix ans n'entendit ce vers-là.

<blockquote>Cette leçon vaut bien un fromage, sans doute.</blockquote>

Ceci s'entend, et la pensée est très-bonne. Cependant il y aura encore bien peu d'enfants qui sachent comparer une leçon à un fromage, et qui ne préférassent le fromage à la leçon. Il faut donc leur faire entendre que ce propos n'est qu'une raillerie. Que de finesse pour des enfants!

<blockquote>Le corbeau, honteux et confus,</blockquote>

Autre pléonasme; mais celui-ci est inexcusable.

<blockquote>Jura, mais un peu tard, qu'on ne l'y prendroit plus.</blockquote>

Jura! Quel est le sot de maître qui ose expliquer à l'enfant ce que c'est qu'un serment?

Voilà bien des détails, bien moins cependant qu'il n'en faudroit pour analyser toutes les idées de cette fable, et les réduire aux idées simples et élémentaires dont chacune d'elles est composée. Mais qui est-ce qui croit avoir besoin de cette analyse pour se faire entendre à la jeunesse? Nul de nous n'est assez philosophe pour savoir se mettre à la place d'un enfant. Passons maintenant à la morale.

Je demande si c'est à des enfants de six ans qu'il

faut apprendre qu'il y a des hommes qui flattent et mentent pour leur profit? On pourroit tout au plus leur apprendre qu'il y a des railleurs qui persiflent les petits garçons, et se moquent en secret de leur sotte vanité : mais le fromage gâte tout ; on leur apprend moins à ne pas le laisser tomber de leur bec qu'à le faire tomber du bec d'un autre. C'est ici mon second paradoxe, et ce n'est pas le moins important.

Suivez les enfants apprenant leurs fables, et vous verrez que, quand ils sont en état d'en faire l'application, ils en font presque toujours une contraire à l'intention de l'auteur, et qu'au lieu de s'observer sur le défaut dont on veut les guérir ou préserver, ils penchent à aimer le vice avec lequel on tire parti des défauts des autres. Dans la fable précédente les enfants se moquent du corbeau, mais ils s'affectionnent tous au renard ; dans la fable qui suit vous croyez leur donner la cigale pour exemple ; et point du tout, c'est la fourmi qu'ils choisiront. On n'aime point à s'humilier : ils prendront toujours le beau rôle ; c'est le choix de l'amour-propre, c'est un choix très-naturel. Or, quelle horrible leçon pour l'enfance ! Le plus odieux de tous les monstres seroit un enfant avare et dur, qui sauroit ce qu'on lui demande et ce qu'il refuse. La fourmi fait plus encore, elle lui apprend à railler dans ses refus.

Dans toutes les fables où le lion est un des personnages, comme c'est d'ordinaire le plus brillant, l'enfant ne manque point de se faire lion ; et quand il préside à quelque partage, bien instruit par son modèle, il a grand soin de s'emparer de tout. Mais, quand le moucheron terrasse le lion, c'est une autre affaire ; alors l'enfant n'est plus lion, il est moucheron. Il apprend à tuer un jour à coups d'aiguillon ceux qu'il n'oseroit attaquer de pied ferme.

Dans la fable du loup maigre et du chien gras, au lieu d'une leçon de modération qu'on prétend lui donner, il en prend une de licence. Je n'oublierai jamais d'avoir vu beaucoup pleurer une petite fille qu'on avoit désolée avec cette fable, tout en lui prêchant toujours la docilité. On eut peine à savoir la cause de ses pleurs : on la sut enfin. La pauvre enfant s'ennuyoit d'être à la chaîne ; elle se sentoit le coup pelé ; elle pleuroit de n'être pas loup.

Ainsi donc la morale de la première fable citée est pour l'enfant une leçon de la plus basse flatterie ; celle de la seconde une leçon d'inhumanité ; celle de la troisième une leçon d'injustice ; celle de la quatrième une leçon de satire ; celle de la cinquième une leçon d'indépendance. Cette dernière leçon, pour être superflue à mon élève, n'en est pas plus convenable aux vôtres. Quand vous leur donnez des préceptes qui se contredisent, quel fruit espérez-vous de vos soins ? Mais peut-être, à cela près, toute cette morale qui me sert d'objection contre les fables fournit-elle autant de raisons de les conserver. Il faut une morale en paroles et une en actions dans la société, et ces deux morales ne se ressemblent point. La première est dans le catéchisme, où on la laisse ; l'autre est dans les fables de La Fontaine pour les enfants, et dans ses contes pour les mères. Le même auteur suffit à tout.

Composons, monsieur de La Fontaine. Je promets, quant à moi, de vous lire avec choix, de vous aimer, de m'instruire dans vos fables ; car j'espère ne pas me tromper sur leur objet : mais pour mon élève, permettez que je ne lui en laisse pas étudier une seule jusqu'à ce que vous m'ayez prouvé qu'il est bon pour lui d'apprendre des choses dont il ne comprendra pas le quart ; que dans celles qu'il pourra comprendre il ne prendra jamais le change, et qu'au lieu de se corriger sur la dupe, il ne se formera pas sur le fripon.

En ôtant ainsi tous les devoirs des enfants, j'ôte les instruments de leur plus grande misère, savoir les livres. La lecture est le fléau de l'enfance, et presque la seule occupation qu'on lui sait donner. A peine à douze ans Émile saura-t-il ce que c'est qu'un livre. Mais il faut bien au moins, dira-t-on, qu'il sache lire quand la lecture lui est utile ; jusqu'alors elle n'est bonne qu'à l'ennuyer.

Si l'on ne doit rien exiger des enfants par obéissance, il s'ensuit qu'ils ne peuvent rien apprendre dont ils ne sentent l'avantage actuel et présent, soit d'agrément, soit d'utilité ; autrement quel motif les porteroit à l'apprendre ? L'art de parler aux absents et de les entendre, l'art de leur communiquer au loin sans médiateur nos sentiments, nos volontés, nos désirs, est un art dont l'utilité peut être rendue sensible à tous les âges. Par quel prodige cet art si utile et si agréable est-il devenu un tourment pour l'enfance ? parce qu'on la contraint de s'y appliquer malgré elle, et qu'on le met à des usages auxquels elle ne comprend rien. Un enfant n'est pas fort curieux de perfectionner l'instrument avec lequel on le tourmente ; mais faites que cet instrument serve à ses plaisirs, et bientôt il s'y appliquera malgré vous.

On se fait une grande affaire de chercher les meilleures méthodes d'apprendre à lire, on invente des bureaux, des cartes ; on fait de la chambre d'un enfant un atelier d'imprimerie. Locke veut qu'il apprenne à lire avec des dés. Ne voilà-t-il pas une invention bien trouvée ? quelle pitié ! Un moyen plus sûr que tous ceux-là, et celui qu'on oublie toujours, est le désir d'apprendre. Donnez à l'enfant ce désir, puis laissez là vos bureaux et vos dés, toute méthode lui sera bonne.

L'intérêt présent, voilà le grand mobile, le seul qui mène sûrement et loin. Émile reçoit quelquefois de son père, de sa mère, de ses parents, de ses amis, des billets d'invitation pour un dîner, pour une promenade, pour une partie sur l'eau, pour voir quelque fête publique. Ces billets sont courts, clairs, nets, bien écrits. Il faut trouver quelqu'un qui les lui lise : ce quelqu'un ou ne se trouve pas toujours à point nommé, ou rend à l'enfant le peu de complaisance que l'enfant eut pour lui la veille. Ainsi l'occasion, le moment se passe. On lui lit enfin le billet, mais il n'est plus temps. Ah! si l'on eût su lire soi-même! On en reçoit d'autres : ils sont si courts! le sujet en est si intéressant! on voudroit essayer de les déchiffrer; on trouve tantôt de l'aide et tantôt des refus. On s'évertue, on déchiffre enfin la moitié d'un billet : il s'agit d'aller demain manger de la crême... on ne sait où ni avec qui... combien on fait d'efforts pour lire le reste! Je ne crois pas qu'Émile ait besoin du bureau. Parlerai-je à présent de l'écriture? Non, j'ai honte de m'amuser à ces niaiseries dans un traité de l'éducation.

J'ajouterai ce seul mot qui fait une importante maxime; c'est que d'ordinaire on obtient très-sûrement et très-vite ce qu'on n'est point pressé d'obtenir. Je suis presque sûr qu'Émile saura parfaitement lire et écrire avant l'âge de dix ans, précisément parce qu'il m'importe fort peu qu'il le sache avant quinze; mais j'aimerois mieux qu'il ne sût jamais lire que d'acheter cette science au prix de tout ce qui peut la rendre utile : de quoi lui servira la lecture quand on l'en aura rebuté pour jamais? *Id imprimis cavere oportebit, ne studia, qui amare nondùm potest, oderit, et amaritudinem semel perceptam etiam ultrà rudes annos reformidet*[1].

Plus j'insiste sur ma méthode inactive, plus je sens les objections se renforcer. Si votre élève n'apprend rien de vous, il apprendra des autres. Si vous ne prévenez l'erreur par la vérité, il apprendra des mensonges : les préjugés que vous craignez de lui donner, il les recevra de tout ce qui l'environne; ils entreront par tous ses sens; ou ils corrompront sa raison, même avant qu'elle soit formée; ou son esprit, engourdi par une longue inaction, s'absorbera dans la matière. L'inhabitude de penser dans l'enfance en ôte la faculté durant le reste de la vie.

Il me semble que je pourrois aisément répondre à cela; mais pourquoi toujours des réponses? Si ma méthode répond d'elle-même aux objections, elle est bonne; si elle n'y répond pas, elle ne vaut rien. Je poursuis.

Si, sur le plan que j'ai commencé de tracer, vous suivez des règles directement contraires à celles qui sont établies; si, au lieu de porter au loin l'esprit de votre élève; si, au lieu de l'égarer sans cesse en d'autres lieux, en d'autres climats, en

[1] Quint., lib. I, cap. 1.

d'autres siècles, aux extrémités de la terre, et jusque dans les cieux, vous vous appliquez à le tenir toujours en lui-même et attentif à ce qui le touche immédiatement; alors vous le trouverez capable de perception, de mémoire, et même de raisonnement; c'est l'ordre de la nature. A mesure que l'être sensitif devient actif, il acquiert un discernement proportionnel à ses forces; et ce n'est qu'avec la force surabondante à celle dont il a besoin pour se conserver, que se développe en lui la faculté spéculative propre à employer cet excès de force à d'autres usages. Voulez-vous donc cultiver l'intelligence de votre élève, cultivez les forces qu'elle doit gouverner. Exercez continuellement son corps; rendez-le robuste et sain pour le rendre sage et raisonnable; qu'il travaille, qu'il agisse; qu'il coure, qu'il crie, qu'il soit toujours en mouvement; qu'il soit homme par la vigueur, et bientôt il le sera par la raison.

Vous l'abrutiriez, il est vrai, par cette méthode si vous alliez toujours le dirigeant, toujours lui disant : Va, viens, reste, fais ceci, ne fais pas cela. Si votre tête conduit toujours ses bras, la sienne lui devient inutile. Mais souvenez-vous de nos conventions : si vous n'êtes qu'un pédant, ce n'est pas la peine de me lire.

C'est une erreur bien pitoyable d'imaginer que l'exercice du corps nuise aux opérations de l'esprit; comme si ces deux actions ne devoient pas marcher de concert, et que l'une ne dût pas toujours diriger l'autre!

Il y a deux sortes d'hommes dont les corps sont dans un exercice continuel, et qui sûrement songent aussi peu les uns que les autres à cultiver leur ame, savoir, les paysans et les sauvages. Les premiers sont rustres, grossiers, maladroits; les autres, connus par leur grand sens, le sont encore par la subtilité de leur esprit : généralement il n'y a rien de plus lourd qu'un paysan, ni rien de plus fin qu'un sauvage. D'où vient cette différence? c'est que le premier, faisant toujours ce qu'on lui commande, ou ce qu'il a vu faire à son père, ou ce qu'il a fait lui-même dès sa jeunesse, ne va jamais que par routine; et, dans sa vie presque automate, occupé sans cesse des mêmes travaux, l'habitude et l'obéissance lui tiennent lieu de raison.

Pour le sauvage, c'est autre chose : n'étant attaché à aucun lieu, n'ayant point de tâche prescrite, n'obéissant à personne, sans autre loi que sa volonté, il est forcé de raisonner à chaque action de sa vie; il ne fait pas un mouvement, pas un pas, sans en avoir d'avance envisagé les suites. Ainsi, plus son corps s'exerce, plus son esprit s'éclaire; sa force et sa raison croissent à la fois et s'étendent l'une par l'autre.

Savant précepteur, voyons lequel de nos deux élèves ressemble au sauvage, et lequel ressemble au paysan. Soumis en tout à une autorité toujours enseignante, le vôtre ne fait rien que sur parole; il n'ose manger quand il a faim, ni rire quand il est gai, ni pleurer quand il est triste, ni présenter une main pour l'autre, ni remuer le pied que comme on le lui prescrit; bientôt il n'osera respirer que sur vos règles. A quoi voulez-vous qu'il pense, quand vous pensez à tout pour lui? Assuré de votre prévoyance, qu'a-t-il besoin d'en avoir? Voyant que vous vous chargez de sa conservation, de son bien-être, il se sent délivré de ce soin; son jugement se repose sur le vôtre; tout ce que vous ne lui défendez pas, il le fait sans réflexion, sachant bien qu'il le fait sans risque. Qu'a-t-il besoin d'apprendre à prévoir la pluie? il sait que vous regardez au ciel pour lui. Qu'a-t-il besoin de régler sa promenade? il ne craint pas que vous lui laissiez passer l'heure du dîner. Tant que vous ne lui défendez pas de manger, il mange; il n'écoute plus les avis de son estomac, mais les vôtres. Vous avez beau ramollir son corps dans l'inaction, vous n'en rendez pas son entendement plus flexible. Tout au contraire, vous achevez de décréditer la raison dans son esprit, en lui faisant user le peu qu'il en a sur les choses qui lui paroissent le plus inutiles. Ne voyant jamais à quoi elle est bonne, il juge enfin qu'elle n'est bonne à rien. Le pis qui pourra lui arriver de mal raisonner sera d'être repris, et il l'est si souvent qu'il n'y songe guère; un danger si commun ne l'effraie plus.

Vous lui trouvez pourtant de l'esprit; et il en a pour babiller avec les femmes, sur le ton dont j'ai déja parlé : mais qu'il soit dans le cas d'avoir à payer de sa personne, à prendre un parti dans quelque occasion difficile, vous le verrez cent fois plus stupide et plus bête que le fils du plus gros manant.

Pour mon élève, ou plutôt celui de la nature, exercé de bonne heure à se suffire à lui-même autant qu'il est possible, il ne s'accoutume point à recourir sans cesse aux autres, encore moins à leur étaler son grand savoir. En revanche il juge, il prévoit, il raisonne en tout ce qui se rapporte immédiatement à lui. Il ne jase pas, il agit; il ne sait pas un mot de ce qui se fait dans le monde, mais il sait fort bien faire ce qui lui convient. Comme il est sans cesse en mouvement, il est forcé d'observer beaucoup de choses, de connoître beaucoup d'effets; il acquiert de bonne heure une grande expérience : il prend ses leçons de la nature et non pas des hommes; il s'instruit d'autant mieux qu'il ne voit nulle part l'intention de l'instruire. Ainsi son corps et son esprit s'exercent à la fois. Agissant toujours d'après sa pensée, et non d'après celle d'un autre, il unit continuellement deux opérations; plus il se rend fort et robuste, plus il devient sensé et judicieux. C'est le moyen d'avoir un jour ce qu'on croit incompatible, et ce que presque tous les grands hommes ont réuni, la force du corps et celle de l'ame, la raison d'un sage et la vigueur d'un athlète.

Jeune instituteur, je vous prêche un art difficile, c'est de gouverner sans préceptes, et de tout faire en ne faisant rien. Cet art, j'en conviens, n'est pas de votre âge; il n'est pas propre à faire briller d'abord vos talents, ni à vous faire valoir auprès des pères; mais c'est le seul propre à réussir. Vous ne parviendrez jamais à faire des sages, si vous ne faites d'abord des polissons : c'étoit l'éducation des Spartiates; au lieu de les coller sur des livres, on commençoit par leur apprendre à voler leur dîner. Les Spartiates étoient-ils pour cela grossiers étant grands? Qui ne connoît la force et le sel de leurs reparties? Toujours faits pour vaincre, ils écrasoient leurs ennemis en toute espèce de guerre, et les babillards Athéniens craignoient autant leurs mots que leurs coups.

Dans les éducations les plus soignées, le maître commande et croit gouverner : c'est en effet l'enfant qui gouverne. Il se sert de ce que vous exigez de lui pour obtenir de vous ce qu'il lui plaît; et il sait toujours vous faire payer une heure d'assiduité par huit jours de complaisance. A chaque instant il faut pactiser avec lui. Ces traités, que vous proposez à votre mode, et qu'il exécute à la sienne, tournent toujours au profit de ses fantaisies, surtout quand on a la maladresse de mettre en condition pour son profit ce qu'il est bien sûr d'obtenir, soit qu'il remplisse ou non la condition qu'on lui impose en échange. L'enfant, pour l'ordinaire, lit beaucoup mieux dans l'esprit du maître, que le maître dans le cœur de l'enfant. Et cela doit être : car toute la sagacité qu'eût employée l'enfant livré à lui-même à pourvoir à la conservation de sa personne, il l'emploie à sauver sa liberté naturelle des chaînes de son tyran; au lieu que celui-ci, n'ayant nul intérêt si pressant à pénétrer l'autre, trouve quelquefois mieux son compte à lui laisser sa paresse ou sa vanité.

Prenez une route opposée avec votre élève ; qu'il croie toujours être le maître, et que ce soit toujours vous qui le soyez. Il n'y a point d'assujettissement si parfait que celui qui garde l'apparence de la liberté ; on captive ainsi la volonté même. Le pauvre enfant qui ne sait rien, qui ne peut rien, qui ne connoît rien, n'est-il pas à votre merci? Ne disposez-vous pas, par rapport à lui, de tout ce qui l'environne? N'êtes-vous pas le maître de l'affecter comme il vous plaît? Ses travaux, ses jeux, ses plaisirs, ses peines, tout n'est-il pas dans vos mains sans qu'il le sache? Sans doute, il ne doit faire que ce qu'il veut; mais il ne doit vouloir que ce que vous voulez qu'il fasse; il ne doit pas faire un pas que vous ne l'ayez prévu, il ne doit pas ouvrir la bouche que vous ne sachiez ce qu'il va dire.

C'est alors qu'il pourra se livrer aux exercices

du corps que lui demande son âge, sans abrutir son esprit; c'est alors qu'au lieu d'aiguiser sa ruse à éluder un incommode empire, vous le verrez s'occuper uniquement à tirer de tout ce qui l'environne le parti le plus avantageux pour son bienêtre actuel; c'est alors que vous serez étonné de la subtilité de ses inventions pour s'approprier tous les objets auxquels il peut atteindre, et pour jouir vraiment des choses sans le secours de l'opinion.

En le laissant ainsi maître de ses volontés, vous ne fomenterez point ses caprices. En ne faisant jamais que ce qui lui convient, il ne fera bientôt que ce qu'il doit faire; et, bien que son corps soit dans un mouvement continuel, tant qu'il s'agira de son intérêt présent et sensible, vous verrez toute la raison dont il est capable se développer beaucoup mieux et d'une manière beaucoup plus appropriée à lui, que dans des études de pure spéculation.

Ainsi, ne vous voyant point attentif à le contrarier, ne se défiant point de vous, n'ayant rien à vous cacher, il ne vous trompera point, il ne vous mentira point; il se montrera tel qu'il est sans crainte; vous pourrez l'étudier tout à votre aise, et disposer tout autour de lui les leçons que vous voulez lui donner, sans qu'il pense jamais en recevoir aucune.

Il n'épiera point non plus vos mœurs avec une curieuse jalousie, et ne se fera point un plaisir secret de vous prendre en faute. Cet inconvénient que nous prévenons est très-grand. Un des premiers soins des enfants est, comme je l'ai dit, de découvrir le foible de ceux qui les gouvernent. Ce penchant porte à la méchanceté, mais il n'en vient pas : il vient du besoin d'éluder une autorité qui les importune. Surchargés du joug qu'on leur impose, ils cherchent à le secouer ; et les défauts qu'ils trouvent dans les maîtres leur fournissent de bons moyens pour cela. Cependant l'habitude se prend d'observer les gens par leurs défauts, et de se plaire à leur en trouver. Il est clair que voilà encore une source de vices bouchée dans le cœur d'Émile ; n'ayant nul intérêt à me trouver des défauts, il ne m'en cherchera pas, et sera peu tenté d'en chercher à d'autres.

Toutes ces pratiques semblent difficiles, parce qu'on ne s'en avise pas ; mais dans le fond elles ne doivent point l'être. On est en droit de vous supposer les lumières nécessaires pour exercer le métier que vous avez choisi ; on doit présumer que vous connoissez la marche naturelle du cœur humain, que vous savez étudier l'homme et l'individu ; que vous savez d'avance à quoi se pliera la volonté de votre élève à l'occasion de tous les objets intéressants pour son âge que vous ferez passer sous ses yeux. Or, avoir les instruments, et bien savoir leur usage, n'est-ce pas être maître de l'opération ?

Vous objectez les caprices de l'enfant; et vous avez tort. Le caprice des enfants n'est jamais l'ouvrage de la nature, mais d'une mauvaise discipline; c'est qu'ils ont obéi ou commandé; et j'ai dit cent fois qu'il ne falloit ni l'un ni l'autre. Votre élève n'aura donc de caprices que ceux que vous lui aurez donnés; il est juste que vous portiez la peine de vos fautes. Mais, direz-vous, comment y remédier? Cela se peut encore, avec une meilleure conduite et beaucoup de patience.

Je m'étois chargé, durant quelques semaines, d'un enfant accoutumé non seulement à faire ses volontés, mais encore à les faire faire à tout le monde, par conséquent plein de fantaisies[1]. Dès le premier jour, pour mettre à l'essai ma complaisance, il voulut se lever à minuit. Au plus fort de mon sommeil, il saute à bas de son lit, prend sa robe de chambre et m'appelle. Je me lève, j'allume la chandelle; il n'en vouloit pas davantage; au bout d'un quart d'heure le sommeil le gagne, et il se recouche content de son épreuve. Deux jours après il la réitère avec le même succès, et de ma part sans le moindre signe d'impatience. Comme il m'embrassoit en se recouchant, je lui dis très-posément: Mon petit ami, cela va fort bien, mais n'y revenez plus. Ce mot excita sa curiosité, et dès

---

[1] * On a cru que cet enfant étoit M. de Chenonceaux; mais ce que dit Rousseau ne convient point à la mère. Voyez *Histoire de J. J. Rousseau*, t. II, p. 37.

le lendemain, voulant voir un peu comment j'oserois lui désobéir, il ne manqua pas de se relever à la même heure, et de m'appeler. Je lui demandai ce qu'il vouloit. Il me dit qu'il ne pouvoit dormir. *Tant pis*, repris-je, et je me tins coi. Il me pria d'allumer la chandelle. *Pourquoi faire?* et je me tins coi. Ce ton laconique commençoit à l'embarrasser. Il s'en fut à tâtons chercher le fusil qu'il fit semblant de battre, et je ne pouvois m'empêcher de rire en l'entendant se donner des coups sur les doigts. Enfin, bien convaincu qu'il n'en viendroit pas à bout, il m'apporta le briquet à mon lit; je lui dis que je n'en avois que faire, et me tournai de l'autre côté. Alors il se mit à courir étourdiment par la chambre, criant, chantant, faisant beaucoup de bruit, se donnant, à la table et aux chaises, des coups qu'il avoit grand soin de modérer, et dont il ne laissoit pas de crier bien fort, espérant me causer de l'inquiétude. Tout cela ne prenoit point; et je vis que, comptant sur de belles exhortations ou sur de la colère, il ne s'étoit nullement arrangé pour ce sang-froid.

Cependant, résolu de vaincre ma patience à force d'opiniâtreté, il continua son tintamarre avec un tel succès, qu'à la fin je m'échauffai; et, pressentant que j'allois tout gâter par un emportement hors de propos, je pris mon parti d'une autre manière. Je me levai sans rien dire, j'allai au fusil que je ne trouvai point; je le lui demande, il me le donne, pétillant de joie d'avoir enfin triomphé de moi. Je bats le fusil, j'allume la chandelle, je prends par la main mon petit bon homme, je le mène tranquillement dans un cabinet voisin dont les volets étoient bien fermés, et où il n'y avoit rien à casser : je l'y laisse sans lumière ; puis, fermant sur lui la porte à la clef, je retourne me coucher sans lui avoir dit un seul mot. Il ne faut pas demander si d'abord il y eut du vacarme; je m'y étois attendu : je ne m'en émus point. Enfin le bruit s'apaise; j'écoute, je l'entends s'arranger, je me tranquillise. Le lendemain, j'entre au jour dans le cabinet; je trouve mon petit mutin couché sur un lit de repos, et dormant d'un profond sommeil, dont, après tant de fatigue, il devoit avoir grand besoin.

L'affaire ne finit pas là. La mère apprit que l'enfant avoit passé les deux tiers de la nuit hors de son lit. Aussitôt tout fut perdu; c'étoit un enfant autant que mort. Voyant l'occasion bonne pour se venger, il fit le malade, sans prévoir qu'il n'y gagneroit rien. Le médecin fut appelé. Malheureusement pour la mère, ce médecin étoit un plaisant, qui, pour s'amuser de ses frayeurs, s'appliquoit à les augmenter. Cependant il me dit à l'oreille : Laissez-moi faire, je vous promets que l'enfant sera guéri pour quelque temps de la fantaisie d'être malade. En effet la diète et la chambre furent prescrites, et il fut recommandé à l'apothicaire. Je soupirois de voir cette pauvre mère ainsi la dupe de tout ce qui l'environnoit, excepté moi seul, qu'elle prit en haine, précisément parce que je ne la trompois pas.

Après des reproches assez durs, elle me dit que son fils étoit délicat, qu'il étoit l'unique héritier de sa famille, qu'il falloit le conserver à quelque prix que ce fût, et qu'elle ne vouloit pas qu'il fût contrarié. En cela j'étois bien d'accord avec elle; mais elle entendoit par le contrarier ne pas lui obéir en tout. Je vis qu'il falloit prendre avec la mère le même ton qu'avec l'enfant. Madame, lui dis-je assez froidement, je ne sais point comment on élève un héritier, et, qui plus est, je ne veux pas l'apprendre; vous pouvez vous arranger là-dessus. On avoit besoin de moi pour quelque temps encore : le père apaisa tout; la mère écrivit au précepteur de hâter son retour; et l'enfant, voyant qu'il ne gagnoit rien à troubler mon sommeil ni à être malade, prit enfin le parti de dormir lui-même et de se bien porter.

On ne sauroit imaginer à combien de pareils caprices le petit tyran avoit asservi son malheureux gouverneur; car l'éducation se faisoit sous les yeux de la mère, qui ne souffroit pas que l'héritier fût désobéi en rien. A quelque heure qu'il voulût sortir, il falloit être prêt pour le mener, ou plutôt pour le suivre, et il avoit toujours grand soin de choisir le moment où il voyoit son gouverneur le plus occupé. Il voulut user sur moi du même empire, et se venger le jour du repos qu'il étoit forcé de me laisser la nuit. Je me prêtai de bon cœur à tout, et je commençai par bien constater à ses propres yeux le plaisir que j'avois à lui complaire; après cela, quand il fut question de le guérir de sa fantaisie, je m'y pris autrement.

Il fallut d'abord le mettre dans son tort, et cela ne fut pas difficile. Sachant que les enfants ne songent jamais qu'au présent, je pris sur lui le facile avantage de la prévoyance; j'eus soin de lui procurer au logis un amusement que je savois être extrêmement de son goût; et, dans le moment où je l'en vis le plus engoué, j'allai lui proposer un tour de promenade; il me renvoya bien loin : j'insistai, il ne m'écouta pas; il fallut me rendre, et il nota précieusement en lui-même ce signe d'assujettissement.

Le lendemain ce fut mon tour. Il s'ennuya, j'y avois pourvu; moi, au contraire, je paroissois profondément occupé. Il n'en falloit pas tant pour le déterminer. Il ne manqua pas de venir m'arracher à mon travail pour le mener promener au plus vite. Je refusai; il s'obstina. Non, lui dis-je; en faisant votre volonté vous m'avez appris à faire la mienne; je ne veux pas sortir. Hé bien ! reprit-il vivement, je sortirai tout seul. Comme vous voudrez. Et je reprends mon travail.

Il s'habille, un peu inquiet de voir que je le

laissois faire et que je ne l'imitois pas. Prêt à sortir, il vient me saluer; je le salue, il tâche de m'alarmer par le récit des courses qu'il va faire; à l'entendre, on eût cru qu'il alloit au bout du monde. Sans m'émouvoir je lui souhaite un bon voyage. Son embarras redouble. Cependant il fait bonne contenance, et, prêt à sortir, il dit à son laquais de le suivre. Le laquais, déjà prévenu, répond qu'il n'a pas le temps, et qu'occupé par mes ordres, il doit m'obéir plutôt qu'à lui. Pour le coup l'enfant n'y est plus. Comment concevoir qu'on le laisse sortir seul, lui qui se croit l'être important à tous les autres, et pense que le ciel et la terre sont intéressés à sa conservation? Cependant il commence à sentir sa foiblesse, il comprend qu'il se va trouver seul au milieu de gens qui ne le connoissent pas; il voit d'avance les risques qu'il va courir : l'obstination seule le soutient encore; il descend l'escalier lentement et fort interdit. Il entre enfin dans la rue, se consolant un peu du mal qui lui peut arriver par l'espoir qu'on m'en rendra responsable.

C'étoit là que je l'attendois. Tout étoit préparé d'avance; et comme il s'agissoit d'une espèce de scène publique, je m'étois muni du consentement du père. A peine avoit-il fait quelques pas, qu'il entend à droite et à gauche différents propos sur son compte. Voisin, le joli monsieur! où va-t-il ainsi tout seul? il va se perdre : je veux le prier

LIVRE II.

d'entrer chez nous. Voisine, gardez-vous-en bien. Ne voyez-vous pas que c'est un petit libertin qu'on a chassé de la maison de son père parce qu'il ne vouloit rien valoir? il ne faut pas retirer les libertins; laissez-le aller où il voudra. Hé bien donc! que Dieu le conduise! je serois fâchée qu'il lui arrivât malheur. Un peu plus loin il rencontre des polissons à peu près de son âge, qui l'agacent et se moquent de lui. Plus il avance, plus il trouve d'embarras. Seul et sans protection, il se voit le jouet de tout le monde, et il éprouve avec beaucoup de surprise que son nœud d'épaule et son parement d'or ne le font pas plus respecter.

Cependant un de mes amis, qu'il ne connoissoit point, et que j'avois chargé de veiller sur lui, le suivoit pas à pas sans qu'il y prît garde, et l'accosta quand il en fut temps. Ce rôle, qui ressembloit à celui de Sbrigani dans Pourceaugnac, demandoit un homme d'esprit, et fut parfaitement rempli. Sans rendre l'enfant timide et craintif en le frappant d'un trop grand effroi, il lui fit si bien sentir l'imprudence de son équipée, qu'au bout d'une demi-heure il me le ramena souple, confus, et n'osant lever les yeux.

Pour achever le désastre de son expédition, précisément au moment qu'il rentroit, son père descendoit pour sortir, et le rencontra sur l'escalier. Il fallut dire d'où il venoit et pourquoi je n'étois pas avec lui ¹. Le pauvre enfant eût voulu être cent pieds sous terre. Sans s'amuser à lui faire une longue réprimande, le père lui dit plus sèchement que je ne m'y serois attendu : Quand vous voudrez sortir seul, vous en êtes le maître ; mais, comme je ne veux point d'un bandit dans ma maison, quand cela vous arrivera ayez soin de n'y plus rentrer.

Pour moi je le reçus sans reproche et sans raillerie, mais avec un peu de gravité; et de peur qu'il ne soupçonnât que tout ce qui s'étoit passé n'étoit qu'un jeu, je ne voulus point le mener promener le même jour. Le lendemain je vis avec grand plaisir qu'il passoit avec moi d'un air de triomphe devant les mêmes gens qui s'étoient moqués de lui la veille pour l'avoir rencontré tout seul. On conçoit bien qu'il ne me menaça plus de sortir sans moi.

C'est par ces moyens et d'autres semblables que, durant le peu de temps que je fus avec lui, je vins à bout de lui faire faire tout ce que je voulois sans lui rien prescrire, sans lui rien défendre, sans sermons, sans exhortations, sans l'ennuyer de leçons inutiles. Aussi, tant que je parlois il étoit content; mais mon silence le tenoit en crainte; il comprenoit que quelque chose n'alloit pas bien,

---

[1] En cas pareil, on peut sans risque exiger d'un enfant la vérité, car il sait bien alors qu'il ne sauroit la déguiser, et que, s'il osoit dire un mensonge, il en seroit à l'instant convaincu.

et toujours la leçon lui venoit de la chose même. Mais revenons.

Non seulement ces exercices continuels, ainsi laissés à la seule direction de la nature, en fortifiant le corps n'abrutissent point l'esprit; mais au contraire ils forment en nous la seule espèce de raison dont le premier âge soit susceptible, et la plus nécessaire à quelque âge que ce soit. Ils nous apprennent à bien connoître l'usage de nos forces, les rapports de nos corps aux corps environnants, l'usage des instruments naturels qui sont à notre portée et qui conviennent à nos organes. Y a-t-il quelque stupidité pareille à celle d'un enfant élevé toujours dans la chambre et sous les yeux de sa mère, lequel, ignorant ce que c'est que poids et que résistance, veut arracher un grand arbre, ou soulever un rocher ? La première fois que je sortis de Genève, je voulois suivre un cheval au galop, je jetois des pierres contre la montagne de Salève, qui étoit à deux lieues de moi; jouet de tous les enfants du village, j'étois un véritable idiot pour eux. A dix-huit ans on apprend en philosophie ce que c'est qu'un levier; il n'y a point de petit paysan à douze qui ne sache se servir d'un levier mieux que le premier mécanicien de l'Académie. Les leçons que les écoliers prennent entre eux dans la cour du collége leur sont cent fois plus utiles que tout ce qu'on leur dira jamais dans la classe.

Voyez un chat entrer pour la première fois dans une chambre; il visite, il regarde, il flaire, il ne reste pas un moment en repos, il ne se fie à rien qu'après avoir tout examiné, tout connu. Ainsi fait un enfant commençant à marcher, et entrant pour ainsi dire dans l'espace du monde. Toute la différence est qu'à la vue, commune à l'enfant et au chat, le premier joint, pour observer, les mains que lui donna la nature, et l'autre l'odorat subtil dont elle l'a doué. Cette disposition, bien ou mal cultivée, est ce qui rend les enfants adroits ou lourds, pesants ou dispos, étourdis ou prudents.

Les premiers mouvements naturels de l'homme étant donc de se mesurer avec tout ce qui l'environne, et d'éprouver dans chaque objet qu'il aperçoit toutes les qualités sensibles qui peuvent se rapporter à lui, sa première étude est une sorte de physique expérimentale relative à sa propre conservation, et dont on le détourne par des études spéculatives avant qu'il ait reconnu sa place ici-bas. Tandis que ses organes délicats et flexibles peuvent s'ajuster aux corps sur lesquels ils doivent agir, tandis que ses sens encore purs sont exempts d'illusions, c'est le temps d'exercer les uns et les autres aux fonctions qui leur sont propres; c'est le temps d'apprendre à connoître les rapports sensibles que les choses ont avec nous. Comme tout ce qui entre dans l'entendement humain y vient par les sens, la première raison de l'homme est une raison sensitive; c'est elle qui sert de base à la raison intellectuelle : nos premiers maîtres de philosophie sont nos pieds, nos mains, nos yeux. Substituer des livres à tout cela, ce n'est pas nous apprendre à raisonner, c'est nous apprendre à nous servir de la raison d'autrui; c'est nous apprendre à beaucoup croire, et à ne jamais rien savoir.

Pour exercer un art, il faut commencer par s'en procurer les instruments; et, pour pouvoir employer utilement ces instruments, il faut les faire assez solides pour résister à leur usage. Pour apprendre à penser, il faut donc exercer nos membres, nos sens, nos organes, qui sont les instruments de notre intelligence; et pour tirer tout le parti possible de ces instruments, il faut que le corps, qui les fournit, soit robuste et sain. Ainsi, loin que la véritable raison de l'homme se forme indépendamment du corps, c'est la bonne constitution du corps qui rend les opérations de l'esprit faciles et sûres.

En montrant à quoi l'on doit employer la longue oisiveté de l'enfance, j'entre dans un détail qui paroîtra ridicule. Plaisantes leçons, me dira-t-on, qui, retombant sous votre propre critique, se bornent à enseigner ce que nul n'a besoin d'apprendre! Pourquoi consumer le temps à des instructions qui viennent toujours d'elles-mêmes, et ne coûtent ni peines ni soins? Quel enfant de douze ans ne sait pas tout ce que vous voulez apprendre au vôtre, et, de plus, ce que ses maîtres lui ont appris?

Messieurs, vous vous trompez; j'enseigne à mon élève un art très-long, très-pénible, et que n'ont assurément pas les vôtres; c'est celui d'être ignorant : car la science de quiconque ne croit savoir que ce qu'il sait se réduit à bien peu de chose. Vous donnez la science, à la bonne heure; moi je m'occupe de l'instrument propre à l'acquérir. On dit qu'un jour les Vénitiens montrant en grande pompe leur trésor de Saint-Marc à un ambassadeur d'Espagne, celui-ci, pour tout compliment, ayant regardé sous les tables, leur dit : *Qui non c'è la radice*. Je ne vois jamais un précepteur étaler le savoir de son disciple, sans être tenté de lui en dire autant.

Tous ceux qui ont réfléchi sur la manière de vivre des anciens attribuent aux exercices de la gymnastique cette vigueur de corps et d'ame qui les distingue le plus sensiblement des modernes. La manière dont Montaigne appuie ce sentiment montre qu'il en étoit fortement pénétré; il y revient sans cesse et de mille façons. En parlant de l'éducation d'un enfant, pour lui roidir l'ame, il faut, dit-il, lui durcir les muscles; en l'accoutumant au travail, on l'accoutume à la douleur; il le faut rompre à l'âpreté des exercices, pour le dresser à l'âpreté de la dislocation, de la colique, et de tous les maux. Le sage Locke, le bon Rollin, le savant Fleuri, le pédant de Crouzas [1], si différents entre eux dans tout le reste, s'accordent tous en ce seul point d'exercer beaucoup les corps des enfants. C'est le plus judicieux de leurs préceptes; c'est celui qui est et sera toujours le plus négligé. J'ai déjà suffisamment parlé de son importance, et comme on ne peut là-dessus donner de meilleures raisons ni des règles plus sensées que celles qu'on trouve dans le livre de Locke, je me contenterai d'y renvoyer, après avoir pris la liberté d'ajouter quelques observations aux siennes.

Les membres d'un corps qui croît doivent être tous au large dans leur vêtement; rien ne doit gêner leur mouvement ni leur accroissement, rien de trop juste, rien qui colle au corps; point de ligatures. L'habillement françois, gênant et malsain pour les hommes, est pernicieux surtout aux enfants. Les humeurs stagnantes, arrêtées dans leur circulation, croupissent dans un repos qu'augmente la vie inactive et sédentaire, se corrompent et causent le scorbut, maladie tous les jours plus commune parmi nous, et presque ignorée des anciens,

---

[1] *Crouzaz*, et non *Crouzas*, né à Lausanne, mort en 1750; écrivain fécond, mais médiocre. Il est auteur d'un *Traité de l'Éducation des Enfants*; La Haye, 1722, 2 vol. in-12, et d'un *Examen de l'Essai sur l'Homme*, de Pope, auquel Voltaire a fait beaucoup trop d'honneur en le citant comme autorité dans une des notes de son poëme sur le *Désastre de Lisbonne*. — Il en est parlé dans la *Nouvelle Héloïse*, deuxième partie, lettre XVIII.

que leur manière de se vêtir et de vivre en préservoit. L'habillement de houssard, loin de remédier à cet inconvénient, l'augmente, et, pour sauver aux enfants quelques ligatures, les presse par tout le corps. Ce qu'il y a de mieux à faire, est de les laisser en jaquette aussi long-temps qu'il est possible, puis de leur donner un vêtement fort large, et de ne se point piquer de marquer leur taille, ce qui ne sert qu'à la déformer. Leurs défauts du corps et de l'esprit viennent presque tous de la même cause ; on les veut faire hommes avant le temps.

Il y a des couleurs gaies et des couleurs tristes : les premières sont plus du goût des enfants ; elles leur siéent mieux aussi ; et je ne vois pas pourquoi l'on ne consulteroit pas en ceci des convenances si naturelles : mais du moment qu'ils préfèrent une étoffe parce qu'elle est riche, leurs cœurs sont déjà livrés au luxe, à toutes les fantaisies de l'opinion ; et ce goût ne leur est sûrement pas venu d'eux-mêmes. On ne sauroit dire combien le choix des vêtements et les motifs de ce choix influent sur l'éducation. Non seulement d'aveugles mères promettent à leurs enfants des parures pour récompense, on voit même d'insensés gouverneurs menacer leurs élèves d'un habit plus grossier et plus simple, comme d'un châtiment. Si vous n'étudiez mieux, si vous ne conservez mieux vos hardes, on vous habillera comme ce petit paysan.

C'est comme s'ils leur disoient : Sachez que l'homme n'est rien que par ses habits, que votre prix est tout dans les vôtres. Faut-il s'étonner que de si sages leçons profitent à la jeunesse, qu'elle n'estime que la parure, et qu'elle ne juge du mérite que sur le seul extérieur.

Si j'avois à remettre la tête d'un enfant ainsi gâté, j'aurois soin que ses habits les plus riches fussent les plus incommodes, qu'il y fût toujours gêné, toujours contraint, toujours assujetti de mille manières ; je ferois fuir la liberté, la gaieté devant sa magnificence : s'il vouloit se mêler aux jeux d'autres enfants plus simplement mis, tout cesseroit, tout disparoîtroit à l'instant. Enfin je l'ennuierois, je le rassasierois tellement de son faste, je le rendrois tellement l'esclave de son habit doré, que j'en ferois le fléau de sa vie, et qu'il verroit avec moins d'effroi le plus noir cachot que les apprêts de sa parure. Tant qu'on n'a pas asservi l'enfant à nos préjugés, être à son aise et libre est toujours son premier désir ; le vêtement le plus simple, le plus commode, celui qui l'assujettit le moins, est toujours le plus précieux pour lui.

Il y a une habitude du corps convenable aux exercices, et une autre plus convenable à l'inaction. Celle-ci, laissant aux humeurs un cours égal et uniforme, doit garantir le corps des altérations de l'air ; l'autre, le faisant passer sans cesse de l'agitation au repos et de la chaleur au froid, doit l'accoutumer aux mêmes altérations. Il suit de là que les gens casaniers et sédentaires doivent s'habiller chaudement en tout temps, afin de conserver le corps dans une température uniforme, la même à peu près dans toutes les saisons et à toutes les heures du jour. Ceux, au contraire, qui vont et viennent, au vent, au soleil, à la pluie, qui agissent beaucoup, et passent la plupart de leur temps *sub dio*, doivent être toujours vêtus légèrement, afin de s'habituer à toutes les vicissitudes de l'air et à tous les degrés de température, sans en être incommodés. Je conseillerois aux uns et aux autres de ne point changer d'habits selon les saisons, et ce sera la pratique constante de mon Émile, en quoi je n'entends pas qu'il porte l'été ses habits d'hiver, comme les gens sédentaires, mais qu'il porte l'hiver ses habits d'été, comme les gens laborieux. Ce dernier usage a été celui du chevalier Newton pendant toute sa vie, et il a vécu quatre-vingts ans.

Peu ou point de coiffure en toute saison. Les anciens Égyptiens avoient toujours la tête nue, les Perses la couvroient de grosses tiares, et la couvrent encore de gros turbans, dont, selon Chardin, l'air du pays leur rend l'usage nécessaire. J'ai remarqué dans un autre endroit[1] la distinction que fit Hérodote sur un champ de bataille entre les

[1] Lettre à M. d'Alembert sur les Spectacles.

crânes des Perses et ceux des Égyptiens. Comme donc il importe que les os de la tête deviennent plus durs, plus compactes, moins fragiles et moins poreux, pour mieux armer le cerveau non seulement contre les blessures, mais contre les rhumes, les fluxions, et toutes les impressions de l'air, accoutumez vos enfants à demeurer été et hiver, jour et nuit, toujours tête nue. Que si, pour la propreté et pour tenir leurs cheveux en ordre, vous leur voulez donner une coiffure pendant la nuit, que ce soit un bonnet mince à claire-voie, et semblable au réseau dans lequel les Basques enveloppent leurs cheveux. Je sais bien que la plupart des mères, plus frappées de l'observation de Chardin que de mes raisons, croiront trouver partout l'air de Perse ; mais moi je n'ai pas choisi mon élève Européen pour en faire un Asiatique.

En général on habille trop les enfants et surtout durant le premier âge. Il faudroit plutôt les endurcir au froid qu'au chaud : le grand froid ne les incommode jamais quand on les y laisse exposés de bonne heure : mais le tissu de leur peau, trop tendre et trop lâche encore, laissant un trop libre passage à la transpiration, les livre par l'extrême chaleur à un épuisement inévitable. Aussi remarque-t-on qu'il en meurt plus dans le mois d'août que dans aucun autre mois. D'ailleurs il paroît constant, par la comparaison des peuples du Nord et de ceux du Midi, qu'on se rend plus robuste en supportant l'excès du froid que l'excès de la chaleur. Mais, à mesure que l'enfant grandit et que ses fibres se fortifient, accoutumez-le peu à peu à braver les rayons du soleil, en allant par degrés vous l'endurciriez sans danger aux ardeurs de la zone torride.

Locke, au milieu des préceptes mâles et sensés qu'il nous donne, retombe dans des contradictions qu'on n'attendroit pas d'un raisonneur aussi exact. Ce même homme qui veut que les enfants se baignent l'été dans l'eau glacée, ne veut pas, quand ils sont échauffés, qu'ils boivent frais ni qu'ils se couchent par terre dans des endroits humides[1]. Mais puisqu'il veut que les souliers des enfants prennent l'eau dans tous les temps, la prendront-ils moins quand l'enfant aura chaud? et ne peut-on pas lui faire du corps, par rapport aux pieds, les mêmes inductions qu'il fait des pieds par rapport aux mains, et du corps par rapport au visage? Si vous voulez, lui dirois-je, que l'homme soit tout visage, pourquoi me blâmerez-vous de vouloir qu'il soit tout pied?

Pour empêcher les enfants de boire quand ils ont chaud, il prescrit de les accoutumer à manger

---

[1] Comme si les petits paysans choisissoient la terre bien sèche pour s'y asseoir ou pour s'y coucher, et qu'on eût jamais ouï dire que l'humidité de la terre eût fait du mal à pas un d'eux. À écouter là-dessus les médecins, on croiroit les sauvages tous perclus de rhumatismes.

préalablement un morceau de pain avant que de boire. Cela est bien étrange que, quand l'enfant a soif il faille lui donner à manger; j'aimerois mieux, quand il a faim, lui donner à boire. Jamais on ne me persuadera que nos premiers appétits soient si déréglés, qu'on ne puisse les satisfaire sans nous exposer à périr. Si cela étoit, le genre humain se fût cent fois détruit avant qu'on eût appris ce qu'il faut faire pour le conserver.

Toutes les fois qu'Émile aura soif, je veux qu'on lui donne à boire; je veux qu'on lui donne de l'eau pure et sans aucune préparation, pas même de la faire dégourdir, fût-il tout en nage, et fût-on dans le cœur de l'hiver. Le seul soin que je recommande, est de distinguer la qualité des eaux. Si c'est de l'eau de rivière, donnez-la-lui sur-le-champ telle qu'elle sort de la rivière : si c'est de l'eau de source, il la faut laisser quelque temps à l'air avant qu'il la boive. Dans les saisons chaudes, les rivières sont chaudes : il n'en est pas de même des sources, qui n'ont pas reçu le contact de l'air; il faut attendre qu'elles soient à la température de l'atmosphère. L'hiver, au contraire, l'eau de source est à cet égard moins dangereuse que l'eau de rivière. Mais il n'est ni naturel ni fréquent qu'on se mette l'hiver en sueur, surtout en plein air, car l'air froid, frappant incessamment sur la peau, répercute en dedans la sueur et empêche les pores de s'ouvrir assez pour lui donner un passage libre. Or je ne prétends pas qu'Émile s'exerce l'hiver au coin d'un bon feu, mais dehors, en pleine campagne, au milieu des glaces. Tant qu'il ne s'échauffera qu'à faire et lancer des balles de neige, laissons-le boire quand il aura soif; qu'il continue de s'exercer après avoir bu, et n'en craignons aucun accident. Que si par quelque autre exercice il se met en sueur et qu'il ait soif, qu'il boive froid, même en ce temps-là. Faites seulement en sorte de le mener au loin et à petits pas chercher son eau. Par le froid qu'on suppose, il sera suffisamment rafraîchi en arrivant pour la boire sans aucun danger. Surtout prenez ces précautions sans qu'il s'en aperçoive. J'aimerois mieux qu'il fût quelquefois malade que sans cesse attentif à sa santé.

Il faut un long sommeil aux enfants, parce qu'ils font un extrême exercice. L'un sert de correctif à l'autre; aussi voit-on qu'ils ont besoin de tous deux. Le temps du repos est celui de la nuit, il est marqué par la nature. C'est une observation constante que le sommeil est plus tranquille et plus doux tandis que le soleil est sous l'horizon, et que l'air échauffé de ses rayons ne maintient pas nos sens dans un si grand calme. Ainsi l'habitude la plus salutaire est certainement de se lever et de se coucher avec le soleil. D'où il suit que dans nos climats l'homme et tous les animaux ont en général besoin de dormir plus long-temps l'hiver que l'été. Mais la vie civile n'est pas assez simple, assez naturelle, assez exempte de révolutions, d'accidents, pour qu'on doive accoutumer l'homme à cette uniformité, au point de la lui rendre nécessaire. Sans doute il faut s'assujettir aux règles; mais la première est de pouvoir les enfreindre sans risque quand la nécessité le veut. N'allez donc pas amollir indiscrètement votre élève dans la continuité d'un paisible sommeil, qui ne soit jamais interrompu. Livrez-le d'abord sans gêne à la loi de la nature; mais n'oubliez pas que parmi nous il doit être au-dessus de cette loi; qu'il doit pouvoir se coucher tard, se lever matin, être éveillé brusquement, passer les nuits debout, sans en être incommodé. En s'y prenant assez tôt, en allant toujours doucement et par degrés, on forme le tempérament aux mêmes choses qui le détruisent quand on l'y soumet déjà tout formé.

Il importe de s'accoutumer d'abord à être mal couché; c'est le moyen de ne plus trouver de mauvais lit. En général la vie dure, une fois tournée en habitude, multiplie les sensations agréables : la vie molle en prépare une infinité de déplaisantes. Les gens élevés trop délicatement ne trouvent plus le sommeil que sur le duvet; les gens accoutumés à dormir sur des planches le trouvent partout : il n'y a point de lit dur pour qui s'endort en se couchant.

Un lit mollet, où l'on s'ensevelit dans la plume

ou dans l'édredon, fond et dissout le corps pour ainsi dire. Les reins enveloppés trop chaudement s'échauffent. De là résultent souvent la pierre ou d'autres incommodités, et infailliblement une complexion délicate qui les nourrit toutes.

Le meilleur lit est celui qui procure un meilleur sommeil. Voilà celui que nous nous préparons Émile et moi pendant la journée. Nous n'avons pas besoin qu'on nous amène des esclaves de Perse pour faire nos lits ; en labourant la terre nous remuons nos matelas.

Je sais par expérience que quand un enfant est en santé, l'on est maître de le faire dormir et veiller presque à volonté. Quand l'enfant est couché, et que de son babil il ennuie sa bonne, elle lui dit, *Dormez;* c'est comme si elle lui disoit, *Portez-vous bien* quand il est malade. Le vrai moyen de le faire dormir est de l'ennuyer lui-même. Parlez tant qu'il soit forcé de se taire, et bientôt il dormira : les sermons sont toujours bons à quelque chose ; autant vaut le prêcher que le bercer : mais si vous employez le soir ce narcotique, gardez-vous de l'employer le jour.

J'éveillerai quelquefois Émile, moins de peur qu'il ne prenne l'habitude de dormir trop long-temps que pour l'accoutumer à tout, même à être éveillé brusquement. Au surplus, j'aurois bien peu de talent pour mon emploi, si je ne savois pas le forcer à s'éveiller de lui-même, et à se lever, pour ainsi dire, à ma volonté, sans que je lui dise un seul mot.

S'il ne dort pas assez, je lui laisse entrevoir pour le lendemain une matinée ennuyeuse, et lui-même regardera comme autant de gagné tout ce qu'il en pourra laisser au sommeil : s'il dort trop, je lui montre à son réveil un amusement de son goût. Veux-je qu'il s'éveille à point nommé, je lui dis : Demain à six heures on part pour la pêche, on se va promener à tel endroit, voulez-vous en être? Il consent, il me prie de l'éveiller : je promets, ou je ne promets point, selon le besoin : s'il s'éveille trop tard, il me trouve parti. Il y aura du malheur si bientôt il n'apprend à s'éveiller de lui-même.

Au reste, s'il arrivoit, ce qui est rare, que quelque enfant indolent eût du penchant à croupir dans la paresse, il ne faut point le livrer à ce penchant, dans lequel il s'engourdiroit tout-à-fait, mais lui administrer quelque stimulant qui l'éveille. On conçoit bien qu'il n'est pas question de le faire agir par force, mais de l'émouvoir par quelque appétit qui l'y porte ; et cet appétit, pris avec choix dans l'ordre de la nature, nous mène à la fois à deux fins.

Je n'imagine rien dont, avec un peu d'adresse, on ne pût inspirer le goût, même la fureur, aux enfants, sans vanité, sans émulation, sans jalousie. Leur vivacité, leur esprit imitateur, suffisent ; surtout leur gaieté naturelle, instrument dont la prise est sûre, et dont jamais précepteur ne sut s'aviser. Dans tous les jeux où ils sont bien persuadés que ce n'est que jeu, ils souffrent sans se plaindre, et même en riant, ce qu'ils ne souffriroient jamais autrement sans verser des torrents de larmes. Les longs jeûnes, les coups, la brûlure, les fatigues de toute espèce, sont les amusements des jeunes sauvages; preuve que la douleur même a son assaisonnement qui peut en ôter l'amertume : mais il n'appartient pas à tous les maîtres de savoir apprêter ce ragoût, ni peut-être à tous les disciples de le savourer sans grimace. Me voilà de nouveau, si je n'y prends garde, égaré dans les exceptions.

Ce qui n'en souffre point est cependant l'assujettissement de l'homme à la douleur, aux maux de son espèce, aux accidents, aux périls de la vie, enfin à la mort : plus on le familiarisera avec toutes ces idées, plus on le guérira de l'importune sensibilité qui ajoute au mal l'impatience de l'endurer; plus on l'apprivoisera avec les souffrances qui peuvent l'atteindre, plus on leur ôtera, comme eût dit Montaigne, la pointure de l'étrangeté, et plus aussi l'on rendra son ame invulnérable et dure : son corps sera la cuirasse qui rebouchera tous les traits dont il pourroit être atteint au vif. Les approches mêmes de la mort n'étant point la mort, à peine la sentira-t-il comme telle; il ne mourra pas, pour ainsi dire; il sera vivant ou mort, rien de plus. C'est de lui que le même

Montaigne eût pu dire, comme il a dit d'un roi de Maroc [1], que nul homme n'a vécu si avant dans la mort. La constance et la fermeté sont, ainsi que les autres vertus, des apprentissages de l'enfance : mais ce n'est pas en apprenant leurs noms aux enfants qu'on les leur enseigne, c'est en les leur faisant goûter, sans qu'ils sachent ce que c'est.

Mais, à propos de mourir, comment nous conduirons-nous avec notre élève relativement au danger de la petite-vérole ? La lui ferons-nous inoculer en bas âge, ou si nous attendrons qu'il la prenne naturellement ? Le premier parti, plus conforme à notre pratique, garantit du péril l'âge où la vie est le plus précieuse, au risque de celui où elle l'est le moins, si toutefois on peut donner le nom de risque à l'inoculation bien administrée.

Mais le second est plus dans nos principes généraux, de laisser faire en tout la nature dans les soins qu'elle aime à prendre seule, et qu'elle abandonne aussitôt que l'homme veut s'en mêler. L'homme de la nature est toujours préparé : laissons-le inoculer par ce maître; il choisira mieux le moment que nous.

N'allez pas de là conclure que je blâme l'inoculation, car le raisonnement sur lequel j'en exempte mon élève iroit très-mal aux vôtres. Votre éducation les prépare à ne point échapper à la petite-vérole au moment qu'ils en seront attaqués ; si vous

---

[1] * Livre II, chap. xxx.

la laissez venir au hasard, il est probable qu'ils en périront. Je vois que dans les différents pays on résiste d'autant plus à l'inoculation qu'elle y devient plus nécessaire, et la raison de cela se sent aisément. A peine aussi daignerai-je traiter cette question pour mon Émile. Il sera inoculé, ou il ne le sera pas, selon les temps, les lieux, les circonstances : cela est presque indifférent pour lui. Si on lui donne la petite-vérole, on aura l'avantage de prévoir et connoître son mal d'avance; c'est quelque chose : mais s'il la prend naturellement, nous l'aurons préservé du médecin; c'est encore plus.

Une éducation exclusive, qui tend seulement à distinguer du peuple ceux qui l'ont reçue, préfère toujours les instructions les plus coûteuses aux plus communes, et par cela même aux plus utiles. Ainsi les jeunes gens élevés avec soin apprennent tous à monter à cheval, parce qu'il en coûte beaucoup pour cela; mais presque aucun d'eux n'apprend à nager parce qu'il n'en coûte rien, et qu'un artisan peut savoir nager aussi bien que qui que ce soit. Cependant, sans avoir fait son académie, un voyageur monte à cheval, s'y tient, et s'en sert assez pour le besoin ; mais, dans l'eau, si l'on ne nage on se noie, et l'on ne nage point sans l'avoir appris. Enfin l'on n'est pas obligé de monter à cheval sous peine de la vie, au lieu que nul n'est sûr d'éviter un danger auquel on est si souvent exposé. Émile sera dans l'eau comme sur la terre.

Que ne peut-il vivre dans tous les éléments ! Si l'on pouvoit apprendre à voler dans les airs, j'en ferois un aigle ; j'en ferois une salamandre, si l'on pouvoit s'endurcir au feu ¹.

On craint qu'un enfant ne se noie en apprenant à nager : qu'il se noie en apprenant ou pour n'avoir pas appris, ce sera toujours votre faute. C'est la seule vanité qui nous rend téméraires ; on ne l'est point quand on n'est vu de personne : Émile ne le seroit pas quand il seroit vu de tout l'univers. Comme l'exercice ne dépend pas du risque, dans un canal du parc de son père il apprendroit à traverser l'Hellespont : mais il faut s'apprivoiser au risque même, pour apprendre à ne s'en pas troubler ; c'est une partie essentielle de l'apprentissage dont je parlois tout à l'heure. Au reste, attentif à mesurer le danger à ses forces et à le partager toujours avec lui, je n'aurai guère d'imprudence à craindre, quand je réglerai le soin de sa conservation sur celui que je dois à la mienne.

Un enfant est moins grand qu'un homme ; il n'a ni sa force ni sa raison : mais il voit et entend aussi bien que lui, ou à très-peu près ; il a le goût aussi sensible, quoiqu'il l'ait moins délicat, et dis-

---

¹ * C'est sans doute pour rendre son idée générale plus sensible que Rousseau paroît ici partager, sur la salamandre, l'opinion ancienne et populaire qui lui attribuoit la faculté de vivre dans le feu. L'Encyclopédie, article *Salamandre*, fait connoître ce qui vraisemblablement a pu donner lieu à cette opinion, qui d'ailleurs n'a aucun fondement raisonnable.

tingue aussi bien les odeurs, quoiqu'il n'y mette pas la même sensualité. Les premières facultés qui se forment et se perfectionnent en nous sont les sens. Ce sont donc les premières qu'il faudroit cultiver; ce sont les seules qu'on oublie, ou celles qu'on néglige le plus.

Exercer les sens n'est pas seulement en faire usage, c'est apprendre à bien juger par eux, c'est apprendre, pour ainsi dire, à sentir; car nous ne savons ni toucher, ni voir, ni entendre, que comme nous avons appris.

Il y a un exercice purement naturel et mécanique, qui sert à rendre le corps robuste sans donner aucune prise au jugement : nager, courir, sauter, fouetter un sabot, lancer des pierres; tout cela est fort bien : mais n'avons-nous que des bras et des jambes? n'avons-nous pas aussi des yeux, des oreilles? et ces organes sont-ils superflus à l'usage des premiers? N'exercez donc pas seulement les forces, exercez tous les sens qui les dirigent; tirez de chacun d'eux tout le parti possible, puis vérifiez l'impression de l'un par l'autre. Mesurez, comptez, pesez, comparez. N'employez la force qu'après avoir estimé la résistance : faites toujours en sorte que l'estimation de l'effet précède l'usage des moyens. Intéressez l'enfant à ne jamais faire d'efforts insuffisants ou superflus. Si vous l'accoutumez à prévoir ainsi l'effet de tous ses mouvements, et à redresser ses erreurs par l'expérience, n'est-il pas clair que plus il agira, plus il deviendra judicieux ?

S'agit-il d'ébranler une masse ; s'il prend un levier trop long il dépensera trop de mouvement ; s'il le prend trop court, il n'aura pas assez de force : l'expérience lui peut apprendre à choisir précisément le bâton qu'il lui faut. Cette sagesse n'est donc pas au-dessus de son âge. S'agit-il de porter un fardeau ; s'il veut le prendre aussi pesant qu'il peut le porter et n'en point essayer qu'il ne soulève, ne sera-t-il pas forcé d'en estimer le poids à la vue ? Sait-il comparer des masses de même matière et de différentes grosseurs, qu'il choisisse entre des masses de même grosseur et de différentes matières ; il faudra bien qu'il s'applique à comparer leurs poids spécifiques. J'ai vu un jeune homme, très-bien élevé, qui ne voulut croire qu'après l'épreuve, qu'un seau plein de gros copeaux de bois de chêne fût moins pesant que le même seau rempli d'eau.

Nous ne sommes pas également maîtres de l'usage de tous nos sens. Il y en a un, savoir, le toucher, dont l'action n'est jamais suspendue durant la veille ; il a été répandu sur la surface entière de notre corps, comme une garde continuelle pour nous avertir de tout ce qui peut l'offenser. C'est aussi celui dont, bon gré, mal gré, nous acquérons le plus tôt l'expérience par cet exercice continuel, et auquel, par conséquent, nous avons moins besoin de donner une culture particulière. Cependant nous observons que les aveugles ont le tact plus sûr et plus fin que nous, parce que, n'étant pas guidés par la vue, ils sont forcés d'apprendre à tirer uniquement du premier sens les jugements que nous fournit l'autre. Pourquoi donc ne nous exerce-t-on pas à marcher comme eux dans l'obscurité, à connoître les corps que nous pouvons atteindre, à juger des objets qui nous environnent, à faire, en un mot, de nuit et sans lumière, tout ce qu'ils font de jour et sans yeux? Tant que le soleil luit, nous avons sur eux l'avantage; dans les ténèbres, ils sont nos guides à leur tour. Nous sommes aveugles la moitié de la vie; avec la différence que les vrais aveugles savent toujours se conduire, et que nous n'osons faire un pas au cœur de la nuit. On a de la lumière, me dira-t-on. Eh quoi! toujours des machines! Qui vous répond qu'elles vous suivront partout au besoin? Pour moi, j'aime mieux qu'Émile ait des yeux au bout de ses doigts que dans la boutique d'un chandelier.

Êtes-vous enfermé dans un édifice au milieu de la nuit, frappez des mains; vous apercevrez, au résonnement du lieu, si l'espace est grand ou petit, si vous êtes au milieu ou dans un coin. A demi-pied d'un mur, l'air moins ambiant et plus réfléchi vous porte une autre sensation au visage. Restez en place, et tournez-vous successivement de tous

LIVRE II.

les côtés; s'il y a une porte ouverte, un léger courant d'air vous l'indiquera. Êtes-vous dans un bateau, vous connoîtrez, à la manière dont l'air vous frappera le visage, non seulement en quel sens vous allez, mais si le fil de la rivière vous entraîne lentement ou vite. Ces observations, et mille autres semblables, ne peuvent bien se faire que de nuit; quelque attention que nous voulions leur donner en plein jour, nous serons aidés ou distraits par la vue, elles nous échapperont. Cependant il n'y a encore ici ni mains ni bâton. Que de connoissances oculaires on peut acquérir par le toucher, même sans rien toucher du tout !

Beaucoup de jeux de nuit. Cet avis est plus important qu'il ne semble. La nuit effraie naturellement les hommes, et quelquefois les animaux [1]. La raison, les connoissances, l'esprit, le courage, délivrent peu de gens de ce tribut. J'ai vu des raisonneurs, des esprits forts, des philosophes, des militaires intrépides en plein jour, trembler la nuit comme des femmes au bruit d'une feuille d'arbre. On attribue cet effroi aux contes des nourrices : on se trompe ; il a une cause naturelle. Quelle est cette cause ? la même qui rend les sourds défiants et le peuple superstitieux, l'ignorance des choses qui nous environnent et de

[1] Cet effroi devient très-manifeste dans les grandes éclipses de soleil.

ce qui se passe autour de nous[1]. Accoutumé d'apercevoir de loin les objets et de prévoir leurs

[1] En voici encore une autre cause bien expliquée par un philosophe dont je cite souvent le livre, et dont les grandes vues m'instruisent encore plus souvent.

« Lorsque, par des circonstances particulières, nous ne pouvons
« avoir une idée juste de la distance, et que nous ne pouvons juger
« des objets que par la grandeur de l'angle ou plutôt de l'image qu'ils
« forment dans nos yeux, nous nous trompons alors nécessairement
« sur la grandeur de ces objets. Tout le monde a éprouvé qu'en voya-
« geant la nuit on prend un buisson dont on est près pour un grand
« arbre dont on est loin, ou bien on prend un grand arbre éloigné
« pour un buisson qui est voisin : de même, si on ne connoît pas les
« objets par leur forme, et qu'on ne puisse avoir par ce moyen au-
« cune idée de distance, on se trompera encore nécessairement. Une
« mouche qui passera avec rapidité à quelques pouces de distance de
« nos yeux nous paroîtra dans ce cas être un oiseau qui en seroit à
« une très-grande distance; un cheval qui seroit sans mouvement
« dans le milieu d'une campagne, et qui seroit dans une attitude
« semblable, par exemple, à celle d'un mouton, ne nous paroîtra
« plus qu'un gros mouton, tant que nous ne reconnoîtrons pas
« que c'est un cheval; mais, dès que nous l'aurons reconnu, il
« nous paroîtra dans l'instant gros comme un cheval, et nous rec-
« tifierons sur-le-champ notre premier jugement.

« Toutes les fois qu'on se trouvera dans la nuit dans des lieux
« inconnus où l'on ne pourra juger de la distance, et où l'on ne
« pourra reconnoître la forme des choses à cause de l'obscurité, on
« sera en danger de tomber à tout instant dans l'erreur au sujet
« des jugements que l'on fera sur les objets qui se présenteront.
« C'est de là que vient la frayeur et l'espèce de crainte intérieure
« que l'obscurité de la nuit fait sentir à presque tous les hommes;
« c'est sur cela qu'est fondée l'apparence des spectres et des figures
« gigantesques et épouvantables que tant de gens disent avoir vus.
« On leur répond communément que ces figures étoient dans leur
« imagination : cependant elles pouvoient être réellement dans
« leurs yeux, et il est très-possible qu'ils en aient en effet vu ce

impressions d'avance, comment, ne voyant plus rien de ce qui m'entoure, n'y supposerois-je pas

« qu'ils disent en avoir vu : car il doit arriver nécessairement, « toutes les fois qu'on ne pourra juger d'un objet que par l'angle « qu'il forme dans l'œil, que cet objet inconnu grossira et gran- « dira à mesure qu'on en sera plus voisin; et que s'il a d'abord « paru au spectateur, qui ne peut connoître ce qu'il voit ni juger « à quelle distance il le voit; que s'il a paru, dis-je, d'abord de « la hauteur de quelques pieds lorsqu'il étoit à la distance de vingt « ou trente pas, il doit paroître haut de plusieurs toises lorsqu'il « n'en sera plus éloigné que de quelques pieds; ce qui doit en « effet l'étonner et l'effrayer jusqu'à ce qu'enfin il vienne à tou- « cher l'objet ou à le reconnoître; car, dans l'instant même qu'il « reconnoîtra ce que c'est, cet objet, qui lui paroissoit gigan- « tesque, diminuera tout à coup, et ne lui paroîtra plus avoir « que sa grandeur réelle; mais, si l'on fuit ou qu'on n'ose appro- « cher, il est certain qu'on n'aura d'autre idée de cet objet que « celle de l'image qu'il formoit dans l'œil, et qu'on aura réelle- « ment vu une figure gigantesque ou épouvantable par la grandeur « et par la forme. Le préjugé des spectres est donc fondé dans la « nature, et ces apparences ne dépendent pas, comme le croient « les philosophes, uniquement de l'imagination. » (*Hist. nat.*, tome VI, page 22, in-12.)

J'ai tâché de montrer dans le texte comment il en dépend tou- jours en partie, et quant à la cause expliquée dans ce passage, on voit que l'habitude de marcher la nuit doit nous apprendre à distin- guer les apparences que la ressemblance des formes et la diversité des distances font prendre aux objets à nos yeux dans l'obscurité; car, lorsque l'air est encore assez éclairé pour nous laisser aperce- voir les contours des objets, comme il y a plus d'air interposé dans un plus grand éloignement, nous devons toujours voir ces contours moins marqués quand l'objet est plus loin de nous, ce qui suffit, à force d'habitude, pour nous garantir de l'erreur qu'explique ici M. de Buffon. Quelque explication qu'on préfère, ma méthode est donc toujours efficace, et c'est ce que l'expé- rience confirme parfaitement.

mille êtres, mille mouvements qui peuvent me nuire, et dont il m'est impossible de me garantir? J'ai beau savoir que je suis en sûreté dans le lieu où je me trouve, je ne le sais jamais aussi-bien que si je le voyois actuellement : j'ai donc toujours un sujet de crainte que je n'avois pas en plein jour. Je sais, il est vrai, qu'un corps étranger ne peut guère agir sur le mien sans s'annoncer par quelque bruit; aussi, combien j'ai sans cesse l'oreille alerte! Au moindre bruit dont je ne puis discerner la cause, l'intérêt de ma conservation me fait d'abord supposer tout ce qui doit le plus m'engager à me tenir sur mes gardes, et par conséquent tout ce qui est le plus propre à m'effrayer.

N'entends-je absolument rien, je ne suis pas pour cela tranquille; car enfin sans bruit on peut encore me surprendre. Il faut que je suppose les choses telles qu'elles étoient auparavant, telles qu'elles doivent encore être, que je voie ce que je ne vois pas. Ainsi, forcé de mettre en jeu mon imagination, bientôt je n'en suis plus maître, et ce que j'ai fait pour me rassurer ne sert qu'à m'alarmer davantage. Si j'entends du bruit, j'entends des voleurs; si je n'entends rien, je vois des fantômes : la vigilance que m'inspire le soin de me conserver ne me donne que sujets de crainte. Tout ce qui doit me rassurer n'est que dans ma raison; l'instinct plus fort me parle tout autrement qu'elle.

A quoi bon penser qu'on n'a rien à craindre, puisque alors on n'a rien à faire?

La cause du mal trouvée indique le remède. En toute chose l'habitude tue l'imagination; il n'y a que les objets nouveaux qui la réveillent. Dans ceux que l'on voit tous les jours, ce n'est plus l'imagination qui agit, c'est la mémoire; et voilà la raison de l'axiome *ab assuetis non fit passio,* car ce n'est qu'au feu de l'imagination que les passions s'allument. Ne raisonnez donc pas avec celui que vous voulez guérir de l'horreur des ténèbres; menez-l'y souvent, et soyez sûr que tous les arguments de la philosophie ne vaudront pas cet usage. La tête ne tourne point aux couvreurs sur les toits, et l'on ne voit plus avoir peur dans l'obscurité quiconque est accoutumé d'y être.

Voilà donc pour nos jeux de nuit un autre avantage ajouté au premier: mais, pour que ces jeux réussissent, je n'y puis trop recommander la gaieté. Rien n'est si triste que les ténèbres: n'allez pas enfermer votre enfant dans un cachot. Qu'il rie en entrant dans l'obscurité; que le rire le reprenne avant qu'il en sorte; que, tandis qu'il y est, l'idée des amusements qu'il quitte, et de ceux qu'il va retrouver, le défende des imaginations fantastiques qui pourroient l'y venir chercher.

Il est un terme de la vie au-delà duquel on rétrograde en avançant. Je sens que j'ai passé ce terme. Je recommence, pour ainsi dire, une autre carrière. Le vide de l'âge mûr, qui s'est fait sentir à moi, me retrace le doux temps du premier âge. En vieillissant, je redeviens enfant, et je me rappelle plus volontiers ce que j'ai fait à dix ans qu'à trente. Lecteurs, pardonnez-moi donc de tirer quelquefois mes exemples de moi-même; car, pour bien faire ce livre, il faut que je le fasse avec plaisir.

J'étois à la campagne en pension chez un ministre appelé M. Lambercier. J'avois pour camarade un cousin plus riche que moi, et qu'on traitoit en héritier, tandis qu'éloigné de mon père je n'étois qu'un pauvre orphelin. Mon grand cousin Bernard étoit singulièrement poltron, surtout la nuit. Je me moquai tant de sa frayeur, que M. Lambercier, ennuyé de mes vanteries, voulut mettre mon courage à l'épreuve. Un soir d'automne, qu'il faisoit très-obscur, il me donna la clef du temple, et me dit d'aller chercher dans la chaire la Bible qu'on y avoit laissée. Il ajouta, pour me piquer d'honneur, quelques mots qui me mirent dans l'impuissance de reculer.

Je partis sans lumière; si j'en avois eu, ç'auroit peut-être été pis encore. Il falloit passer par le cimetière: je le traversai gaillardement; car, tant que je me sentois en plein air, je n'eus jamais de frayeurs nocturnes.

En ouvrant la porte, j'entendis à la voûte un certain retentissement que je crus ressembler à des voix, et qui commença d'ébranler ma fermeté romaine. La porte ouverte, je voulus entrer; mais à peine eus-je fait quelques pas, que je m'arrêtai. En apercevant l'obscurité profonde qui régnoit dans ce vaste lieu, je fus saisi d'une terreur qui me fit dresser les cheveux : je rétrogade, je sors, je me mets à fuir tout tremblant. Je trouvai dans la cour un petit chien nommé *Sultan*, dont les caresses me rassurèrent. Honteux de ma frayeur, je revins sur mes pas, tâchant pourtant d'emmener avec moi *Sultan*, qui ne voulut pas me suivre. Je franchis brusquement la porte, j'entre dans l'église. A peine y fus-je rentré, que la frayeur me reprit, mais si fortement, que je perdis la tête; et, quoique la chaire fût à droite, et que je le susse très-bien, ayant tourné sans m'en apercevoir, je la cherchai long-temps à gauche, je m'embarrassois dans les bancs, je ne savois plus où j'étois, et, ne pouvant trouver ni la chaire ni la porte, je tombai dans un bouleversement inexprimable. Enfin, j'aperçois la porte, je viens à bout de sortir du temple, et je m'en éloigne comme la première fois, bien résolu de n'y jamais rentrer seul qu'en plein jour.

Je reviens jusqu'à la maison. Prêt à entrer, je distingue la voix de M. Lambercier à de grands éclats de rire. Je les prends pour moi d'avance, et, confus de m'y voir exposé, j'hésite à ouvrir la porte. Dans cet intervalle, j'entends mademoiselle

Lambercier s'inquiéter de moi, dire à la servante de prendre la lanterne, et M. Lambercier se disposer à me venir chercher, escorté de mon intrépide cousin, auquel ensuite on n'auroit pas manqué de faire tout l'honneur de l'expédition. A l'instant toutes mes frayeurs cessent, et ne me laissent que celle d'être surpris dans ma fuite : je cours, je vole au temple. Sans m'égarer, sans tâtonner, j'arrive à la chaire; j'y monte, je prends la Bible, je m'élance en bas; dans trois sauts je suis hors du temple, dont j'oubliai même de fermer la porte; j'entre dans la chambre, hors d'haleine, je jette la Bible sur la table, effaré, mais palpitant d'aise d'avoir prévenu le secours qui m'étoit destiné.

On me demandera si je donne ce trait pour un modèle à suivre, et pour un exemple de la gaieté que j'exige dans ces sortes d'exercices. Non; mais je le donne pour preuve que rien n'est plus capable de rassurer quiconque est effrayé des ombres de la nuit, que d'entendre dans une chambre voisine une compagnie assemblée, rire et causer tranquillement. Je voudrois qu'au lieu de s'amuser ainsi seul avec son élève, on rassemblât les soirs beaucoup d'enfants de bonne humeur; qu'on ne les envoyât pas d'abord séparément, mais plusieurs ensemble, et qu'on n'en hasardât aucun parfaitement seul, qu'on ne se fût bien assuré d'avance qu'il n'en seroit pas trop effrayé.

Je n'imagine rien de si plaisant et de si utile que de pareils jeux, pour peu qu'on voulût user d'adresse à les ordonner. Je ferois dans une grande salle une espèce de labyrinthe avec des tables, des fauteuils, des chaises, des paravents. Dans les inextricables tortuosités de ce labyrinthe j'arrangerois, au milieu de huit ou dix boîtes d'attrapes, une autre boîte presque semblable, bien garnie de bonbons; je désignerois en termes clairs, mais succincts, le lieu précis où se trouve la bonne boîte ; je donnerois le renseignement suffisant pour la distinguer à des gens plus attentifs et moins étourdis que des enfants[1] ; puis, après avoir fait tirer au sort les petits concurrents, je les enverrois tous l'un après l'autre, jusqu'à ce que la bonne boîte fût trouvée : ce que j'aurois soin de rendre difficile à proportion de leur habileté.

Figurez-vous un petit Hercule arrivant une boîte à la main, tout fier de son expédition. La boîte se met sur la table, on l'ouvre en cérémonie. J'entends d'ici les éclats de rire, les huées de la bande joyeuse, quand, au lieu des confitures qu'on attendoit, on trouve bien proprement arrangés sur de la mousse ou sur du coton un hanneton, un escargot, du charbon, du gland, un

---

[1] Pour les exercer à l'attention, ne leur dites jamais que des choses qu'ils aient un intérêt sensible et présent à bien entendre ; surtout point de longueurs, jamais un mot superflu. Mais aussi ne laissez dans vos discours ni obscurité ni équivoque.

navet, ou quelque autre pareille denrée. D'autres fois, dans une pièce nouvellement blanchie, on suspendra près du mur quelque jouet, quelque petit meuble qu'il s'agira d'aller chercher sans toucher au mur. A peine celui qui l'apportera sera-t-il rentré, que, pour peu qu'il ait manqué à la condition, le bout de son chapeau blanchi, le bout de ses souliers, la basque de son habit, sa manche, trahiront sa maladresse. En voilà bien assez, trop peut-être, pour faire entendre l'esprit de ces sortes de jeux. S'il faut tout vous dire, ne me lisez point.

Quels avantages un homme ainsi élevé n'aura-t-il pas la nuit sur les autres hommes! Ses pieds accoutumés à s'affermir dans les ténèbres, ses mains exercées à s'appliquer aisément à tous les corps environnants, le conduiront sans peine dans la plus épaisse obscurité. Son imagination, pleine des jeux nocturnes de sa jeunesse, se tournera difficilement sur des objets effrayants. S'il croit entendre des éclats de rire, au lieu de ceux des esprits follets, ce seront ceux de ses anciens camarades; s'il se peint une assemblée, ce ne sera point pour lui le sabbat, mais la chambre de son gouverneur. La nuit, ne lui rappelant que des idées gaies, ne lui sera jamais affreuse; au lieu de la craindre, il l'aimera. S'agit-il d'une expédition militaire, il sera prêt à toute heure, aussi bien seul qu'avec sa troupe. Il entrera dans le camp de

Saül, il le parcourra sans s'égarer, il ira jusqu'à la tente du roi sans éveiller personne, il s'en retournera sans être aperçu. Faut-il enlever les chevaux de Rhésus, adressez-vous à lui sans crainte. Parmi les gens autrement élevés, vous trouverez difficilement un Ulysse.

J'ai vu des gens vouloir, par des surprises, accoutumer les enfants à ne s'effrayer de rien la nuit. Cette méthode est très-mauvaise ; elle produit un effet tout contraire à celui qu'on cherche, et ne sert qu'à les rendre toujours plus craintifs. Ni la raison ni l'habitude ne peuvent rassurer sur l'idée d'un danger présent dont on ne peut connoître le degré ni l'espèce, ni sur la crainte des surprises qu'on a souvent éprouvées. Cependant, comment s'assurer de tenir toujours votre élève exempt de pareils accidents ? Voici le meilleur avis, ce me semble, dont on puisse le prévenir là-dessus. Vous êtes alors, dirois-je à mon Émile, dans le cas d'une juste défense ; car l'agresseur ne vous laisse pas juger s'il veut vous faire mal ou peur, et, comme il a pris ses avantages, la fuite même n'est pas un refuge pour vous. Saisissez donc hardiment celui qui vous surprend de nuit, homme ou bête, il n'importe ; serrez-le, empoignez-le de toute votre force ; s'il se débat, frappez, ne marchandez point les coups ; et, quoi qu'il puisse dire ou faire, ne lâchez jamais prise que vous ne sachiez bien ce que c'est. L'éclaircissement vous apprendra probablement qu'il n'y avoit pas beaucoup à craindre, et cette manière de traiter les plaisants doit naturellement les rebuter d'y revenir.

Quoique le toucher soit de tous nos sens celui dont nous avons le plus continuel exercice, ses jugements restent pourtant, comme je l'ai dit, imparfaits et grossiers plus que ceux d'aucun autre, parce que nous mêlons continuellement à son usage celui de la vue, et que, l'œil atteignant à l'objet plus tôt que la main, l'esprit juge presque toujours sans elle. En revanche, les jugements du tact sont les plus sûrs, précisément parce qu'ils sont les plus bornés; car, ne s'étendant qu'aussi loin que nos mains peuvent atteindre, ils rectifient l'étourderie des autres sens, qui s'élancent au loin sur des objets qu'ils aperçoivent à peine, au lieu que tout ce qu'aperçoit le toucher, il l'aperçoit bien. Ajoutez que, joignant, quand il nous plaît, la force des muscles à l'action des nerfs, nous unissons, par une sensation simultanée, au jugement de la température, des grandeurs, des figures, le jugement du poids et de la solidité. Ainsi le toucher, étant de tous les sens celui qui nous instruit le mieux de l'impression que les corps étrangers peuvent faire sur le nôtre, est celui dont l'usage est le plus fréquent, et nous donne le plus immédiatement la connoissance nécessaire à notre conservation.

Comme le toucher exercé supplée à la vue,

pourquoi ne pourroit-il pas aussi suppléer à l'ouïe jusqu'à certain point, puisque les sons excitent dans les corps sonores des ébranlements sensibles au tact? En posant une main sur le corps d'un violoncelle, on peut, sans le secours des yeux ni des oreilles, distinguer, à la seule manière dont le bois vibre et frémit, si le son qu'il rend est grave ou aigu, s'il est tiré de la chanterelle ou du bourdon. Qu'on exerce le sens à ces différences, je ne doute pas qu'avec le temps on n'y pût devenir sensible au point d'entendre un air entier par les doigts. Or, ceci supposé, il est clair qu'on pourroit aisément parler aux sourds en musique; car les tons et les temps, n'étant pas moins susceptibles de combinaisons régulières que les articulations et les voix, peuvent être pris de même pour les éléments du discours.

Il y a des exercices qui émoussent le sens du toucher et le rendent plus obtus; d'autres, au contraire, l'aiguisent et le rendent plus délicat et plus fin. Les premiers, joignant beaucoup de mouvement et de force à la continuelle impression des corps durs, rendent la peau rude, calleuse, et lui ôtent le sentiment naturel; les seconds sont ceux qui varient ce même sentiment par un tact léger et fréquent, en sorte que l'esprit, attentif à des impressions incessamment répétées, acquiert la facilité de juger toutes leurs modifications. Cette différence est sensible dans l'usage des instruments de musique : le toucher dur et meurtrissant du violoncelle, de la contrebasse, du violon même, en rendant les doigts plus flexibles racornit leurs extrémités. Le toucher lisse et poli du clavecin les rend aussi flexibles et plus sensibles en même temps. En ceci donc le clavecin est à préférer.

Il importe que la peau s'endurcisse aux impressions de l'air et puisse braver ses altérations; car c'est elle qui défend tout le reste. A cela près, je ne voudrois pas que la main, trop servilement appliquée aux mêmes travaux, vînt à s'endurcir, ni que sa peau devenue presque osseuse perdît ce sentiment exquis qui donne à connoître quels sont les corps sur lesquels on la passe, et, selon l'espèce de contact, nous fait quelquefois, dans l'obscurité, frissonner en diverses manières.

Pourquoi faut-il que mon élève soit forcé d'avoir toujours sous ses pieds une peau de bœuf? Quel mal y auroit-il que la sienne propre pût au besoin lui servir de semelle? Il est clair qu'en cette partie la délicatesse de la peau ne peut jamais être utile à rien, et peut souvent beaucoup nuire. Éveillés à minuit au cœur de l'hiver par l'ennemi dans leur ville, les Génevois trouvèrent plus tôt leurs fusils que leurs souliers. Si nul d'eux n'avoit su marcher nu-pieds, qui sait si Genève n'eût point été prise?

Armons toujours l'homme contre les accidents imprévus. Qu'Émile coure les matins à pieds nus, en toute saison, par la chambre, par l'escalier, par le jardin; loin de l'en gronder, je l'imiterai; seulement j'aurai soin d'écarter le verre. Je parlerai bientôt des travaux et des jeux manuels. Du reste, qu'il apprenne à faire tous les pas qui favorisent les évolutions du corps, à prendre dans toutes les attitudes une position aisée et solide; qu'il sache sauter en éloignement, en hauteur, grimper sur un arbre, franchir un mur; qu'il trouve toujours son équilibre; que tous ses mouvements, ses gestes, soient ordonnés selon les lois de la pondération, long-temps avant que la statique se mêle de les lui expliquer. A la manière dont son pied pose à terre et dont son corps porte sur sa jambe, il doit sentir s'il est bien ou mal. Une assiette assurée a toujours de la grâce, et les postures les plus fermes sont aussi les plus élégantes. Si j'étois maître à danser, je ne ferois pas toutes les singeries de Marcel[1], bonnes pour le pays où il les fait; mais, au lieu d'occuper éternellement mon élève à des gam-

---

[1] Célèbre maître à danser de Paris, lequel, connoissant bien son monde, faisoit l'extravagant par ruse, et donnoit à son art une importance qu'on feignoit de trouver ridicule, mais pour laquelle on lui portoit au fond le plus grand respect. Dans un autre art non moins frivole, on voit encore aujourd'hui un artiste comédien faire ainsi l'important et le fou, et ne réussir pas moins bien. Cette méthode est toujours sûre en France. Le vrai talent, plus simple et moins charlatan, n'y fait point fortune. La modestie y est la vertu des sots *.

* Voyez des détails curieux sur Marcel, *Histoire de J. J. Rousseau*, t. II, p. 220.

bades, je le mènerois au pied d'un rocher : là, je lui montrerois quelle attitude il faut prendre, comment il faut porter le corps et la tête, quel mouvement il faut faire, de quelle manière il faut poser, tantôt le pied, tantôt la main, pour suivre légèrement les sentiers escarpés, raboteux et rudes, et s'élancer de pointe en pointe tant en montant qu'en descendant. J'en ferois l'émule d'un chevreuil, plutôt qu'un danseur de l'Opéra.

Autant le toucher concentre ses opérations autour de l'homme, autant la vue étend les siennes au-delà de lui; c'est là ce qui rend celles-ci trompeuses : d'un coup d'œil un homme embrasse la moitié de son horizon. Dans cette multitude de sensations simultanées et de jugements qu'elles excitent, comment ne se tromper sur aucun? Ainsi la vue est de tous nos sens le plus fautif, précisément parce qu'il est le plus étendu, et que, précédant de bien loin tous les autres, ses opérations sont trop promptes et trop vastes pour pouvoir être rectifiées par eux. Il y a plus, les illusions mêmes de la perspective nous sont nécessaires pour parvenir à connoître l'étendue et à comparer ses parties. Sans les fausses apparences, nous ne verrions rien dans l'éloignement; sans les gradations de grandeur et de lumière, nous ne pourrions estimer aucune distance, ou plutôt il n'y en auroit point pour nous. Si de deux arbres égaux celui qui est à cent pas de nous nous paroissoit aussi grand

LIVRE II.

et aussi distinct que celui qui est à dix, nous les placerions à côté l'un de l'autre. Si nous apercevions toutes les dimensions des objets sous leur véritable mesure, nous ne verrions aucun espace, et tout nous paroîtroit sur notre œil.

Le sens de la vue n'a, pour juger la grandeur des objets et leur distance, qu'une même mesure, savoir, l'ouverture de l'angle qu'ils font dans notre œil; et comme cette ouverture est un effet simple d'une cause composée, le jugement qu'il excite en nous laisse chaque cause particulière indéterminée, ou devient nécessairement fautif. Car comment distinguer à la simple vue si l'angle sous lequel je vois un objet plus petit qu'un autre est tel, parce que ce premier objet est en effet plus petit, ou parce qu'il est plus éloigné ?

Il faut donc suivre ici une méthode contraire à la précédente ; au lieu de simplifier la sensation, la doubler, la vérifier toujours par une autre, assujettir l'organe visuel à l'organe tacite, et réprimer, pour ainsi dire, l'impétuosité du premier sens par la marche pesante et réglée du second. Faute de nous asservir à cette pratique, nos mesures par estimation sont très-inexactes. Nous n'avons nulle précision dans le coup d'œil pour juger les hauteurs, les longueurs, les profondeurs, les distances, et la preuve que ce n'est pas tant la faute du sens que de son usage, c'est que les ingénieurs, les arpenteurs, les architectes, les maçons, les peintres, ont en général le coup d'œil beaucoup plus sûr que nous, et apprécient les mesures de l'étendue avec plus de justesse; parce que leur métier leur donnant en ceci l'expérience que nous négligeons d'acquérir, ils ôtent l'équivoque de l'angle par les apparences qui l'accompagnent, et qui déterminent plus exactement à leurs yeux le rapport des deux causes de cet angle.

Tout ce qui donne du mouvement au corps sans le contraindre est toujours facile à obtenir des enfants. Il y a mille moyens de les intéresser à mesurer, à connoître, à estimer les distances. Voilà un cerisier fort haut, comment ferons-nous pour cueillir des cerises? l'échelle de la grange est-elle bonne pour cela? Voilà un ruisseau fort large, comment le traverserons-nous? une des planches de la cour posera-t-elle sur les deux bords? Nous voudrions, de nos fenêtres, pêcher dans les fossés du château; combien de brasses doit avoir notre ligne? Je voudrois faire une balançoire entre ces deux arbres; une corde de deux toises nous suffira-t-elle? On me dit que dans l'autre maison notre chambre aura vingt-cinq pieds carrés, croyez-vous qu'elle nous convienne? sera-t-elle plus grande que celle-ci? Nous avons grand'faim; voilà deux villages, auquel des deux serons-nous plus tôt pour dîner? etc.

Il s'agissoit d'exercer à la course un enfant indolent et paresseux, qui ne se portoit pas de lui-même à cet exercice ni à aucun autre, quoiqu'on le destinât à l'état militaire : il s'étoit persuadé, je ne sais comment, qu'un homme de son rang ne devoit rien faire ni rien savoir, et que sa noblesse devoit lui tenir lieu de bras, de jambes, ainsi que de toute espèce de mérite. A faire d'un tel gentilhomme un Achille au pied léger, l'adresse de Chiron même eût eu peine à suffire. La difficulté étoit d'autant plus grande, que je ne voulois lui prescrire absolument rien : j'avois banni de mes droits les exhortations, les promesses, les menaces, l'émulation, le désir de briller; comment lui donner celui de courir sans lui rien dire? Courir moi-même eût été un moyen peu sûr et sujet à inconvénient. D'ailleurs il s'agissoit encore de tirer de cet exercice quelque objet d'instruction pour lui, afin d'accoutumer les opérations de la machine et celles du jugement à marcher toujours de concert. Voici comment je m'y pris : moi, c'est-à-dire celui qui parle dans cet exemple.

En m'allant promener avec lui les après-midi, je mettois quelquefois dans ma poche deux gâteaux d'une espèce qu'il aimoit beaucoup; nous en mangions chacun un à la promenade¹; et nous revenions fort contents. Un jour il s'aperçut que

---

¹ Promenade champêtre, comme on verra dans l'instant. Les promenades publiques des villes sont pernicieuses aux enfants de l'un et de l'autre sexe. C'est là qu'ils commencent à se rendre vains et à vouloir être regardés : c'est au Luxembourg, aux Tuileries,

j'avois trois gâteaux; il en auroit pu manger six sans s'incommoder; il dépêche promptement le sien pour me demander le troisième. Non, lui dis-je : je le mangerois fort bien moi-même, ou nous le partagerions; mais j'aime mieux le voir disputer à la course par ces deux petits garçons que voilà. Je les appelai, je leur montrai le gâteau et leur proposai la condition. Ils ne demandèrent pas mieux. Le gâteau fut posé sur une grande pierre qui servit de but; la carrière fut marquée; nous allâmes nous asseoir : au signal donné les petits garçons partirent; le victorieux se saisit du gâteau, et le mangea sans miséricorde aux yeux des spectateurs et du vaincu.

Cet amusement valoit mieux que le gâteau, mais il ne prit pas d'abord et ne produisit rien. Je ne me rebutai ni ne me pressai : l'institution des enfants est un métier où il faut savoir perdre du temps pour en gagner. Nous continuâmes nos promenades; souvent on prenoit trois gâteaux, quelquefois quatre, et de temps à autre il y en avoit un, même deux pour les coureurs. Si le prix n'étoit pas grand, ceux qui le disputoient n'étoient pas ambitieux : celui qui le remportoit étoit loué, fêté; tout se faisoit avec appareil. Pour donner lieu aux révolutions et augmenter l'intérêt, je marquois la

---

surtout au Palais-Royal, que la belle jeunesse de Paris va prendre cet air impertinent et fat qui la rend si ridicule, et la fait huer et détester dans toute l'Europe.

carrière plus longue, j'y souffrois plusieurs concurrents. A peine étoient-ils dans la lice, que tous les passants s'arrêtoient pour les voir : les acclamations, les cris, les battements de mains les animoient : je voyois quelquefois mon petit bon homme tressaillir, se lever, s'écrier quand l'un étoit près d'atteindre ou de passer l'autre ; c'étoient pour lui les jeux olympiques.

Cependant les concurrents usoient quelquefois de supercherie ; ils se retenoient mutuellement, ou se faisoient tomber, ou poussoient des cailloux au passage l'un de l'autre. Cela me fournit un sujet de les séparer, et de les faire partir de différents termes, quoique également éloignés du but : on verra bientôt la raison de cette prévoyance ; car je dois traiter cette importante affaire dans un grand détail.

Ennuyé de voir toujours manger sous ses yeux des gâteaux qui lui faisoient grande envie, monsieur le chevalier s'avisa de soupçonner enfin que bien courir pouvoit être bon à quelque chose, et voyant qu'il avoit aussi deux jambes, il commença de s'essayer en secret. Je me gardai d'en rien voir ; mais je compris que mon stratagème avoit réussi. Quand il se crut assez fort, et je lus avant lui dans sa pensée, il affecta de m'importuner pour avoir le gâteau restant. Je le refuse ; il s'obstine, et d'un air dépité il me dit à la fin : Hé bien ! mettez-le sur la pierre, marquez le champ, et nous verrons. Bon !

lui dis-je en riant, est-ce qu'un chevalier sait courir? Vous gagnerez plus d'appétit, et non de quoi le satisfaire. Piqué de ma raillerie, il s'évertue, et remporte le prix d'autant plus aisément, que j'avois fait la lice très-courte et pris soin d'écarter le meilleur coureur. On conçoit comment, ce premier pas étant fait, il me fut aisé de le tenir en haleine. Bientôt il prit un tel goût à cet exercice, que, sans faveur, il étoit presque sûr de vaincre mes polissons à la course, quelque longue que fût la carrière.

Cet avantage obtenu en produisit un autre auquel je n'avois pas songé. Quand il remportoit rarement le prix, il le mangeoit presque toujours seul, ainsi que faisoient ses concurrents; mais en s'accoutumant à la victoire, il devint généreux, et partageoit souvent avec les vaincus. Cela me fournit à moi-même une observation morale, et j'appris par-là quel étoit le vrai principe de la générosité.

En continuant avec lui de marquer en différents lieux le terme d'où chacun devoit partir à la fois, je fis, sans qu'il s'en aperçût, les distances inégales, de sorte que l'un, ayant à faire plus de chemin que l'autre pour arriver au même but, avoit un désavantage visible : mais, quoique je laissasse le choix à mon disciple, il ne savoit pas s'en prévaloir. Sans s'embarrasser de la distance, il préféroit toujours le plus beau chemin; de sorte que, prévoyant aisément son choix, j'étois à peu près le maître de lui faire perdre ou gagner le gâteau à ma volonté; et cette adresse avoit aussi son usage à plus d'une fin. Cependant, comme mon dessein étoit qu'il s'aperçût de la différence, je tâchois de la lui rendre sensible : mais, quoique indolent dans le calme, il étoit si vif dans ses jeux et se défioit si peu de moi, que j'eus toutes les peines du monde à lui faire apercevoir que je le trichois. Enfin j'en vins à bout malgré son étourderie; il m'en fit des reproches. Je lui dis : De quoi vous plaignez-vous? dans un don que je veux bien faire, ne suis-je pas maître de mes conditions? Qui vous force à courir? vous ai-je promis de faire les lices égales? n'avez-vous pas le choix? Prenez la plus courte, on ne vous en empêche point. Comment ne voyez-vous pas que c'est vous que je favorise, et que l'inégalité dont vous murmurez est tout à votre avantage si vous savez vous en prévaloir? Cela étoit clair; il le comprit, et, pour choisir, il fallut y regarder de plus près. D'abord on voulut compter les pas; mais la mesure des pas d'un enfant est lente et fautive; de plus, je m'avisai de multiplier les courses dans un même jour; et alors, l'amusement devenant une espèce de passion, l'on avoit regret de perdre à mesurer les lices le temps destiné à les parcourir. La vivacité de l'enfance s'accommode mal de ces lenteurs: on s'exerça donc à mieux voir, à mieux estimer une distance à la vue. Alors j'eus peu de peine à étendre et nourrir ce goût. Enfin quelques mois d'épreuves et d'erreurs corrigées lui formèrent tellement le compas visuel, que, quand je lui mettois par la pensée un gâteau sur quelque objet éloigné, il avoit le coup d'œil presque aussi sûr que la chaîne d'un arpenteur.

Comme la vue est de tous les sens celui dont on peut le moins séparer les jugements de l'esprit, il faut beaucoup de temps pour apprendre à voir; il faut avoir long-temps comparé la vue au toucher pour accoutumer le premier de ces deux sens à nous faire un rapport fidèle des figures et des distances : sans le toucher, sans le mouvement progressif, les yeux du monde les plus perçants ne sauroient nous donner aucune idée de l'étendue. L'univers entier ne doit être qu'un point pour une huître; il ne lui paroîtroit rien de plus quand même une ame humaine informeroit cette huître. Ce n'est qu'à force de marcher, de palper, de nombrer, de mesurer les dimensions, qu'on apprend à les estimer : mais aussi, si l'on mesuroit toujours, le sens, se reposant sur l'instrument, n'acquerroit aucune justesse. Il ne faut pas non plus que l'enfant passe tout d'un coup de la mesure à l'estimation; il faut d'abord que, continuant à comparer par parties ce qu'il ne sauroit comparer tout d'un coup, à des aliquotes précises il substitue des aliquotes par appréciation, et qu'au lieu d'appliquer toujours avec la main la mesure, il s'accoutume à l'appliquer seulement avec les yeux. Je voudrois pourtant qu'on vérifiât ses premières opérations par des mesures réelles, afin qu'il corrigeât ses erreurs, et que, s'il reste dans le sens quelque fausse apparence, il apprît à la rectifier par un meilleur jugement. On a des mesures naturelles qui sont à peu près les mêmes en tous lieux; les pas d'un homme, l'étendue de ses bras, sa stature. Quand l'enfant estime la hauteur d'un étage, son gouverneur peut lui servir de toise; s'il estime la hauteur d'un clocher, qu'il le toise avec les maisons; s'il veut savoir les lieues de chemin, qu'il compte les heures de marche; et surtout qu'on ne fasse rien de tout cela pour lui, mais qu'il le fasse lui-même.

On ne sauroit apprendre à bien juger de l'étendue et de la grandeur des corps, qu'on n'apprenne à connoître aussi leurs figures et même à les imiter; car au fond cette imitation ne tient absolument qu'aux lois de la perspective; et l'on ne peut estimer l'étendue sur ses apparences, qu'on n'ait quelque sentiment de ces lois. Les enfants, grands imitateurs, essaient tous de dessiner : je voudrois que le mien cultivât cet art, non précisément pour l'art même, mais pour se rendre l'œil juste et la main flexible; et, en général, il importe fort peu qu'il sache tel ou tel exercice, pourvu qu'il acquière la perspicacité du sens et la bonne habitude du corps qu'on gagne par cet exercice. Je me garderai donc bien de lui donner un maître à dessiner, qui ne lui donneroit à imiter que des imitations, et ne le feroit dessiner que sur des dessins : je veux qu'il n'ait d'autre maître que la nature, ni d'autre modèle que les objets. Je veux qu'il ait sous les yeux l'original même et non pas le papier qui le représente, qu'il crayonne une maison sur une maison, un arbre sur un arbre, un homme sur un homme, afin qu'il s'accoutume à bien observer les corps et leurs apparences, et non pas à prendre des imitations fausses et conventionnelles pour de véritables imitations. Je le détournerai même de rien tracer de mémoire en l'absence des objets, jusqu'à ce que, par des observations fréquentes, leurs figures exactes s'impriment bien dans son imagination; de peur que, substituant à la vérité des choses des figures bizarres et fantastiques, il ne perde la connoissance des proportions et le goût des beautés de la nature.

Je sais bien que de cette manière il barbouillera long-temps sans rien faire de reconnoissable, qu'il prendra tard l'élégance des contours et le trait léger des dessinateurs, peut-être jamais le discernement des effets pittoresques et le bon goût du dessin; en revanche, il contractera certainement un coup d'œil plus juste, une main plus sûre, la connoissance des vrais rapports de grandeur et de figure, qui sont entre les animaux, les plantes, les corps naturels, et une plus prompte expérience du jeu de la perspective. Voilà précisément ce que j'ai voulu faire, et mon intention n'est pas tant qu'il sache imiter les objets que les connoître ; j'aime mieux qu'il me montre une plante d'acanthe, et qu'il trace moins bien le feuillage d'un chapiteau.

Au reste, dans cet exercice, ainsi que dans tous les autres, je ne prétends pas que mon élève en ait seul l'amusement. Je veux le lui rendre plus agréable encore en le partageant sans cesse avec lui. Je ne veux point qu'il ait d'autre émule que moi ; mais je serai son émule sans relâche et sans risque ; cela mettra de l'intérêt dans ses occupations sans causer de jalousie entre nous. Je prendrai le crayon à son exemple ; je l'emploierai d'abord aussi maladroitement que lui. Je serois un Apelles, que je ne me trouverai qu'un barbouilleur. Je commencerai par tracer un homme comme les laquais les tracent contre les murs ; une barre pour chaque bras, une barre pour chaque jambe, et des doigts plus gros que le bras. Bien long-temps après nous nous apercevrons l'un ou l'autre de cette disproportion : nous remarquerons qu'une jambe a de l'épaisseur, que cette épaisseur n'est pas partout la même ; que le bras a sa longueur déterminée par rapport au corps, etc. Dans ce progrès, je marcherai tout au plus à côté de lui, ou je le devancerai de si peu, qu'il lui sera toujours aisé de m'atteindre, et souvent de me surpasser.

Nous aurons des couleurs, des pinceaux; nous tâcherons d'imiter le coloris des objets et toute leur apparence aussi bien que leur figure. Nous enluminerons, nous peindrons, nous barbouillerons; mais, dans tous nos barbouillages, nous ne cesserons d'épier la nature; nous ne ferons jamais rien que sous les yeux du maître.

Nous étions en peine d'ornements pour notre chambre, en voilà de tout trouvés. Je fais encadrer nos dessins; je les fais couvrir de beaux verres, afin qu'on n'y touche plus, et que les voyant rester dans l'état où nous les avons mis, chacun ait intérêt de ne pas négliger les siens. Je les arrange par ordre autour de la chambre, chaque dessin répété vingt, trente fois, et montrant à chaque exemplaire le progrès de l'auteur, depuis le moment où la maison n'est qu'un carré presque informe, jusqu'à celui où sa façade, son profil, ses proportions, ses ombres sont dans la plus exacte vérité. Ces gradations ne peuvent manquer de nous offrir sans cesse des tableaux intéressants pour nous, curieux pour d'autres, et d'exciter toujours plus notre émulation. Aux premiers, aux plus grossiers de ces dessins, je mets des cadres bien brillants, bien dorés, qui les rehaussent; mais quand l'imitation devient plus exacte et que le dessin est véritablement bon, alors je ne lui donne plus qu'un cadre noir très-simple; il n'a plus besoin d'autre ornement que lui-même, et ce seroit dommage que la bordure partageât l'attention que mérite l'objet. Ainsi chacun de nous aspire à l'honneur du cadre uni ; et quand l'un veut dédaigner un dessin de l'autre, il le condamne au cadre doré. Quelque jour, peut-être, ces cadres dorés passeront entre nous en proverbe, et nous admirerons combien d'hommes se rendent justice en se faisant encadrer ainsi.

J'ai dit que la géométrie n'étoit pas à la portée des enfants ; mais c'est notre faute. Nous ne sentons pas que leur méthode n'est point la nôtre, et que ce qui devient pour nous l'art de raisonner ne doit être pour eux que l'art de voir. Au lieu de leur donner notre méthode, nous ferions mieux de prendre la leur ; car notre manière d'apprendre la géométrie est bien autant une affaire d'imagination que de raisonnement. Quand la proposition est énoncée, il faut en imaginer la démonstration, c'est-à-dire trouver de quelle proposition déjà sue celle-là doit être une conséquence, et de toutes les conséquences qu'on peut tirer de cette même proposition, choisir précisément celle dont il s'agit.

De cette manière, le raisonneur le plus exact, s'il n'est inventif, doit rester court. Aussi qu'arrive-t-il de là ? Qu'au lieu de nous faire trouver les démonstrations, on nous les dicte ; qu'au lieu de nous apprendre à raisonner, le maître raisonne pour nous, et n'exerce que notre mémoire.

Faites des figures exactes, combinez-les, posez-les l'une sur l'autre, examinez leurs rapports; vous trouverez toute la géométrie élémentaire en marchant d'observation en observation, sans qu'il soit question ni de définitions, ni de problèmes, ni d'aucune autre forme démonstrative que la simple superposition. Pour moi, je ne prétends point apprendre la géométrie à Émile, c'est lui qui me l'apprendra ; je chercherai les rapports, et il les trouvera ; car je les chercherai de manière à les lui faire trouver. Par exemple, au lieu de me servir d'un compas pour tracer un cercle, je le tracerai avec une pointe au bout d'un fil tournant sur un pivot. Après cela, quand je voudrai comparer les rayons entre eux, Émile se moquera de moi, et il me fera comprendre que le même fil toujours tendu ne peut avoir tracé des distances inégales.

Si je veux mesurer un angle de soixante degrés, je décris du sommet de cet angle, non pas un arc, mais un cercle entier ; car avec les enfants il ne faut jamais rien sous-entendre. Je trouve que la portion du cercle comprise entre les deux côtés de l'angle est la sixième partie du cercle. Après cela je décris du même sommet un autre plus grand cercle, et je trouve que ce second arc est encore la sixième partie de son cercle. Je décris un troisième cercle concentrique sur lequel je fais la même épreuve ; et je la continue sur de nouveaux cercles, jusqu'à ce qu'Émile, choqué de ma stupidité, m'avertisse que chaque arc, grand ou petit, compris par le même angle, sera toujours la sixième partie de son cercle, etc. Nous voilà tout à l'heure à l'usage du rapporteur.

Pour prouver que les angles de suite sont égaux à deux droits, on décrit un cercle, moi, tout au contraire, je fais en sorte qu'Émile remarque cela premièrement dans le cercle, et puis je lui dis : Si l'on ôtoit le cercle, et qu'on laissât les lignes droites, les angles auroient-ils changé de grandeur, etc.

On néglige la justesse des figures, on la suppose, et l'on s'attache à la démonstration. Entre nous, au contraire, il ne sera jamais question de démonstration; notre plus importante affaire sera de tirer des lignes bien droites, bien justes, bien égales; de faire un carré bien parfait, de tracer un cercle bien rond. Pour vérifier la justesse de la figure, nous l'examinerons par toutes ses propriétés sensibles; et cela nous donnera occasion d'en découvrir chaque jour de nouvelles. Nous plierons par le diamètre les deux demi-cercles; par la diagonale, les deux moitiés du carré : nous comparerons nos deux figures pour voir celle dont les bords conviennent le plus exactement, et par conséquent la mieux faite; nous disputerons si cette égalité de partage doit avoir toujours lieu dans les parallélogrammes, dans les trapèzes, etc. On essaiera quelquefois de prévoir le succès de l'expérience ; avant de le faire, on tâchera de trouver des raisons, etc.

La géométrie n'est pour mon élève que l'art de se bien servir de la règle et du compas : il ne doit point la confondre avec le dessin, où il n'emploiera ni l'un ni l'autre de ces instruments. La règle et le compas seront enfermés sous la clef, et l'on ne lui en accordera que rarement l'usage et pour peu de temps, afin qu'il ne s'accoutume pas à barbouiller : mais nous pourrons quelquefois porter nos figures à la promenade, et causer de ce que nous aurons fait ou de ce que nous voudrons faire.

Je n'oublierai jamais d'avoir vu à Turin un jeune homme à qui, dans son enfance, on avoit appris les rapports des contours et des surfaces en lui donnant chaque jour à choisir dans toutes les figures géométriques des gaufres isopérimètres. Le petit gourmand avoit épuisé l'art d'Archimède pour trouver dans laquelle il y avoit le plus à manger [1].

Quand un enfant joue au volant, il s'exerce l'œil et le bras à la justesse ; quand il fouette un sabot, il accroît sa force en s'en servant, mais sans

---

[1] * On appelle figures *isopérimètres* celles dont les contours ou circonférences sont égaux en longueur. Or de toutes ces figures, il est prouvé que le cercle est celle qui contient la plus grande surface. L'enfant a donc dû choisir des gaufres de figure circulaire.

rien apprendre. J'ai demandé quelquefois pourquoi l'on n'offroit pas aux enfants les mêmes jeux d'adresse qu'ont les hommes; la paume, le mail, le billard, l'arc, le ballon, les instruments de musique. On m'a répondu que quelques uns de ces jeux étoient au-dessus de leurs forces, et que leurs membres et leurs organes n'étoient pas assez formés pour les autres. Je trouve ces raisons mauvaises : un enfant n'a pas la taille d'un homme, et ne laisse pas de porter un habit fait comme le sien. Je n'entends pas qu'il joue avec nos masses sur un billard haut de trois pieds; je n'entends pas qu'il aille peloter dans nos tripots, ni qu'on charge sa petite main d'une raquette de paumier; mais qu'il joue dans une salle dont on aura garanti les fenêtres; qu'il ne se serve d'abord que de balles molles; que ses premières raquettes soient de bois, puis de parchemin, et enfin de corde à boyau bandée à proportion de son progrès. Vous préférez le volant, parce qu'il fatigue moins et qu'il est sans danger. Vous avez tort par ces deux raisons. Le volant est un jeu de femmes, mais il n'y en a pas une que ne fît fuir une balle en mouvement. Leurs blanches peaux ne doivent pas s'endurcir aux meurtrissures, et ce ne sont pas des contusions qu'attendent leurs visages. Mais nous, faits pour être vigoureux, croyons-nous le devenir sans peine ? et de quelle défense serons-nous capables, si nous ne sommes jamais attaqués? On joue toujours lâchement les jeux où l'on peut être maladroit sans risque : un volant qui tombe ne fait de mal à personne; mais rien ne dégourdit les bras comme d'avoir à couvrir la tête, rien ne rend le coup d'œil si juste que d'avoir à garantir les yeux. S'élancer d'un bout de la salle à l'autre, juger le bond d'une balle encore en l'air, la renvoyer d'une main forte et sûre; de tels jeux conviennent moins à l'homme qu'ils ne servent à le former.

Les fibres d'un enfant, dit-on, sont trop molles! Elles ont moins de ressort, mais elles en sont plus flexibles; son bras est foible, mais enfin c'est un bras; on en doit faire, proportion gardée, tout ce qu'on fait d'une autre machine semblable. Les enfants n'ont dans les mains nulle adresse; c'est pour cela que je veux qu'on leur en donne : un homme aussi peu exercé qu'eux n'en auroit pas davantage : nous ne pouvons connoître l'usage de nos organes qu'après les avoir employés. Il n'y a qu'une longue expérience qui nous apprenne à tirer parti de nous-mêmes, et cette expérience est la véritable étude à laquelle on ne peut trop tôt nous appliquer.

Tout ce qui se fait est faisable. Or, rien n'est plus commun que de voir des enfants adroits et découplés avoir dans les membres la même agilité que peut avoir un homme. Dans presque toutes les foires on en voit faire des équilibres, marcher sur les mains, sauter, danser sur la corde. Durant

combien d'années des troupes d'enfants n'ont-elles
pas attiré par leurs ballets des spectateurs à la Comédie italienne! Qui est-ce qui n'a pas ouï parler
en Allemagne et en Italie de la troupe pantomime
du célèbre Nicolini? Quelqu'un a-t-il jamais remarqué dans ces enfants des mouvements moins
développés, des attitudes moins gracieuses, une
oreille moins juste, une danse moins légère que
dans les danseurs tout formés? Qu'on ait d'abord
les doigts épais, courts, peu mobiles, les mains
potelées et peu capables de rien empoigner; cela
empêche-t-il que plusieurs enfants ne sachent
écrire ou dessiner à l'âge où d'autres ne savent
pas encore tenir le crayon ni la plume? Tout Paris
se souvient encore de la petite Angloise qui faisoit
à dix ans des prodiges sur le clavecin [1]. J'ai vu
chez un magistrat, son fils, petit bon homme de
huit ans, qu'on mettoit sur la table au dessert
comme une statue au milieu des plateaux, jouer
là d'un violon presque aussi grand que lui, et surprendre par son exécution les artistes mêmes [2].

[1] Un petit garçon de sept ans en a fait depuis ce temps-là de plus étonnants encore.

[2] * Ce magistrat étoit M. de Boisgelou, conseiller au grand conseil, auteur d'une théorie savante sur les rapports des sons. Son fils, dont il est question ici, fut mousquetaire, et est mort en 1806. C'est lui qui, bénévolement et par zèle pour l'art, s'est chargé de mettre en ordre toute la partie musicale de la Bibliothèque royale. Voyez le *Dictionnaire des Musiciens*, de MM. Choron et Fayole, art. *Boisgelou*, père et fils.

Tous ces exemples et cent mille autres prouvent, ce me semble, que l'inaptitude qu'on suppose aux enfants pour nos exercices est imaginaire, et que si on ne les voit point réussir dans quelques uns, c'est qu'on ne les y a jamais exercés.

On me dira que je tombe ici, par rapport au corps, dans le défaut de la culture prématurée que je blâme dans les enfants par rapport à l'esprit. La différence est très-grande; car l'un de ces progrès n'est qu'apparent, mais l'autre est réel. J'ai prouvé que l'esprit qu'ils paroissent avoir, ils ne l'ont pas, au lieu que tout ce qu'ils paroissent faire ils le font. D'ailleurs, on doit toujours songer que tout ceci n'est ou ne doit être que jeu, direction facile et volontaire des mouvements que la nature leur demande; art de varier leurs amusements pour les leur rendre plus agréables, sans que jamais la moindre contrainte les tourne en travail : car enfin, de quoi s'amuseroient-ils dont je ne puisse faire un objet d'instruction pour eux? et quand je ne le pourrois pas, pourvu qu'ils s'amusent sans inconvénient, et que le temps se passe, leur progrès en toute chose n'importe pas quant à présent ; au lieu que, lorsqu'il faut nécessairement leur apprendre ceci ou cela, comme qu'on s'y prenne, il est toujours impossible qu'on en vienne à bout sans contrainte, sans fâcherie, et sans ennui.

Ce que j'ai dit sur les deux sens dont l'usage est le plus continu et le plus important, peut servir d'exemple de la manière d'exercer les autres. La vue et le toucher s'appliquent également sur les corps en repos et sur les corps qui se meuvent; mais comme il n'y a que l'ébranlement de l'air qui puisse émouvoir le sens de l'ouïe, il n'y a qu'un corps en mouvement qui fasse du bruit ou du son; et, si tout étoit en repos, nous n'entendrions jamais rien. La nuit donc, où, ne nous mouvant nous-mêmes qu'autant qu'il nous plaît, nous n'avons à craindre que les corps qui se meuvent, il nous importe d'avoir l'oreille alerte, et de pouvoir juger, par la sensation qui nous frappe, si le corps qui la cause est grand ou petit, éloigné ou proche; si son ébranlement est violent ou foible. L'air ébranlé est sujet à des répercussions qui le réfléchissent, qui, produisant des échos, répètent la sensation, et font entendre le corps bruyant ou sonore en un autre lieu que celui où il est. Si dans une plaine ou dans une vallée on met l'oreille à terre, on entend la voix des hommes et le pas des chevaux de beaucoup plus loin qu'en restant debout.

Comme nous avons comparé la vue au toucher, il est bon de la comparer de même à l'ouïe, et de savoir laquelle des deux impressions, partant à la fois du même corps, arrivera le plus tôt à son organe. Quand on voit le feu d'un canon, l'on peut encore se mettre à l'abri du coup; mais sitôt qu'on entend le bruit, il n'est plus temps, le boulet est là. On peut juger de la distance où se fait le tonnerre par l'intervalle de temps qui se passe de l'éclair au coup. Faites en sorte que l'enfant connoisse toutes ces expériences; qu'il fasse celles qui sont à sa portée, et qu'il trouve les autres par induction : mais j'aime cent fois mieux qu'il les ignore, que s'il faut que vous les lui disiez.

Nous avons un organe qui répond à l'ouïe, savoir celui de la voix; nous n'en avons pas de même qui réponde à la vue, et nous ne rendons pas les couleurs comme les sons. C'est un moyen de plus pour cultiver le premier sens, en exerçant l'organe actif et l'organe passif l'un par l'autre.

L'homme a trois sortes de voix : savoir, la voix parlante ou articulée, la voix chantante ou mélodieuse, et la voix pathétique ou accentuée, qui sert de langage aux passions, et qui anime le chant et la parole. L'enfant a ces trois sortes de voix ainsi que l'homme, sans les savoir allier de même : il a comme nous le rire, les cris, les plaintes, l'exclamation, les gémissements; mais il ne sait pas en mêler les inflexions aux deux autres voix. Une musique parfaite est celle qui réunit le mieux ces trois voix. Les enfants sont incapables de cette musique-là, et leur chant n'a jamais d'ame. De même, dans la voix parlante, leur langage n'a point d'accent; ils crient, mais ils n'accentuent pas; et comme dans leur discours il y a peu d'accent, il y a peu d'énergie dans leur voix. Notre élève aura le parler plus uni, plus simple encore, parce que ses passions, n'étant pas éveillées, ne mêleront point leur langage au sien. N'allez donc pas lui donner à réciter des rôles de tragédie et de comédie, ni vouloir lui apprendre, comme on dit, à déclamer. Il aura trop de sens pour savoir donner un ton à des choses qu'il ne peut entendre, et de l'expression à des sentiments qu'il n'éprouva jamais.

Apprenez-lui à parler uniment, clairement, à bien articuler, à prononcer exactement et sans affectation, à connoître et à suivre l'accent grammatical et la prosodie, à donner toujours assez de voix pour être entendu, mais à n'en donner jamais plus qu'il ne faut; défaut ordinaire aux enfants élevés dans les colléges : en toute chose rien de superflu.

De même, dans le chant, rendez sa voix juste, égale, flexible, sonore; son oreille sensible à la mesure et à l'harmonie, mais rien de plus. La musique imitative et théâtrale n'est pas de son âge ; je ne voudrois pas même qu'il chantât des paroles s'il en vouloit chanter, je tâcherois de lui faire des chansons exprès, intéressantes pour son âge, et aussi simples que ses idées.

On pense bien qu'étant si peu pressé de lui apprendre à lire l'écriture, je ne le serai pas non plus de lui apprendre à lire la musique. Écartons de son cerveau toute attention trop pénible, et ne nous hâtons point de fixer son esprit sur des signes de convention. Ceci, je l'avoue, semble avoir sa difficulté ; car, si la connoissance des notes ne paroît pas d'abord plus nécessaire pour savoir chanter que celle des lettres pour savoir parler, il y a pourtant cette différence, qu'en parlant nous rendons nos propres idées, et qu'en chantant nous ne rendons guère que celles d'autrui. Or, pour les rendre, il faut les lire.

Mais, premièrement, au lieu de les lire on les peut ouïr, et un chant se rend à l'oreille encore plus fidèlement qu'à l'œil. De plus, pour bien savoir la musique il ne suffit pas de la rendre, il la faut composer, et l'un doit s'apprendre avec l'autre, sans quoi l'on ne la sait jamais bien. Exercez votre petit musicien d'abord à faire des phrases bien régulières, bien cadencées ; ensuite à les lier entre elles par une modulation très-simple, enfin à marquer leurs différents rapports par une ponctuation correcte ; ce qui se fait par le bon choix des cadences et des repos. Surtout jamais de chant bizarre, jamais de pathétique ni d'expression. Une mélodie toujours chantante et simple, toujours dérivante des cordes essentielles du ton, et toujours indiquant tellement la basse, qu'il la sente et l'accompagne sans peine ; car, pour se former la voix et l'oreille, il ne doit jamais chanter qu'au clavecin.

Pour mieux marquer les sons, on les articule en les prononçant ; de là l'usage de solfier avec certaines syllabes. Pour distinguer les degrés, il faut donner des noms et à ces degrés et à leurs différents termes fixes ; de là les noms des intervalles, et aussi des lettres de l'alphabet dont on marque les touches du clavier et les notes de la gamme. C et A désignent des sons fixes invariables, toujours rendus par les mêmes touches. *Ut* et *la* sont autre chose. *Ut* est constamment la tonique d'un mode majeur, ou la médiante d'un mode mineur. *La* est constamment la tonique d'un mode mineur, ou la sixième note d'un mode majeur. Ainsi les lettres marquent les termes immuables des rapports de notre système musical, et les syllabes marquent les termes homologues des rapports semblables en divers tons. Les lettres indiquent les touches du clavier, et les syllabes les degrés du mode. Les musiciens françois ont étrangement brouillé ces distinctions ; ils ont confondu le sens des syllabes avec le sens des lettres ; et, doublant inutilement les signes des touches, ils n'en ont point laissé pour exprimer les cordes des tons : en sorte que pour eux *ut* et C sont toujours la même chose ; ce qui n'est pas, et ne doit pas être, car alors de quoi serviroit C ? Aussi leur manière de solfier est-elle d'une difficulté excessive sans être d'aucune utilité, sans porter aucune idée nette à l'esprit, puisque, par cette méthode, ces deux syllabes *ut* et *mi*, par exemple, peuvent également signifier une tierce majeure, mineure, superflue ou diminuée. Par quelle étrange fatalité le pays du monde où l'on écrit les plus beaux livres sur la musique est-il précisément celui où on l'apprend le plus difficilement?

Suivons avec notre élève une pratique plus simple et plus claire; qu'il n'y ait pour lui que deux modes, dont les rapports soient toujours les mêmes et toujours indiqués par les mêmes syllabes. Soit qu'il chante ou qu'il joue d'un instrument, qu'il sache établir son mode sur chacun des douze tons qui peuvent lui servir de base, et que, soit qu'on module en D, en C, en G, etc., la finale soit toujours *ut* ou *la* selon le mode. De cette manière il vous concevra toujours; les rapports essentiels du mode pour chanter et jouer juste seront toujours présents à son esprit, son exécution sera plus nette et son progrès plus rapide. Il n'y a rien de plus bizarre que ce que les François appellent solfier au naturel; c'est éloigner les idées de la chose pour en substituer d'étrangères qui ne font qu'égarer. Rien n'est plus naturel que de solfier par transposition, lorsque le mode est transposé. Mais c'en est trop sur la musique: enseignez-la comme vous voudrez, pourvu qu'elle ne soit jamais qu'un amusement.

Nous voilà bien avertis de l'état des corps étrangers par rapport au nôtre, de leur poids, de leur figure, de leur couleur, de leur solidité, de leur grandeur, de leur distance, de leur température, de leur repos, de leur mouvement. Nous sommes instruits de ceux qu'il nous convient d'approcher ou d'éloigner de nous, de la manière dont il faut nous y prendre pour vaincre leur résistance, ou pour leur en opposer une qui nous préserve d'en être offensés; mais ce n'est pas assez : notre propre corps s'épuise sans cesse, il a besoin d'être sans cesse renouvelé. Quoique nous ayons la faculté d'en changer d'autres en notre propre substance, le choix n'est pas indifférent : tout n'est pas aliment pour l'homme; et des substances qui peuvent l'être, il y en a de plus ou moins convenables, selon la constitution de son espèce, selon le climat qu'il habite, selon son tempérament particulier, et selon la manière de vivre que lui prescrit son état.

Nous mourrions affamés ou empoisonnés, s'il falloit attendre, pour choisir les nourritures qui nous conviennent, que l'expérience nous eût appris à les connoître et à les choisir : mais la suprême bonté, qui a fait du plaisir des êtres sensibles l'instrument de leur conservation, nous avertit, par ce qui plaît à notre palais, de ce qui convient à notre estomac. Il n'y a point naturellement pour l'homme de médecin plus sûr que son propre appétit; et, à le prendre dans son état primitif, je ne doute point qu'alors les aliments qu'il trouvoit les plus agréables ne lui fussent aussi les plus sains.

Il y a plus. L'auteur des choses ne pourvoit pas seulement aux besoins qu'il nous donne, mais encore à ceux que nous nous donnons nous-mêmes: et c'est pour mettre toujours le désir à côté du besoin, qu'il fait que nos goûts changent et s'altèrent avec nos manières de vivre. Plus nous nous éloignons de l'état de nature, plus nous perdons de nos goûts naturels; ou plutôt l'habitude nous fait une seconde nature, que nous substituons tellement à la première, que nul d'entre nous ne connoît plus celle-ci.

Il suit de là que les goûts les plus naturels doivent être aussi les plus simples : car ce sont ceux qui se transforment le plus aisément; au lieu qu'en s'aiguisant, en s'irritant par nos fantaisies, ils prennent une forme qui ne change plus. L'homme qui n'est encore d'aucun pays se fera sans peine aux usages de quelque pays que ce soit; mais l'homme d'un pays ne devient plus celui d'un autre.

Ceci me paroît vrai dans tous les sens, et bien plus encore, appliqué au goût proprement dit. Notre premier aliment est le lait; nous ne nous accoutumons que par degrés aux saveurs fortes; d'abord elles nous répugnent. Des fruits, des légumes, des herbes, et enfin quelques viandes grillées, sans assaisonnement et sans sel, firent les festins des premiers hommes[1]. La première fois qu'un sauvage boit du vin, il fait la grimace et le rejette; et même parmi nous, quiconque a vécu

---

[1] Voyez l'Arcadie de Pausanias; voyez aussi le morceau de Plutarque, transcrit ci-après.

jusqu'à vingt ans sans goûter de liqueurs fermentées ne peut plus s'y accoutumer : nous serions tous abstèmes si l'on ne nous eût donné du vin dans nos jeunes ans. Enfin, plus nos goûts sont simples, plus ils sont universels; les répugnances les plus communes tombent sur des mets composés. Vit-on jamais personne avoir en dégoût l'eau ni le pain? Voilà la trace de la nature, voilà donc aussi notre règle. Conservons à l'enfant son goût primitif le plus qu'il est possible; que sa nourriture soit commune et simple, que son palais ne se familiarise qu'à des saveurs peu relevées, et ne se forme point un goût exclusif.

Je n'examine pas ici si cette manière de vivre est plus saine ou non, ce n'est pas ainsi que je l'envisage. Il me suffit de savoir, pour la préférer, que c'est la plus conforme à la nature, et celle qui peut le plus aisément se plier à toute autre. Ceux qui disent qu'il faut accoutumer les enfants aux aliments dont ils useront étant grands, ne raisonnent pas bien, ce me semble. Pourquoi leur nourriture doit-elle être la même, tandis que leur manière de vivre est si différente? Un homme épuisé de travail, de soucis, de peines, a besoin d'aliments succulents qui lui portent de nouveaux esprits au cerveau; un enfant qui vient de s'ébattre, et dont le corps croît, a besoin d'une nourriture abondante qui lui fasse beaucoup de chyle. D'ailleurs l'homme fait a déjà son état, son emploi, son domicile ; mais qui est-ce qui peut être sûr de ce que la fortune réserve à l'enfant? En toute chose ne lui donnons point une forme si déterminée, qu'il lui en coûte trop d'en changer au besoin. Ne faisons pas qu'il meure de faim dans d'autres pays s'il ne traîne partout à sa suite un cuisinier françois, ni qu'il dise un jour qu'on ne sait manger qu'en France. Voilà, par parenthèse, un plaisant éloge ! Pour moi, je dirois au contraire qu'il n'y a que les François qui ne savent pas manger, puisqu'il faut un art si particulier pour leur rendre les mets mangeables.

De nos sensations diverses, le goût donne celles qui généralement nous affectent le plus. Aussi sommes-nous plus intéressés à bien juger des substances qui doivent faire partie de la nôtre, que de celles qui ne font que l'environner. Mille choses sont indifférentes au toucher, à l'ouïe, à la vue; mais il n'y a presque rien d'indifférent au goût. De plus, l'activité de ce sens est toute physique et matérielle : il est le seul qui ne dit rien à l'imagination, du moins celui dans les sensations duquel elle entre le moins; au lieu que l'imitation et l'imagination mêlent souvent du moral à l'impression de tous les autres. Aussi, généralement, les cœurs tendres et voluptueux, les caractères passionnés et vraiment sensibles, faciles à émouvoir par les autres sens, sont-ils assez tièdes sur celui-ci. De cela même qui semble mettre le goût au-dessous d'eux, et rendre plus méprisable le penchant qui nous y livre, je conclurois au contraire que le moyen le plus convenable pour gouverner les enfants est de les mener par leur bouche. Le mobile de la gourmandise est surtout préférable à celui de la vanité, en ce que la première est un appétit de la nature, tenant immédiatement au sens, et que la seconde est un ouvrage de l'opinion, sujet au caprice des hommes et à toutes sortes d'abus. La gourmandise est la passion de l'enfance; cette passion ne tient devant aucune autre; à la moindre concurrence elle disparoît. Eh! croyez-moi, l'enfant ne cessera que trop tôt de songer à ce qu'il mange; et quand son cœur sera trop occupé, son palais ne l'occupera guère. Quand il sera grand, mille sentiments impétueux donneront le change à la gourmandise, et ne feront qu'irriter la vanité; car cette dernière passion seule fait son profit des autres, et à la fin les engloutit toutes. J'ai quelquefois examiné ces gens qui donnoient de l'importance aux bons morceaux, qui songeaient, en s'éveillant, à ce qu'ils mangeroient dans la journée, et décrivoient un repas avec plus d'exactitude que n'en met Polybe à décrire un combat. J'ai trouvé que tous ces prétendus hommes n'étoient que des enfants de quarante ans, sans vigueur et sans consistance, *Fruges consumere nati*[1]. La gourmandise est le vice des cœurs qui n'ont point d'étoffe.

---

[1] *Hor.*, lib. I, ep. II.

L'ame d'un gourmand est toute dans son palais, il n'est fait que pour manger ; dans sa stupide incapacité il n'est qu'à table à sa place, il ne sait juger que des plats : laissons-lui sans regret cet emploi ; mieux lui vaut celui-là qu'un autre, autant pour nous que pour lui.

Craindre que la gourmandise ne s'enracine dans un enfant capable de quelque chose, est une précaution de petit esprit. Dans l'enfance on ne songe qu'à ce qu'on mange ; dans l'adolescence on n'y songe plus, tout nous est bon, et l'on a bien d'autres affaires. Je ne voudrois pourtant pas qu'on allât faire un usage indiscret d'un ressort si bas, ni étayer d'un bon morceau l'honneur de faire une belle action. Mais je ne vois pas pourquoi, toute l'enfance n'étant ou ne devant être que jeux et folâtres amusements, des exercices purement corporels n'auroient pas un prix matériel et sensible. Qu'un petit Majorquin, voyant un panier sur le haut d'un arbre, l'abatte à coups de fronde, n'est-il pas bien juste qu'il en profite, et qu'un bon déjeûner répare la force qu'il use à le gagner [1] ? Qu'un jeune Spartiate, à travers les risques de cent coups de fouet, se glisse habilement dans une cuisine ; qu'il y vole un renardeau tout vivant, qu'en l'emportant dans sa robe il en soit égratigné, mordu, mis en sang, et que, pour

---

[1] Il y a bien des siècles que les Majorquins ont perdu cet usage : il est du temps de la célébrité de leurs frondeurs.

n'avoir pas la honte d'être surpris, l'enfant se laisse déchirer les entrailles sans sourciller, sans pousser un seul cri, n'est-il pas juste qu'il profite enfin de sa proie, et qu'il la mange après en avoir été mangé? Jamais un bon repas ne doit être une récompense; mais pourquoi ne seroit-il pas quelquefois l'effet des soins qu'on a pris pour se le procurer? Émile ne regarde point le gâteau que j'ai mis sur la pierre comme le prix d'avoir bien couru; il sait seulement que le seul moyen d'avoir ce gâteau est d'y arriver plus tôt qu'un autre.

Ceci ne contredit point les maximes que j'avançois tout à l'heure sur la simplicité des mets; car, pour flatter l'appétit des enfants, il ne s'agit pas d'exciter leur sensualité, mais seulement de la satisfaire; et cela s'obtiendra par les choses du monde les plus communes, si l'on ne travaille pas à leur raffiner le goût. Leur appétit continuel, qu'excite le besoin de croître, est un assaisonnement sûr qui leur tient lieu de beaucoup d'autres. Des fruits, du laitage, quelque pièce de four un peu plus délicate que le pain ordinaire, surtout l'art de dispenser sobrement tout cela; voilà de quoi mener des armées d'enfants au bout du monde sans leur donner du goût pour les saveurs vives, ni risquer de leur blaser le palais.

Une des preuves que le goût de la viande n'est pas naturel à l'homme, est l'indifférence que les enfants ont pour ce mets-là, et la préférence qu'ils donnent tous à des nourritures végétales, tels que le laitage, la pâtisserie, les fruits, etc. Il importe surtout de ne pas dénaturer ce goût primitif, et de ne point rendre les enfants carnassiers : si ce n'est pour leur santé, c'est pour leur caractère; car, de quelque manière qu'on explique l'expérience, il est certain que les grands mangeurs de viande sont en général cruels et féroces plus que les autres hommes : cette observation est de tous les lieux et de tous les temps. La barbarie angloise est connue [1]; les Gaures, au contraire, sont les plus doux des hommes [2]. Tous les sauvages sont cruels; et leurs mœurs ne les portent point à l'être : cette cruauté vient de leurs aliments. Ils vont à la guerre comme à la chasse, et traitent les hommes comme des ours. En Angleterre même les bouchers ne sont pas reçus en témoignage [3], non plus que les chirurgiens. Les grands scélérats s'endurcissent au meurtre en buvant du sang. Homère fait

[1] Je sais que les Anglois vantent beaucoup leur humanité et le bon naturel de leur nation, qu'ils appellent *good natured people;* mais ils ont beau crier cela tant qu'ils peuvent, personne ne le répète après eux.

[2] Les Banians, qui s'abstiennent de toute chair plus sévèrement que les Gaures, sont presque aussi doux qu'eux; mais comme leur morale est moins pure et leur culte moins raisonnable, ils ne sont pas si honnêtes gens.

[3] Un des traducteurs anglois de ce livre a relevé ici ma méprise, et tous deux l'ont corrigée. Les bouchers et les chirurgiens sont reçus en témoignage; mais les premiers ne sont point admis comme jurés ou pairs au jugement des crimes, et les chirurgiens le sont.

des Cyclopes, mangeurs de chair, des hommes affreux, et des Lotophages un peuple si aimable, qu'aussitôt qu'on avoit essayé de leur commerce, on oublioit jusqu'à son pays pour vivre avec eux.

« Tu me demandes, disoit Plutarque[1], pour« quoi Pythagore s'abstenoit de manger de la chair
« des bêtes; mais moi je te demande au contraire
« quel courage d'homme eut le premier qui appro« cha de sa bouche une chair meurtrie, qui brisa
« de sa dent les os d'une bête expirante, qui fit
« servir devant lui des corps morts, des cadavres,
« et engloutit dans son estomac des membres qui,
« le moment d'auparavant, bêloient, mugissoient,
« marchoient et voyoient. Comment sa main put« elle enfoncer un fer dans le cœur d'un être sen« sible ? comment ses yeux purent-ils supporter un
« meurtre ? comment put-il voir saigner, écorcher,
« démembrer un pauvre animal sans défense ?
« comment put-il supporter l'aspect des chairs
« pantelantes ? comment leur odeur ne lui fit-elle
« pas soulever le cœur ? comment ne fut-il pas
« dégoûté, repoussé, saisi d'horreur, quand il vint
« à manier l'ordure de ces blessures, à nettoyer le
« sang noir et figé qui les couvroit ?

« Les peaux rampoient sur la terre écorchées ;
« Les chairs au feu mugissoient embrochées ;
« L'homme ne put les manger sans frémir,
« Et dans son sein les entendit gémir.

[1] * Tout ce morceau est une traduction libre du commencement du traité, *S'il est loisible de manger chair*.

« Voilà ce qu'il dut imaginer et sentir la pre-
« mière fois qu'il surmonta la nature pour faire
« cet horrible repas, la première fois qu'il eut faim
« d'une bête en vie, qu'il voulut se nourrir d'un
« animal qui paissoit encore, et qu'il dit comment
« il falloit égorger, dépecer, cuire la brebis qui lui
« léchoit les mains. C'est de ceux qui commen-
« cèrent ces cruels festins, et non de ceux qui les
« quittent, qu'on a lieu de s'étonner : encore ces
« premiers-là pourroient-ils justifier leur barbarie
« par des excuses qui manquent à la nôtre, et dont
« le défaut nous rend cent fois plus barbares qu'eux.

« Mortels bien-aimés des dieux, nous diroient
« ces premiers hommes, comparez les temps, voyez
« combien vous êtes heureux et combien nous
« étions misérables! La terre nouvellement formée
« et l'air chargé de vapeurs étoient encore indo-
« ciles à l'ordre des saisons, le cours incertain des
« fleuves dégradoit leurs rives de toutes parts; des
« étangs, des lacs, de profonds marécages, inon-
« doient les trois quarts de la surface du monde;
« l'autre quart étoit couvert de bois et de forêts
« stériles. La terre ne produisoit nuls bons fruits;
« nous n'avions nuls instruments de labourage;
« nous ignorions l'art de nous en servir, et le temps
« de la moisson ne venoit jamais pour qui n'avoit
« rien semé. Ainsi la faim ne nous quittoit point.
« L'hiver, la mousse et l'écorce des arbres étoient
« nos mets ordinaires. Quelques racines vertes de

« chiendent et de bruyère étoient pour nous un
« régal ; et quand les hommes avoient pu trouver
« des faînes, des noix ou du gland, ils en dansoient
« de joie autour d'un chêne ou d'un hêtre au son
« de quelque chanson rustique, appelant la terre
« leur nourrice et leur mère : c'étoit là leur seule
« fête, c'étoient leurs uniques jeux ; tout le reste de
« la vie humaine n'étoit que douleur, peine et mi-
« sère.

« Enfin, quand la terre dépouillée et nue ne
« nous offroit plus rien, forcés d'outrager la nature
« pour nous conserver, nous mangeâmes les com-
« pagnons de notre misère plutôt que de périr avec
« eux. Mais vous, hommes cruels, qui vous force
« à verser du sang ? Voyez quelle affluence de biens
« vous environne ! combien de fruits vous produit
« la terre, que de richesses vous donnent les champs
« et les vignes ! que d'animaux vous offrent leur
« lait pour vous nourrir et leur toison pour vous
« habiller ! Que leur demandez-vous de plus ? et
« quelle rage vous porte à commettre tant de
« meurtres, rassasiés de biens et regorgeant de
« vivres ? Pourquoi mentez-vous contre notre mère
« en l'accusant de ne pouvoir vous nourrir ? Pour-
« quoi péchez-vous contre Cérès, inventrice des
« saintes lois, et contre le gracieux Bacchus, con-
« solateur des hommes ? comme si leurs dons pro-
« digués ne suffisoient pas à la conservation du
« genre humain ! Comment avez-vous le cœur de

« mêler avec leurs doux fruits des ossements sur
« vos tables, et de manger avec le lait le sang des
« bêtes qui vous le donnent? Les panthères et les
« lions, que vous appelez bêtes féroces, suivent
« leur instinct par force, et tuent les autres ani-
« maux pour vivre. Mais vous, cent fois plus féroces
« qu'elles, vous combattez l'instinct sans nécessité
« pour vous livrer à vos cruelles délices. Les ani-
« maux que vous mangez ne sont pas ceux qui
« mangent les autres : vous ne les mangez pas ces
« animaux carnassiers, vous les imitez : vous n'avez
« faim que des bêtes innocentes et douces qui ne
« font de mal à personne, qui s'attachent à vous,
« qui vous servent, et que vous dévorez pour prix
« de leurs services.

« O meurtrier contre nature! si tu t'obstines à
« soutenir qu'elle t'a fait pour dévorer tes sembla-
« bles, des êtres de chair et d'os, sensibles et vi-
« vants comme toi, étouffe donc l'horreur qu'elle
« t'inspire pour ces affreux repas; tue les animaux
« toi-même, je dis de tes propres mains, sans ferre-
« ments, sans coutelas; déchire-les avec tes ongles,
« comme font les lions et les ours; mords ce bœuf
« et le mets en pièces; enfonce tes griffes dans sa
« peau; mange cet agneau tout vif, dévore ses
« chairs toutes chaudes, bois son ame avec son
« sang. Tu frémis! tu n'oses sentir palpiter sous ta
« dent une chair vivante! Homme pitoyable! tu
« commences par tuer l'animal, et puis tu le man-

« ges, comme pour le faire mourir deux fois. Ce
« n'est pas assez : la chair morte te répugne encore,
« tes entrailles ne peuvent la supporter; il la faut
« transformer par le feu, la bouillir, la rôtir, l'as-
« saisonner de drogues qui la déguisent : il te faut
« des chaircuitiers[1], des cuisiniers, des rôtisseurs,
« des gens pour t'ôter l'horreur du meurtre, et
« t'habiller des corps morts, afin que le sens du
« goût, trompé par ces déguisements, ne rejette
« point ce qui lui est étrange, et savoure avec plai-
« sir des cadavres dont l'œil même eût peine à souf-
« frir l'aspect. »

Quoique ce morceau soit étranger à mon sujet, je n'ai pu résister à la tentation de le transcrire, et je crois que peu de lecteurs m'en sauront mauvais gré.

Au reste, quelque sorte de régime que vous donniez aux enfants, pourvu que vous ne les accoutumiez qu'à des mets communs et simples, laissez-les manger, courir et jouer tant qu'il leur plaît, puis soyez sûrs qu'ils ne mangeront jamais trop et n'auront point d'indigestions : mais si vous les affamez la moitié du temps, et qu'ils trouvent le moyen d'échapper à votre vigilance, ils se dédommageront de toute leur force; ils mangeront jusqu'à regorger, jusqu'à crever. Notre appétit n'est démesuré que parce que nous voulons lui donner d'autres règles que celles de la nature;

---

[1] * On écrit aujourd'hui *charcutier*.

toujours réglant, prescrivant, ajoutant, retranchant, nous ne faisons rien que la balance à la main; mais cette balance est à la mesure de nos fantaisies, et non pas à celle de notre estomac. J'en reviens toujours à mes exemples. Chez les paysans, la huche et le fruitier sont toujours ouverts, et les enfants, non plus que les hommes, n'y savent ce que c'est qu'indigestions.

S'il arrivoit pourtant qu'un enfant mangeât trop, ce que je ne crois pas possible par ma méthode, avec des amusements de son goût il est si aisé de le distraire, qu'on parviendroit à l'épuiser d'inanition sans qu'il y songeât. Comment des moyens si sûrs et si faciles échappent-ils à tous les instituteurs? Hérodote raconte[1] que les Lydiens, pressés d'une extrême disette, s'avisèrent d'inventer les jeux et d'autres divertissements avec lesquels ils donnoient le change à leur faim, et passoient des jours entiers sans songer à manger[2]. Vos savants instituteurs ont peut-être lu cent fois ce passage sans voir l'application qu'on en peut faire aux enfants. Quelqu'un d'eux me dira peut-être qu'un

[1] Liv. I, chap. xciv.

[2] Les anciens historiens sont remplis de vues dont on pourroit faire usage, quand même les faits qui les présentent seroient faux. Mais nous ne savons tirer aucun vrai parti de l'histoire; la critique d'érudition absorbe tout : comme s'il importoit beaucoup qu'un fait fût vrai, pourvu qu'on en pût tirer une instruction utile. Les hommes sensés doivent regarder l'histoire comme un tissu de fables dont la morale est très-appropriée au cœur humain.

enfant ne quitte pas volontiers son dîner pour aller étudier sa leçon. Maître, vous avez raison : je ne pensois pas à cet amusement-là

Le sens de l'odorat est au goût ce que celui de la vue est au toucher : il le prévient, il l'avertit de la manière dont telle ou telle substance doit l'affecter, et dispose à la rechercher ou à la fuir, selon l'impression qu'on en reçoit d'avance. J'ai ouï dire que les sauvages avoient l'odorat tout autrement affecté que le nôtre, et jugeoient tout différemment des bonnes et des mauvaises odeurs. Pour moi, je le croirois bien. Les odeurs par elles-mêmes sont des sensations foibles; elles ébranlent plus l'imagination que le sens, et n'affectent pas tant par ce qu'elles donnent que par ce qu'elles font attendre. Cela supposé, les goûts des uns, devenus, par leurs manières de vivre, si différents des goûts des autres, doivent leur faire porter des jugements bien opposés des saveurs, et par conséquent des odeurs qui les annoncent. Un Tartare doit flairer avec autant de plaisir un quartier puant de cheval mort, qu'un de nos chasseurs une perdrix à moitié pourrie.

Nos sensations oiseuses, comme d'être embaumés des fleurs d'un parterre, doivent être insensibles à des hommes qui marchent trop pour aimer à se promener, et qui ne travaillent pas assez pour se faire une volupté du repos. Des gens toujours affamés ne sauroient prendre un grand plaisir à des parfums qui n'annoncent rien à manger.

L'odorat est le sens de l'imagination; donnant aux nerfs un ton plus fort, il doit beaucoup agiter le cerveau; c'est pour cela qu'il ranime un moment le tempérament et l'épuise à la longue. Il a dans l'amour des effets assez connus : le doux parfum d'un cabinet de toilette n'est pas un piége aussi foible qu'on pense; et je ne sais s'il faut féliciter ou plaindre l'homme sage et peu sensible que l'odeur des fleurs que sa maîtresse a sur le sein ne fit jamais palpiter.

L'odorat ne doit donc pas être fort actif dans le premier âge, où l'imagination que peu de passions ont encore animée n'est guère susceptible d'émotion, et où l'on n'a pas encore assez d'expérience pour prévoir avec un sens ce que nous en promet un autre. Aussi cette conséquence est-elle parfaitement confirmée par l'observation; et il est certain que ce sens est encore obtus et presque hébété chez la plupart des enfants. Non que la sensation ne soit en eux aussi fine et peut-être plus que dans les hommes, mais parce que, n'y joignant aucune autre idée, ils ne s'en affectent pas aisément d'un sentiment de plaisir ou de peine, et qu'ils n'en sont ni flattés ni blessés comme nous. Je crois que, sans sortir du même système, et sans recourir à l'anatomie comparée des deux sexes, on trouveroit aisément la raison pourquoi les femmes en général s'affectent plus vivement des odeurs que les hommes.

On dit que les sauvages du Canada se rendent dès leur jeunesse l'odorat si subtil, que, quoiqu'ils aient des chiens, ils ne daignent pas s'en servir à la chasse, et se servent de chiens à eux-mêmes. Je conçois, en effet, que si l'on élevoit les enfants à éventer leur dîner, comme le chien évente le gibier, on parviendroit peut-être à leur perfectionner l'odorat au même point; mais je ne vois pas au fond qu'on puisse en eux tirer de ce sens un usage fort utile, si ce n'est pour leur faire connoître ses rapports avec celui du goût. La nature a pris soin de nous forcer à nous mettre au fait de ces rapports. Elle a rendu l'action de ce dernier sens presque inséparable de celle de l'autre, en rendant leurs organes voisins, et plaçant dans la bouche une communication immédiate entre les deux, en sorte que nous ne goûtons rien sans le flairer. Je voudrois seulement qu'on n'altérât pas ces rapports naturels pour tromper un enfant, en couvrant, par exemple, d'un aromate agréable le déboire d'une médecine; car la discorde des deux sens est trop grande alors pour pouvoir l'abuser, le sens le plus actif absorbant l'effet de l'autre; il n'en prend pas la médecine avec moins de dégoût: ce dégoût s'étend à toutes les sensations qui le frappent en même temps; à la présence de la plus foible son imagination lui rappelle aussi l'autre; un parfum très-suave n'est plus pour lui qu'une odeur dégoûtante : et c'est ainsi que nos indiscrètes précautions augmentent la somme des sensations déplaisantes aux dépens des agréables.

Il me reste à parler dans les livres suivants de la culture d'une espèce de sixième sens, appelé sens commun, moins parce qu'il est commun à tous les hommes, que parce qu'il résulte de l'usage bien réglé des autres sens, et qu'il nous instruit de la nature des choses par le concours de toutes leurs apparences. Ce sixième sens n'a point par conséquent d'organe particulier : il ne réside que dans le cerveau, et ses sensations, purement internes, s'appellent perceptions ou idées. C'est par le nombre de ces idées que se mesure l'étendue de nos connoissances; c'est leur netteté, leur clarté, qui fait la justesse de l'esprit; c'est l'art de les comparer entre elles qu'on appelle raison humaine. Ainsi ce que j'appelois raison sensitive ou puérile consiste à former des idées simples par le concours de plusieurs sensations; et ce que j'appelle raison intellectuelle ou humaine consiste à former des idées complexes par le concours de plusieurs idées simples.

Supposant donc que ma méthode soit celle de la nature, et que je ne me sois pas trompé dans l'application, nous avons amené notre élève, à travers les pays des sensations, jusqu'aux confins de la raison puérile : le premier pas que nous allons faire au-delà doit être un pas d'homme. Mais, avant d'entrer dans cette nouvelle carrière, jetons un moment les yeux sur celle que nous venons de parcourir. Chaque âge, chaque état de la vie a sa perfection convenable, sa sorte de maturité qui lui est propre. Nous avons souvent ouï parler d'un homme fait; mais considérons un enfant fait : ce spectacle sera plus nouveau pour nous, et ne sera peut-être pas moins agréable.

L'existence des êtres finis est si pauvre et si bornée, que, quand nous ne voyons que ce qui est, nous ne sommes jamais émus. Ce sont les chimères qui ornent les objets réels ; et si l'imagination n'ajoute un charme à ce qui nous frappe, le stérile plaisir qu'on y prend se borne à l'organe, et laisse toujours le cœur froid. La terre, parée des trésors de l'automne, étale une richesse que l'œil admire : mais cette admiration n'est point touchante ; elle vient plus de la réflexion que du sentiment. Au printemps, la campagne presque nue n'est encore couverte de rien, les bois n'offrent point d'ombre, la verdure ne fait que de poindre, et le cœur est touché à son aspect. En voyant renaître ainsi la nature, on se sent ranimer soi-même, l'image du plaisir nous environne : ces compagnes de la volupté, ces douces larmes, toujours prêtes à se joindre à tout sentiment délicieux, sont déjà sur le bord de nos paupières : mais l'aspect des vendanges a beau être animé, vivant, agréable, on le voit toujours d'un œil sec.

Pourquoi cette différence? C'est qu'au spectacle du printemps l'imagination joint celui des saisons qui le doivent suivre; à ces tendres bourgeons que l'œil aperçoit, elle ajoute les fleurs, les fruits, les ombrages, quelquefois les mystères qu'ils peuvent couvrir. Elle réunit en un point des temps qui doivent se succéder, et voit moins les objets comme ils seront que comme elle les désire, parce qu'il dépend d'elle de les choisir. En automne, au contraire, on n'a plus à voir que ce qui est. Si l'on veut arriver au printemps, l'hiver nous arrête, et l'imagination glacée expire sur la neige et sur les frimas.

Telle est la source du charme qu'on trouve à contempler une belle enfance préférablement à la perfection de l'âge mûr. Quand est-ce que nous goûtons un vrai plaisir à voir un homme? C'est quand la mémoire de ses actions nous fait rétrograder sur sa vie, et le rajeunit, pour ainsi dire, à nos yeux. Si nous sommes réduits à le considérer tel qu'il est, ou à le supposer tel qu'il sera dans sa vieillesse, l'idée de la nature déclinante efface tout notre plaisir. Il n'y en a point à voir avancer un homme à grands pas vers sa tombe, et l'image de la mort enlaidit tout.

Mais quand je me figure un enfant de dix à douze ans, sain, vigoureux, bien formé pour son âge, il ne me fait pas naître une idée qui ne soit agréable, soit pour le présent, soit pour l'avenir: je le vois bouillant, vif, animé, sans souci rongeant, sans longue et pénible prévoyance, tout entier à son être actuel, et jouissant d'une plénitude de vie qui semble vouloir s'étendre hors de lui. Je le prévois dans un autre âge, exerçant le sens, l'esprit, les forces qui se développent en lui de jour en jour, et dont il donne à chaque instant de nouveaux indices : je le contemple enfant, et il me plaît; je l'imagine homme, et il me plaît davantage; son sang ardent semble réchauffer le mien; je crois vivre de sa vie, et sa vivacité me rajeunit.

L'heure sonne, quel changement! A l'instant son œil se ternit, sa gaieté s'efface ; adieu la joie, adieu les folâtres jeux. Un homme sévère et fâché le prend par la main, lui dit gravement, *allons, monsieur*, et l'emmène. Dans la chambre où ils entrent j'entrevois des livres. Des livres! quel triste ameublement pour son âge! Le pauvre enfant se laisse entraîner, tourne un œil de regret sur tout ce qui l'environne, se tait, et part, les yeux gonflés de pleurs qu'il n'ose répandre, et le cœur gros de soupirs qu'il n'ose exhaler.

O toi qui n'as rien de pareil à craindre, toi pour qui nul temps de la vie n'est un temps de gêne et d'ennui, toi qui vois venir le jour sans inquiétude, la nuit sans impatience, et ne comptes les heures que par tes plaisirs, viens, mon heureux, mon aimable élève, nous consoler par ta présence du départ de cet infortuné; viens... Il arrive, et je sens à son approche un mouvement de joie que je lui vois partager. C'est son ami, son camarade, c'est le compagnon de ses jeux qu'il aborde; il est bien sûr, en me voyant, qu'il ne restera pas long-temps sans amusement : nous ne dépendons jamais l'un de l'autre, mais nous nous accordons toujours, et nous ne sommes avec personne aussi bien qu'ensemble.

Sa figure, son port, sa contenance, annoncent l'assurance et le contentement; la santé brille sur son visage; ses pas affermis lui donnent un air de vigueur; son teint, délicat encore sans être fade, n'a rien d'une mollesse efféminée; l'air et le soleil y ont déjà mis l'empreinte honorable de son sexe; ses muscles, encore arrondis, commencent à marquer quelques traits d'une physionomie naissante ; ses yeux, que le feu du sentiment n'anime point encore, ont au moins toute leur sérénité native[1]; de longs chagrins ne les ont point obscurcis, des pleurs sans fin n'ont point sillonné ses joues. Voyez dans ses mouvements prompts, mais sûrs, la vivacité de son âge, la fermeté de l'indépendance, l'expérience des exercices multipliés. Il a l'air ouvert et libre, mais non pas insolent ni vain : son visage, qu'on n'a pas collé sur des livres, ne tombe

---

[1] *Natia.* J'emploie ce mot dans une acception italienne, faute de lui trouver un synonyme en françois. Si j'ai tort, peu importe, pourvu qu'on m'entende[*].

[*] Il l'emploie encore dans le même sens ci-après, au livre IV. *Une honte native, un caractère timide,* etc.

point sur son estomac : on n'a pas besoin de lui dire : *Levez la tête*; la honte ni la crainte ne la lui firent jamais baisser.

Faisons-lui place au milieu de l'assemblée : messieurs, examinez-le, interrogez-le en toute confiance; ne craignez ni ses importunités, ni son babil, ni ses questions indiscrètes. N'ayez pas peur qu'il s'empare de vous, qu'il prétende vous occuper de lui seul, et que vous ne puissiez plus vous en défaire.

N'attendez pas non plus de lui des propos agréables, ni qu'il vous dise ce que je lui aurai dicté; n'en attendez que la vérité naïve et simple, sans ornement, sans apprêt, sans vanité. Il vous dira le mal qu'il a fait ou celui qu'il pense, tout aussi librement que le bien, sans s'embarrasser en aucune sorte de l'effet que fera sur vous ce qu'il aura dit : il usera de la parole dans toute la simplicité de sa première institution.

L'on aime à bien augurer des enfants, et l'on a toujours regret à ce flux d'inepties qui vient presque toujours renverser les espérances qu'on voudroit tirer de quelque heureuse rencontre qui par hasard leur tombe sur la langue. Si le mien donne rarement de telles espérances, il ne donnera jamais ce regret, car il ne dit jamais un mot inutile, et ne s'épuise pas sur un babil qu'il sait qu'on n'écoute point. Ses idées sont bornées, mais nettes; s'il ne sait rien par cœur, il sait beaucoup par expérience; s'il lit moins bien qu'un autre enfant dans nos livres, il lit mieux dans celui de la nature; son esprit n'est pas dans sa langue, mais dans sa tête; il a moins de mémoire que de jugement; il ne sait parler qu'un langage, mais il entend ce qu'il dit; et s'il ne dit pas si bien que les autres disent, en revanche il fait mieux qu'ils ne font.

Il ne sait ce que c'est que routine, usage, habitude; ce qu'il fit hier n'influe point sur ce qu'il fait aujourd'hui [1] : il ne suit jamais de formule, ne cède point à l'autorité ni à l'exemple, et n'agit ni ne parle que comme il lui convient. Ainsi n'attendez pas de lui des discours dictés ni des manières étudiées, mais toujours l'expression fidèle de ses idées et la conduite qui naît de ses penchants.

Vous lui trouvez un petit nombre de notions morales qui se rapportent à son état actuel, aucune sur l'état relatif des hommes : et de quoi lui serviroient-elles, puisqu'un enfant n'est pas encore un membre actif de la société ? Parlez-lui de liberté, de propriété, de convention même : il

---

[1] L'attrait de l'habitude vient de la paresse naturelle à l'homme, et cette paresse augmente en s'y livrant : on fait plus aisément ce qu'on a déjà fait; la route étant frayée en devient plus facile à suivre. Aussi peut-on remarquer que l'empire de l'habitude est très-grand sur les vieillards et sur les gens indolents, très-petit sur la jeunesse et sur les gens vifs. Ce régime n'est bon qu'aux ames foibles, et les affoiblit davantage de jour en jour. La seule habitude utile aux enfants est de s'asservir sans peine à la nécessité des choses, et la seule habitude utile aux hommes est de s'asservir sans peine à la raison. Toute autre habitude est un vice.

peut en savoir jusque là ; il sait pourquoi ce qui est à lui, est à lui, et pourquoi ce qui n'est pas à lui n'est pas à lui : passé cela il ne sait plus rien. Parlez-lui de devoir, d'obéissance, il ne sait ce que vous voulez dire ; commandez-lui quelque chose, il ne vous entendra pas : mais dites-lui : Si vous me faisiez tel plaisir, je vous le rendrois dans l'occasion; à l'instant il s'empressera de vous complaire, car il ne demande pas mieux que d'étendre son domaine, et d'acquérir sur vous des droits qu'il sait être inviolables. Peut-être même n'est-il pas fâché de tenir une place, de faire nombre, d'être compté pour quelque chose : mais s'il a ce dernier motif, le voilà déjà sorti de la nature, et vous n'avez pas bien bouché d'avance toutes les portes de la vanité.

De son côté, s'il a besoin de quelque assistance, il la demandera indifféremment au premier qu'il rencontre ; il la demanderoit au roi comme à son laquais : tous les hommes sont encore égaux à ses yeux. Vous voyez, à l'air dont il prie, qu'il sent qu'on ne lui doit rien ; il sait que ce qu'il demande est une grâce. Il sait aussi que l'humanité porte à en accorder. Ses expressions sont simples et laconiques. Sa voix, son regard, son geste, sont d'un être également accoutumé à la complaisance et au refus. Ce n'est ni la rampante et servile soumission d'un esclave, ni l'impérieux accent d'un maître ; c'est une modeste confiance en son semblable, c'est la noble et touchante douceur d'un être libre, mais sensible et foible, qui implore l'assistance d'un être libre, mais fort et bienfaisant. Si vous lui accordez ce qu'il vous demande, il ne vous remerciera pas, mais il sentira qu'il a contracté une dette. Si vous le lui refusez, il ne se plaindra point, il n'insistera point, il sait que cela seroit inutile : il ne se dira point : On m'a refusé ; mais il se dira : Cela ne pouvoit pas être ; et, comme je l'ai déjà dit, on ne se mutine guère contre la nécessité bien reconnue.

Laissez-le seul en liberté, voyez-le agir sans lui rien dire ; considérez ce qu'il fera et comment il s'y prendra. N'ayant pas besoin de se prouver qu'il est libre, il ne fait jamais rien par étourderie, et seulement pour faire un acte de pouvoir sur lui-même : ne sait-il pas qu'il est toujours maître de lui ? Il est alerte, léger, dispos ; ses mouvements ont toute la vivacité de son âge, mais vous n'en voyez pas un qui n'ait une fin. Quoi qu'il veuille faire, il n'entreprendra jamais rien qui soit au-dessus de ses forces, car il les a bien éprouvées et les connoît ; ses moyens seront toujours appropriés à ses desseins, et rarement il agira sans être assuré du succès. Il aura l'œil attentif et judicieux : il n'ira pas niaisement interrogeant les autres sur tout ce qu'il voit ; mais il l'examinera lui-même et se fatiguera pour trouver ce qu'il veut apprendre avant de le demander. S'il tombe dans des embarras imprévus, il se troublera moins qu'un autre ; s'il y a du risque, il s'effraiera moins aussi. Comme son imagination reste encore inactive, et qu'on n'a rien fait pour l'animer, il ne voit que ce qui est, n'estime les dangers que ce qu'ils valent, et garde toujours son sang-froid. La nécessité s'appesantit trop souvent sur lui pour qu'il regimbe encore contre elle ; il en porte le joug dès sa naissance, l'y voilà bien accoutumé ; il est toujours prêt à tout.

Qu'il s'occupe ou qu'il s'amuse, l'un et l'autre est égal pour lui ; ses jeux sont ses occupations, il n'y sent point de différence. Il met à tout ce qu'il fait un intérêt qui fait rire et une liberté qui plaît, en montrant à la fois le tour de son esprit et la sphère de ses connoissances. N'est-ce pas le spectacle de cet âge, un spectacle charmant et doux, de voir un joli enfant, l'œil vif et gai, l'air content et serein, la physionomie ouverte et riante, faire, en se jouant, les choses les plus sérieuses, ou profondément occupé des plus frivoles amusements ?

Voulez-vous à présent le juger par comparaison ? Mêlez-le avec d'autres enfants, et laissez-le faire. Vous verrez bientôt lequel est le plus vraiment formé, lequel approche le mieux de la perfection de leur âge. Parmi les enfants de la ville nul n'est plus adroit que lui, mais il est plus fort qu'aucun autre. Parmi les jeunes paysans il les égale en force et les passe en adresse. Dans tout ce qui est à portée de l'enfance, il juge, il raisonne, il prévoit mieux qu'eux tous. Est-il question d'agir, de courir, de sauter, d'ébranler des corps, d'enlever des masses, d'estimer des distances, d'inventer des jeux, d'emporter des prix? on diroit que la nature est à ses ordres, tant il sait aisément plier toute chose à ses volontés. Il est fait pour guider, pour gouverner ses égaux : le talent, l'expérience, lui tiennent lieu de droit et d'autorité. Donnez-lui l'habit et le nom qu'il vous plaira, peu importe, il primera partout, il deviendra partout le chef des autres : ils sentiront toujours sa supériorité sur eux : sans vouloir commander il sera le maître; sans croire obéir ils obéiront.

Il est parvenu à la maturité de l'enfance, il a vécu de la vie d'un enfant, il n'a point acheté sa perfection aux dépens de son bonheur; au contraire, ils ont concouru l'un à l'autre. En acquérant toute la raison de son âge, il a été heureux et libre autant que sa constitution lui permettoit de l'être. Si la fatale faux vient moissonner en lui la fleur de nos espérances, nous n'aurons point à pleurer à la fois sa vie et sa mort, nous n'aigrirons point nos douleurs du souvenir de celles que nous lui aurons causées; nous nous dirons : Au moins il a joui de son enfance; nous ne lui avons rien fait perdre de ce que la nature lui avoit donné.

Le grand inconvénient de cette première éducation est qu'elle n'est sensible qu'aux hommes clairvoyants, et que, dans un enfant élevé avec tant de soin, des yeux vulgaires ne voient qu'un polisson. Un précepteur songe à son intérêt plus qu'à celui de son disciple; il s'attache à prouver qu'il ne perd pas son temps, et qu'il gagne bien l'argent qu'on lui donne; il le pourvoit d'un acquis de facile étalage et qu'on puisse montrer quand on veut; il n'importe que ce qu'il lui apprend soit utile, pourvu qu'il se voie aisément. Il accumule, sans choix, sans discernement, cent fatras dans sa mémoire. Quand il s'agit d'examiner l'enfant, on lui fait déployer sa marchandise, il l'étale, on est content, puis il replie son ballot et s'en va. Mon élève n'est pas si riche, il n'a point de ballot à déployer, il n'a rien à montrer que lui-même. Or un enfant, non plus qu'un homme, ne se voit pas en un moment. Où sont les observateurs qui sachent saisir au premier coup d'œil les traits qui le caractérisent? Il en est, mais il en est peu; et sur cent mille pères, il ne s'en trouvera pas un de ce nombre.

Les questions trop multipliées ennuient et rebutent tout le monde, à plus forte raison les enfants. Au bout de quelques minutes leur attention se lasse, ils n'écoutent plus ce qu'un obstiné questionneur leur demande, et ne répondent plus qu'au hasard. Cette manière de les examiner est vaine et pédantesque; souvent un mot pris à la volée peint mieux leur sens et leur esprit que ne feroient de longs discours : mais il faut prendre garde que ce mot ne soit ni dicté ni fortuit. Il faut avoir beaucoup de jugement soi-même pour apprécier celui d'un enfant.

J'ai ouï raconter à feu milord Hyde qu'un de ses amis, revenu d'Italie après trois ans d'absence, voulut examiner les progrès de son fils âgé de neuf à dix ans. Ils vont un soir se promener avec son gouverneur et lui dans une plaine où des écoliers s'amusoient à guider des cerfs-volants. Le père en passant dit à son fils : *Où est le cerf-volant dont voilà l'ombre ?* Sans hésiter, sans lever la tête, l'enfant dit : *Sur le grand chemin.* En effet, ajoutoit milord Hyde, le grand chemin étoit entre le soleil et nous. Le père à ce mot embrasse son fils, et, finissant là son examen, s'en va sans rien dire. Le lendemain il envoya au gouverneur l'acte d'une pension viagère outre ses appointements.

Quel homme que ce père-là! et quel fils lui étoit promis [1]! La question est précisément de l'âge : la réponse est bien simple ; mais voyez quelle netteté de judiciaire enfantine elle suppose! C'est ainsi que l'élève d'Aristote apprivoisoit ce coursier célèbre qu'aucun écuyer n'avoit pu dompter.

[1] * Une lettre de Rousseau à madame Latour de Franqueville, du 26 septembre 1762, nous apprend que ce jeune homme étoit le comte de Gisors, fils unique du maréchal de Belle-Isle, et qui dès-lors donnoit en effet les plus grandes espérances. Il en sera encore parlé ci-après au livre V.

FIN DU LIVRE SECOND.

LIVRE TROISIÈME.

Quoique jusqu'à l'adolescence tout le cours de la vie soit un temps de foiblesse, il est un point, dans la durée de ce premier âge, où, le progrès des forces ayant passé celui des besoins, l'animal croissant, encore absolument foible, devient fort par relation. Ses besoins n'étant pas tous développés, ses forces actuelles sont plus que suffisantes pour pourvoir à ceux qu'il a. Comme homme il seroit très-foible, comme enfant il est très-fort..

D'où vient la foiblesse de l'homme ? De l'inégalité qui se trouve entre sa force et ses désirs. Ce sont nos passions qui nous rendent foibles, parce qu'il faudroit pour les contenter plus de forces que ne nous en donna la nature. Diminuez donc les désirs, c'est comme si vous augmentiez les forces : celui qui peut plus qu'il ne désire en a de reste ; il est certainement un être très-fort. Voilà le troisième état de l'enfance, et celui dont j'ai maintenant à parler. Je continue à l'appeler enfance, faute de terme propre à l'exprimer ; car cet âge approche de l'adolescence, sans être encore celui de la puberté.

A douze ou treize ans les forces de l'enfant se

développent bien plus rapidement que ses besoins. Le plus violent, le plus terrible, ne s'est pas encore fait sentir à lui; l'organe même en reste dans l'imperfection, et semble, pour en sortir, attendre que sa volonté l'y force. Peu sensible aux injures de l'air et des saisons, il les brave sans peine; sa chaleur naissante lui tient lieu d'habit; son appétit lui tient lieu d'assaisonnement; tout ce qui peut nourrir est bon à son âge; s'il a sommeil, il s'étend sur la terre et dort; il se voit partout entouré de tout ce qui lui est nécessaire ; aucun besoin imaginaire ne le tourmente; l'opinion ne peut rien sur lui; ses désirs ne vont pas plus loin que ses bras : non seulement il peut se suffire à lui-même, il a de la force au-delà de ce qu'il lui en faut; c'est le seul temps de sa vie où il sera dans ce cas.

Je pressens l'objection. L'on ne dira pas que l'enfant a plus de besoins que je ne lui en donne, mais on niera qu'il ait la force que je lui attribue : on ne songera pas que je parle de mon élève, non de ces poupées ambulantes qui voyagent d'une chambre à l'autre, qui labourent dans une caisse et portent des fardeaux de carton. L'on me dira que la force virile ne se manifeste qu'avec la virilité; que les esprits vitaux, élaborés dans les vaisseaux convenables, et répandus dans tout le corps, peuvent seuls donner aux muscles la consistance, l'activité, le ton, le ressort, d'où résulte une véritable force. Voilà la philosophie du cabinet; mais moi, j'en appelle à l'expérience. Je vois dans vos campagnes de grands garçons labourer, biner, tenir la charrue, charger un tonneau de vin, mener la voiture tout comme leur père : on les prendroit pour des hommes, si le son de leur voix ne les trahissoit pas. Dans nos villes même, de jeunes ouvriers, forgerons, taillandiers, maréchaux, sont presque aussi robustes que les maîtres, et ne seroient guère moins adroits si on les eût exercés à temps. S'il y a de la différence, et je conviens qu'il y en a, elle est beaucoup moindre, je le répète, que celle des désirs fougueux d'un homme aux désirs bornés d'un enfant. D'ailleurs il n'est pas ici question seulement de forces physiques, mais surtout de la force et capacité de l'esprit qui les supplée ou qui les dirige.

Cet intervalle où l'individu peut plus qu'il ne désire, bien qu'il ne soit pas le temps de sa plus grande force absolue, est, comme je l'ai dit, celui de sa plus grande force relative. Il est le temps le plus précieux de sa vie, temps qui ne vient qu'une seule fois; temps très-court, et d'autant plus court, comme on verra dans la suite, qu'il lui importe plus de le bien employer.

Que fera-t-il donc de cet excédant de facultés et de forces qu'il a de trop à présent, et qui lui manquera dans un autre âge? Il tâchera de l'employer à des soins qui lui puissent profiter au besoin; il jettera, pour ainsi dire, dans l'avenir le superflu de son être actuel : l'enfant robuste fera des provisions pour l'homme foible; mais il n'établira ses magasins ni dans des coffres qu'on peut lui voler, ni dans des granges qui lui sont étrangères; pour s'approprier véritablement son acquis, c'est dans ses bras, dans sa tête, c'est dans lui qu'il le logera. Voici donc le temps des travaux, des instructions, des études : et remarquez que ce n'est pas moi qui fais arbitrairement ce choix, c'est la nature elle-même qui l'indique.

L'intelligence humaine a ses bornes; et non seulement un homme ne peut pas tout savoir, il ne peut pas même savoir en entier le peu que savent les autres hommes. Puisque la contradictoire de chaque proposition fausse est une vérité, le nombre des vérités est inépuisable comme celui des erreurs. Il y a donc un choix dans les choses qu'on doit enseigner ainsi que dans le temps propre à les apprendre. Des connoissances qui sont à notre portée, les unes sont fausses, les autres sont inutiles, les autres servent à nourrir l'orgueil de celui qui les a. Le petit nombre de celles qui contribuent réellement à notre bien-être est seul digne des recherches d'un homme sage, et par conséquent d'un enfant qu'on veut rendre tel. Il ne s'agit point de savoir ce qui est, mais seulement ce qui est utile.

De ce petit nombre il faut ôter encore ici les

vérités qui demandent, pour être comprises, un entendement déjà tout formé ; celles qui supposent la connoissance des rapports de l'homme, qu'un enfant ne peut acquérir; celles qui, bien que vraies en elles-mêmes, disposent une ame inexpérimentée à penser faux sur d'autres sujets.

Nous voilà réduits à un bien petit cercle relativement à l'existence des choses; mais que ce cercle forme encore une sphère immense pour la mesure de l'esprit d'un enfant! Ténèbres de l'entendement humain, quelle main téméraire osa toucher à votre voile? Que d'abîmes je vois creuser par nos vaines sciences autour de ce jeune infortuné! O toi qui vas le conduire dans ces périlleux sentiers, et tirer devant ses yeux le rideau sacré de la nature, tremble. Assure-toi bien premièrement de sa tête et de la tienne, crains qu'elle ne tourne à l'un ou à l'autre, et peut-être à tous les deux. Crains l'attrait spécieux du mensonge et les vapeurs enivrantes de l'orgueil. Souviens-toi, souviens-toi sans cesse que l'ignorance n'a jamais fait de mal, que l'erreur seule est funeste, et qu'on ne s'égare point par ce qu'on ne sait pas, mais par ce qu'on croit savoir.

Ses progrès dans la géométrie vous pourroient servir d'épreuve et de mesure certaine pour le développement de son intelligence : mais sitôt qu'il peut discerner ce qui est utile et ce qui ne l'est pas, il importe d'user de beaucoup de ménagement et d'art pour l'amener aux études spéculatives. Voulez-vous, par exemple, qu'il cherche une moyenne proportionnelle entre deux lignes; commencez par faire en sorte qu'il ait besoin de trouver un carré égal à un rectangle donné : s'il s'agissoit de deux moyennes proportionnelles, il faudroit d'abord lui rendre le problème de la duplication du cube intéressant, etc. Voyez comment nous approchons par degrés des notions morales qui distinguent le bien et le mal. Jusqu'ici nous n'avons connu de loi que celle de la nécessité : maintenant nous avons égard à ce qui est utile; nous arriverons bientôt à ce qui est convenable et bon.

Le même instinct anime les diverses facultés de l'homme. A l'activité du corps qui cherche à se développer, succède l'activité de l'esprit qui cherche à s'instruire. D'abord les enfants ne sont que remuants, ensuite ils sont curieux; et cette curiosité bien dirigée est le mobile de l'âge où nous voilà parvenus. Distinguons toujours les penchants qui viennent de la nature de ceux qui viennent de l'opinion. Il est une ardeur de savoir qui n'est fondée que sur le désir d'être estimé savant; il en est une autre qui naît d'une curiosité naturelle à l'homme pour tout ce qui peut l'intéresser de près ou de loin. Le désir inné du bien-être et l'impossibilité de contenter pleinement ce désir lui font rechercher sans cesse de nouveaux moyens d'y contribuer. Tel est le premier principe de la curiosité ; principe naturel au cœur humain, mais dont le développement ne se fait qu'en proportion de nos passions et de nos lumières. Supposez un philosophe relégué dans une île déserte avec des instruments et des livres, sûr d'y passer seul le reste de ses jours ; il ne s'embarrassera plus guère du système du monde, des lois de l'attraction, du calcul différentiel : il n'ouvrira peut-être de sa vie un seul livre, mais jamais il ne s'abstiendra de visiter son île jusqu'au dernier recoin, quelque grande qu'elle puisse être. Rejetons donc encore de nos premières études les connoissances dont le goût n'est point naturel à l'homme, et bornons-nous à celles que l'instinct nous porte à chercher.

L'île du genre humain, c'est la terre ; l'objet le plus frappant pour nos yeux, c'est le soleil. Sitôt que nous commençons à nous éloigner de nous, nos premières observations doivent tomber sur l'une et sur l'autre. Aussi la philosophie de presque tous les peuples sauvages roule-t-elle uniquement sur d'imaginaires divisions de la terre et sur la divinité du soleil.

Quel écart ! dira-t-on peut-être. Tout à l'heure nous n'étions occupés que de ce qui nous touche, de ce qui nous entoure immédiatement ; tout à coup nous voilà parcourant le globe et sautant aux extrémités de l'univers ! Cet écart est l'effet du progrès de nos forces et de la pente de notre esprit. Dans l'état de foiblesse et d'insuffisance, le soin de nous conserver nous concentre au dedans de nous ; dans l'état de puissance et de force ; le désir d'étendre notre être nous porte au-delà, et nous fait élancer aussi loin qu'il nous est possible : mais comme le monde intellectuel nous est encore inconnu, notre pensée ne va pas plus loin que nos yeux, et notre entendement ne s'étend qu'avec l'espace qu'il mesure.

Transformons nos sensations en idées, mais ne sautons pas tout d'un coup des objets sensibles aux objets intellectuels. C'est par les premiers que nous devons arriver aux autres. Dans les premières opérations de l'esprit, que les sens soient toujours ses guides. Point d'autre livre que le monde, point d'autre instruction que les faits. L'enfant qui lit ne pense pas, il ne fait que lire ; il ne s'instruit pas, il apprend des mots.

Rendez votre élève attentif aux phénomènes de la nature, bientôt vous le rendrez curieux ; mais, pour nourrir sa curiosité, ne vous pressez jamais de la satisfaire. Mettez les questions à sa portée, et laissez-les-lui résoudre. Qu'il ne sache rien parce que vous le lui avez dit, mais parce qu'il l'a compris lui-même ; qu'il n'apprenne pas la science, qu'il l'invente. Si jamais vous substituez dans son esprit l'autorité à la raison, il ne raisonnera plus ; il ne sera plus que le jouet de l'opinion des autres.

Vous voulez apprendre la géographie à cet enfant, et vous lui allez chercher des globes, des sphères, des cartes : que de machines ! Pourquoi toutes ces représentations ? Que ne commencez-vous par lui montrer l'objet même, afin qu'il sache au moins de quoi vous lui parlez !

Une belle soirée, on va se promener dans un lieu favorable, où l'horizon bien découvert laisse voir à plein le soleil couchant, et l'on observe les objets qui rendent reconnoissable le lieu de son coucher. Le lendemain, pour respirer le frais, on retourne au même lieu avant que le soleil se lève. On le voit s'annoncer de loin par les traits de feu qu'il lance au devant de lui. L'incendie augmente, l'orient paroît tout en flammes : à leur éclat on attend l'astre long-temps avant qu'il se montre : à chaque instant on croit le voir paroître ; on le voit enfin. Un point brillant part comme un éclair, et remplit aussitôt tout l'espace ; le voile des ténèbres s'efface et tombe. L'homme reconnoît son séjour, et le trouve embelli. La verdure a pris durant la nuit une vigueur nouvelle ; le jour naissant qui l'éclaire, les premiers rayons qui la dorent, la montrent couverte d'un brillant réseau de rosée, qui réfléchit à l'œil la lumière et les couleurs. Les oiseaux en chœur se réunissent et saluent de concert le père de la vie ; en ce moment pas un seul ne se tait ; leur gazouillement, foible encore, est plus lent et plus doux que dans le reste de la journée, il se sent de la langueur d'un paisible réveil. Le concours de tous ces objets porte aux sens une impression de fraîcheur qui semble pénétrer jusqu'à l'ame. Il y a là une demi-heure d'enchantement, auquel nul homme ne résiste : un spectacle si grand, si beau, si délicieux, n'en laisse aucun de sang-froid.

Plein de l'enthousiasme qu'il éprouve, le maître veut le communiquer à l'enfant : il croit l'émouvoir en le rendant attentif aux sensations dont il est ému lui-même. Pure bêtise ! C'est dans le cœur de l'homme qu'est la vie du spectacle de la nature ; pour le voir il faut le sentir. L'enfant aperçoit les objets ; mais il ne peut apercevoir les rapports qui les lient, il ne peut entendre la douce harmonie de leur concert. Il faut une expérience qu'il n'a point acquise, il faut des sentiments qu'il n'a point éprouvés, pour sentir l'impression composée qui résulte à la fois de toutes ces sensations. S'il n'a long-temps parcouru des plaines arides, si des sables ardents n'ont brûlé ses pieds, si la réverbération suffocante des rochers frappés du soleil ne l'oppressa jamais, comment goûtera-t-il l'air frais d'une belle matinée ? comment le parfum des fleurs, le charme de la verdure, l'humide vapeur de la rosée, le marcher mol et doux sur la pelouse enchanteront-ils ses sens ? Comment le chant des oiseaux lui causera-t-il une émotion voluptueuse, si les accents de l'amour et du plaisir lui sont encore inconnus ? Avec quels transports verra-t-il naître une si belle journée, si son imagination ne sait pas lui peindre ceux dont on peut la remplir? Enfin comment s'attendrira-t-il sur la beauté du spectacle de la nature, s'il ignore quelle main prit soin de l'orner?

Ne tenez point à l'enfant des discours qu'il ne peut entendre. Point de description, point d'éloquence, point de figures, point de poésie. Il n'est pas maintenant question de sentiment ni de goût. Continuez d'être clair, simple, et froid; le temps ne viendra que trop tôt de prendre un autre langage.

Élevé dans l'esprit de nos maximes, accoutumé à tirer tous ses instrumens de lui-même, et à ne recourir jamais à autrui qu'après avoir reconnu son insuffisance, à chaque nouvel objet qu'il voit il l'examine long-temps sans rien dire. Il est pensif et non questionneur. Contentez-vous donc de lui présenter à propos les objets; puis, quand vous verrez sa curiosité suffisamment occupée, faites-lui quelque question laconique qui le mette sur la voie de la résoudre.

Dans cette occasion, après avoir bien contemplé avec lui le soleil levant, après lui avoir fait remarquer du même côté les montagnes et les autres objets voisins, après l'avoir laissé causer là-dessus tout à son aise, gardez quelques moments le silence comme un homme qui rêve, et puis vous lui direz: Je songe qu'hier au soir le soleil s'est couché là, et qu'il s'est levé là ce matin. Comment cela peut-il se faire? N'ajoutez rien de plus: s'il vous fait des questions, n'y répondez point; parlez d'autre chose. Laissez-le à lui-même, et soyez sûr qu'il y pensera.

Pour qu'un enfant s'accoutume à être attentif, et qu'il soit bien frappé de quelque vérité sensible, il faut qu'elle lui donne quelques jours d'inquiétude avant de la découvrir. S'il ne conçoit pas assez celle-ci de cette manière, il y a moyen de la lui rendre plus sensible encore, et ce moyen c'est de retourner la question. S'il ne sait pas comment le soleil parvient de son coucher à son lever, il sait au moins comment il parvient de son lever à son coucher, ses yeux seuls le lui apprennent. Éclaircissez donc la première question par l'autre : ou votre élève est absolument stupide, ou l'analogie est trop claire pour lui pouvoir échapper. Voilà sa première leçon de cosmographie.

Comme nous procédons toujours lentement d'idée sensible en idée sensible, que nous nous familiarisons long-temps avec la même avant de passer à une autre, et qu'enfin nous ne forçons jamais notre élève d'être attentif, il y a loin de cette première leçon à la connoissance du cours du soleil et de la figure de la terre : mais, comme tous les mouvements apparents des corps célestes tiennent au même principe, et que la première observation mène à toutes les autres, il faut moins d'effort, quoiqu'il faille plus de temps, pour arriver d'une révolution diurne au calcul des éclipses, que pour bien comprendre le jour et la nuit.

Puisque le soleil tourne autour du monde, il décrit un cercle, et tout cercle doit avoir un centre; nous savons déjà cela. Ce centre ne sauroit se voir, car il est au cœur de la terre, mais on peut sur la surface marquer deux points opposés qui lui correspondent. Une broche passant par les trois points et prolongée jusqu'au ciel de part et d'autre sera l'axe du monde et du mouvement journalier du soleil. Un toton rond tournant sur sa pointe représente le ciel tournant sur son axe, les deux pointes du toton sont les deux poles : l'enfant sera fort aise d'en connoître un ; je le lui montre à la queue de la petite ourse. Voilà de l'amusement pour la nuit; peu à peu l'on se familiarise avec les étoiles, et de là naît le premier goût de connoître les planètes et d'observer les constellations.

Nous avons vu le lever du soleil à la Saint-Jean; nous l'allons voir aussi lever à Noël ou quelque autre beau jour d'hiver ; car on sait que nous ne sommes pas paresseux, et que nous nous faisons un jeu de braver le froid. J'ai soin de faire cette seconde observation dans le même lieu où nous avons fait la première ; et, moyennant quelque adresse pour préparer la remarque l'un ou l'autre ne manquera pas de s'écrier : Oh, oh! voilà qui est plaisant ! le soleil ne se lève plus à la même place ! ici sont nos anciens renseignements, et à présent il s'est levé là, etc.... Il y a donc un orient d'été, et un orient d'hiver, etc.... Jeune maître, vous voilà sur la voie. Ces exemples vous doivent suffire pour enseigner très-clairement la sphère, en prenant le monde pour le monde, et le soleil pour le soleil.

En général, ne substituez jamais le signe à la chose que quand il vous est impossible de la montrer; car le signe absorbe l'attention de l'enfant, et lui fait oublier la chose représentée.

La sphère armillaire me paroît une machine mal composée et exécutée dans de mauvaises proportions. Cette confusion de cercles et les bizarres figures qu'on y marque lui donnent un air de grimoire qui effarouche l'esprit des enfants. La terre est trop petite, les cercles sont trop grands, trop nombreux, quelques uns, comme les colures, sont parfaitement inutiles; chaque cercle est plus large que la terre; l'épaisseur du carton leur donne un air de solidité qui les fait prendre pour des masses circulaires réellement existantes; et quand vous dites à l'enfant que ces cercles sont imaginaires, il ne sait ce qu'il voit, il n'entend plus rien.

Nous ne savons jamais nous mettre à la place des enfants; nous n'entrons pas dans leurs idées, nous leur prêtons les nôtres; et, suivant toujours nos propres raisonnements, avec des chaînes de vérités nous n'entassons qu'extravagances et qu'erreurs dans leur tête.

On dispute sur le choix de l'analyse ou de la synthèse pour étudier les sciences. Il n'est pas toujours besoin de choisir. Quelquefois on peut résoudre et composer dans les mêmes recherches, et guider l'enfant par la méthode enseignante lorsqu'il croit ne faire qu'analyser. Alors, en employant en même temps l'une et l'autre, elles se serviroient mutuellement de preuves. Partant à la fois des deux points opposés, sans penser faire la même route, il seroit tout surpris de se rencontrer, et cette surprise ne pourroit qu'être fort agréable. Je voudrois, par exemple, prendre la géographie par ces deux termes, et joindre à l'étude des révolutions du globe la mesure de ses parties, à commencer du lieu qu'on habite. Tandis que l'enfant étudie la sphère et se transporte ainsi dans les cieux, ramenez-le à la division de la terre, et montrez-lui d'abord son propre séjour.

Ses deux premiers points de géographie seront la ville où il demeure et la maison de campagne de son père : ensuite les lieux intermédiaires, ensuite les rivières du voisinage, enfin l'aspect du soleil et la manière de s'orienter. C'est ici le point de réunion. Qu'il fasse lui-même la carte de tout cela ; carte très-simple et d'abord formée de deux seuls objets, auxquels il ajoute peu à peu les autres, à mesure qu'il sait ou qu'il estime leur distance et leur position. Vous voyez déjà quel avantage nous lui avons procuré d'avance en lui mettant un compas dans les yeux.

Malgré cela, sans doute, il faudra le guider un peu, mais très-peu, sans qu'il y paroisse. S'il se trompe, laisse-le faire, ne corrigez point ses erreurs, attendez en silence qu'il soit en état de les voir et de les corriger lui-même, ou tout au plus, dans une occasion favorable, amenez quelque opération qui les lui fasse sentir. S'il ne se trompoit jamais, il n'apprendroit pas si bien. Au reste, il ne s'agit pas qu'il sache exactement la topographie du pays, mais le moyen de s'en instruire; peu importe qu'il ait des cartes dans la tête, pourvu qu'il conçoive bien ce qu'elles représentent, et qu'il ait une idée nette de l'art qui sert à les dresser. Voyez déjà la différence qu'il y a du savoir de vos élèves à l'ignorance du mien! ils savent les cartes, et lui les fait. Voici de nouveaux ornements pour sa chambre.

Souvenez-vous toujours que l'esprit de mon institution n'est pas d'enseigner à l'enfant beaucoup de choses, mais de ne laisser jamais entrer dans son cerveau que des idées justes et claires. Quand il ne sauroit rien, peu m'importe, pourvu qu'il ne se trompe pas, et je ne mets des vérités dans sa tête que pour le garantir des erreurs qu'il apprendroit à leur place. La raison, le jugement viennent lentement, les préjugés accourent en foule; c'est d'eux qu'il le faut préserver. Mais si vous regardez la science en elle-même, vous entrez dans une mer sans fond, sans rive, toute pleine d'écueils; vous ne vous en tirerez jamais. Quand je vois un homme épris de l'amour des connoissances se laisser séduire à leurs charmes et courir de l'une à l'autre sans savoir s'arrêter, je crois voir un enfant sur le rivage amassant des coquilles, et commençant par s'en charger, puis, tenté par celles qu'il voit encore, en rejeter, en reprendre, jusqu'à ce qu'accablé de leur multitude et ne sachant plus que choisir, il finisse par tout jeter, et retourne à vide.

Durant le premier âge, le temps étoit long: nous ne cherchions qu'à le perdre, de peur de le mal employer. Ici c'est tout le contraire, et nous n'en avons pas assez pour faire tout ce qui seroit utile. Songez que les passions approchent, et que sitôt qu'elles frapperont à la porte, votre élève n'aura plus d'attention que pour elles. L'âge paisible d'intelligence est si court, il passe si rapidement, il a tant d'autres usages nécessaires, que c'est une folie de vouloir qu'il suffise à rendre un enfant savant. Il ne s'agit point de lui enseigner les sciences, mais de lui donner du goût pour les aimer et des méthodes pour les apprendre, quand ce goût sera mieux développé. C'est là très-certainement un principe fondamental de toute bonne éducation.

Voici le temps aussi de l'accoutumer peu à peu à donner une attention suivie au même objet: mais ce n'est jamais la contrainte, c'est toujours le plaisir ou le désir qui doit produire cette attention ; il faut avoir grand soin qu'elle ne l'accable point et n'aille pas jusqu'à l'ennui. Tenez donc toujours l'œil au guet ; et, quoi qu'il arrive, quittez tout avant qu'il s'ennuie ; car il n'importe jamais autant qu'il apprenne, qu'il importe qu'il ne fasse rien malgré lui.

S'il vous questionne lui-même, répondez autant qu'il faut pour nourrir sa curiosité, non pour la rassasier : surtout, quand vous voyez qu'au lieu de questionner pour s'instruire, il se met à battre la campagne et à vous accabler de sottes questions, arrêtez-vous à l'instant, sûr qu'alors il ne se soucie plus de la chose, mais seulement de vous asservir à ses interrogations. Il faut avoir moins d'égards aux mots qu'il prononce qu'au motif qui le fait parler. Cet avertissement, jusqu'ici moins nécessaire, devient de la dernière importance aussitôt que l'enfant commence à raisonner.

Il y a une chaîne de vérités générales par laquelle toutes les sciences tiennent à des principes communs et se développent successivement : cette chaîne est la méthode des philosophes. Ce n'est point de celle-là qu'il s'agit ici. Il y en a une toute différente, par laquelle chaque objet particulier en attire un autre et montre toujours celui qui le suit. Cet ordre, qui nourrit, par une curiosité continuelle, l'attention qu'ils exigent tous, est celui que suivent la plupart des hommes, et surtout celui qu'il faut aux enfants. En nous orientant pour lever nos cartes, il a fallu tracer des méridiennes. Deux points d'intersection entre les ombres égales du matin et du soir donnent une méridienne excellente pour un astronome de treize ans. Mais ces méridiennes s'effacent, il faut du temps pour les tracer; elles assujettissent à travailler toujours dans le même lieu : tant de soins, tant de gêne, l'ennuieroient à la fin. Nous l'avons prévu : nous y pourvoyons d'avance.

Me voici de nouveau dans mes longs et minutieux détails. Lecteurs, j'entends vos murmures, et je les brave : je ne veux point sacrifier à votre impatience la partie la plus utile de ce livre. Prenez votre parti sur mes longueurs; car pour moi j'ai pris le mien sur vos plaintes.

Depuis long-temps nous nous étions aperçus, mon élève et moi, que l'ambre, le verre, la cire, divers corps frottés attiroient les pailles, et que d'autres ne les attiroient pas. Par hasard nous en trouvons un qui a une vertu plus singulière encore; c'est d'attirer, à quelque distance et sans être frotté, la limaille et d'autres brins de fer. Combien de temps cette qualité nous amuse sans que nous puissions y rien voir de plus ! Enfin nous trouvons qu'elle se communique au fer même aimanté dans un certain sens. Un jour nous allons à la foire[1]; un

---

[1] Je n'ai pu m'empêcher de rire en lisant une fine critique de M. de Formey sur ce petit conte : « Ce joueur de gobelets, dit-il, « qui se pique d'émulation contre un enfant et sermonne grave- « ment son instituteur, est un individu du monde des Émiles. » Le

joueur de gobelets attire avec un morceau de pain un canard de cire flottant sur un bassin d'eau. Fort surpris, nous ne disons pourtant pas, C'est un sorcier, car nous ne savons ce que c'est qu'un sorcier. Sans cesse frappés d'effets dont nous ignorons les causes, nous ne nous pressons de juger de rien, et nous restons en repos dans notre ignorance jusqu'à ce que nous trouvions l'occasion d'en sortir.

De retour au logis, à force de parler du canard de la foire, nous allons nous mettre en tête de l'imiter : nous prenons une bonne aiguille bien aimantée, nous l'entourons de cire blanche, que nous façonnons de notre mieux en forme de canard, de sorte que l'aiguille traverse le corps et que la tête fasse le bec. Nous posons sur l'eau le canard, nous approchons du bec un anneau de clef, et nous voyons avec une joie facile à comprendre que notre canard suit la clef pécisément comme celui de la foire suivoit le morceau de pain. Observer dans quelle direction le canard s'arrête sur l'eau quand on l'y laisse en repos, c'est ce que nous pourrons faire une autre fois. Quant à présent, tout occupés de notre objet, nous n'en voulons pas davantage.

spirituel M. de Formey n'a pu supposer que cette petite scène étoit arrangée, et que le bateleur étoit instruit du rôle qu'il avoit à faire ; car c'est en effet ce que je n'ai point dit. Mais combien de fois, en revanche, ai-je déclaré que je n'écrivois point pour les gens à qui il falloit tout dire !

Dès le même soir nous retournons à la foire avec du pain préparé dans nos poches; et, sitôt que le joueur de gobelets a fait son tour, mon petit docteur, qui se contenoit à peine, lui dit que ce tour n'est pas difficile, et que lui-même en fera bien autant. Il est pris au mot : à l'instant il tire de sa poche le pain où est caché le morceau de fer; en approchant de la table, le cœur lui bat; il présente le pain presque en tremblant; le canard vient et l'enfant le suit : l'enfant s'écrie et tressaillit d'aise. Aux battements de mains, aux acclamations de l'assemblée, la tête lui tourne, il est hors de lui. Le bateleur interdit vient pourtant l'embrasser, le féliciter, et le prier de l'honorer encore le lendemain de sa présence, ajoutant qu'il aura soin d'assembler plus de monde encore pour applaudir à son habileté. Mon petit naturaliste enorgueilli veut babiller; mais sur-le-champ je lui ferme la bouche, et l'emmène comblé d'éloges.

L'enfant, jusqu'au lendemain, compte les minutes avec une visible inquiétude. Il invite tout ce qu'il rencontre; il voudroit que tout le genre humain fût témoin de sa gloire; il attend l'heure avec peine, il la devance : on vole au rendez-vous; la salle est déjà pleine. En entrant, son jeune cœur s'épanouit. D'autres jeux doivent précéder; le joueur de gobelets se surpasse et fait des choses surprenantes. L'enfant ne voit rien de tout cela; il s'agite, il sue, il respire à peine; il passe son temps à manier dans sa poche son morceau de pain d'une main tremblante d'impatience. Enfin son tour vient ; le maître l'annonce au public avec pompe. Il s'approche un peu honteux, il tire son pain.... Nouvelle vicissitude des choses humaines ! le canard, si privé la veille, est devenu sauvage aujourd'hui ; au lieu de présenter le bec, il tourne la queue et s'enfuit ; il évite le pain et la main qui le présente avec autant de soin qu'il les suivoit auparavant. Après mille essais inutiles et toujours hués, l'enfant se plaint, dit qu'on le trompe, que c'est un autre canard qu'on a substitué au premier, et défie le joueur de gobelets d'attirer celui-ci.

Le joueur de gobelets, sans répondre, prend un morceau de pain, le présente au canard ; à l'instant le canard suit le pain, et vient à la main qui le retire. L'enfant prend le même morceau de pain ; mais, loin de réussir mieux qu'auparavant, il voit le canard se moquer de lui et faire des pirouettes tout autour du bassin : il s'éloigne enfin tout confus, et n'ose plus s'exposer aux huées.

Alors le joueur de gobelets prend le morceau de pain que l'enfant avoit apporté, et s'en sert avec autant de succès que du sien : il en tire le fer devant tout le monde, autre risée à nos dépens ; puis de ce pain ainsi vidé il attire le canard comme auparavant. Il fait la même chose avec un autre morceau coupé devant tout le monde par une main tierce; il en fait autant avec son gant, avec le bout de son doigt; enfin il s'éloigne au milieu de la chambre, et, du ton d'emphase propre à ces gens-là, déclarant que son canard n'obéira pas moins à sa voix qu'à son geste, il lui parle, et le canard obéit; il lui dit d'aller à droite et il va à droite, de revenir et il revient, de tourner et il tourne; le mouvement est aussi prompt que l'ordre. Les applaudissements redoublés sont autant d'affronts pour nous. Nous nous évadons sans être aperçus, et nous nous renfermons dans notre chambre sans aller raconter nos succès à tout le monde, comme nous l'avions projeté.

Le lendemain matin l'on frappe à notre porte : j'ouvre; c'est l'homme aux gobelets. Il se plaint modestement de notre conduite. Que nous avoit-il fait pour nous engager à vouloir décréditer ses jeux et lui ôter son gagne-pain? Qu'y a-t-il donc de si merveilleux dans l'art d'attirer un canard de cire, pour acheter cet honneur aux dépens de la subsistance d'un honnête homme? Ma foi, messieurs, si j'avois quelque autre talent pour vivre, je ne me glorifierois guère de celui-ci. Vous deviez croire qu'un homme qui a passé sa vie à s'exercer dans cette chétive industrie en sait là-dessus plus que vous qui ne vous en occupez que quelques moments. Si je ne vous ai pas d'abord montré mes coups de maître, c'est qu'il ne faut pas se presser d'étaler étourdiment ce qu'on sait : j'ai toujours soin de conserver mes meilleurs tours pour l'occasion, et après celui-ci j'en ai d'autres encore pour arrêter de jeunes indiscrets. Au reste, messieurs, je viens de bon cœur vous apprendre ce secret qui vous a tant embarrassés, vous priant de n'en pas user pour me nuire, et d'être plus retenus une autre fois.

Alors il nous montre sa machine, et nous voyons avec la dernière surprise qu'elle ne consiste qu'en un aimant fort et bien armé, qu'un enfant caché sous la table faisoit mouvoir sans qu'on s'en aperçût.

L'homme replie sa machine; et, après lui avoir fait nos remercîments et nos excuses, nous voulons lui faire un présent; il le refuse. « Non, mes« sieurs, je n'ai pas assez à me louer de vous pour « accepter vos dons; je vous laisse obligés à moi « malgré vous; c'est ma seule vengeance. Appre« nez qu'il y a de la générosité dans tous les états; « je fais payer mes tours et non mes leçons. »

En sortant, il m'adresse à moi nommément et tout haut une réprimande. J'excuse volontiers, me dit-il, cet enfant; il n'a péché que par ignorance. Mais vous, monsieur, qui deviez connoître sa faute, pourquoi la lui avoir laissé faire? Puisque vous vivez ensemble, comme le plus âgé vous lui devez vos soins, vos conseils: votre expérience est l'autorité qui doit le conduire. En se reprochant, étant grand, les torts de sa jeunesse, il vous reprochera sans doute ceux dont vous ne l'aurez pas averti¹.

Il part et nous laisse tous deux très-confus. Je me blâme de ma molle facilité; je promets à l'enfant de la sacrifier une autre fois à son intérêt, et de l'avertir de ses fautes avant qu'il en fasse; car le temps approche où nos rapports vont changer, et où la sévérité du maître doit succéder à la complaisance du camarade: ce changement doit s'amener par degrés; il faut tout prévoir, et tout prévoir de fort loin.

Le lendemain nous retournons à la foire pour revoir le tour dont nous avons appris le secret. Nous abordons avec un profond respect notre bateleur Socrate; à peine osons-nous lever les yeux sur lui: il nous comble d'honnêtetés, et nous place avec une distinction qui nous humilie encore. Il fait ses tours comme à l'ordinaire; mais il s'amuse et se complaît long-temps à celui du canard, en nous regardant souvent d'un air assez fier. Nous savons tout et nous ne soufflons pas. Si mon élève osoit seulement ouvrir la bouche, ce seroit un enfant à écraser.

Tout le détail de cet exemple importe plus qu'il ne semble. Que de leçons dans une seule! Que de

¹ Ai-je dû supposer quelque lecteur assez stupide pour ne pas sentir dans cette réprimande un discours dicté mot à mot par le gouverneur pour aller à ses vues? A-t-on dû me supposer assez stupide moi-même pour donner naturellement ce langage à un ba-

suites mortifiantes attire le premier mouvement de vanité! Jeune maître, épiez ce premier mouvement avec soin. Si vous savez en faire sortir ainsi l'humiliation, les disgrâces¹, soyez sûr qu'il n'en reviendra de long-temps un second. Que d'apprêts! direz-vous. J'en conviens, et le tout pour nous faire une boussole qui nous tienne lieu de méridienne.

Ayant appris que l'aimant agit à travers les autres corps, nous n'avons rien de plus pressé que de faire une machine semblable à celle que nous avons vue : une table évidée, un bassin très-plat ajusté sur cette table, et rempli de quelques lignes d'eau, un canard fait avec un peu plus de soin, etc. Souvent attentifs autour du bassin, nous remarquons enfin que le canard en repos affecte toujours à peu près la même direction. Nous suivons cette expérience, nous examinons cette direction : nous trouvons qu'elle est du midi au nord. Il n'en faut pas davantage; notre boussole est trouvée, ou autant vaut; nous voilà dans la physique.

teleur? Je croyois avoir fait preuve au moins du talent assez médiocre de faire parler les gens dans l'esprit de leur état. Voyez encore la fin de l'alinéa suivant. N'étoit-ce pas tout dire pour tout autre que M. Formey?

¹ Cette humiliation, ces disgrâces, sont donc de ma façon, et non pas de celle du bateleur. Puisque M. Formey vouloit de mon vivant s'emparer de mon nom pour y mettre le sien, il devoit du moins prendre la peine, je ne dis pas de le composer, mais de le lire.

Il y a divers climats sur la terre, et diverses températures à ces climats. Les saisons varient plus sensiblement à mesure qu'on approche du pole; tous les corps se resserrent au froid et se dilatent à la chaleur; cet effet est plus mesurable dans les liqueurs, et plus sensible dans les liqueurs spiritueuses : de là le thermomètre. Le vent frappe le visage; l'air est donc un corps, un fluide; on le sent, quoiqu'on n'ait aucun moyen de le voir. Renversez un verre dans l'eau, l'eau ne le remplira pas, à moins que vous ne laissiez à l'air une issue; l'air est donc capable de résistance. Enfoncez le verre davantage, l'eau gagnera dans l'espace d'air, sans pouvoir remplir tout-à-fait cet espace; l'air est donc capable de compression jusqu'à certain point. Un ballon rempli d'air comprimé bondit mieux que rempli de toute autre matière; l'air est donc un corps élastique. Étant étendu dans le bain, soulevez horizontalement le bras hors de l'eau, vous le sentirez chargé d'un poids terrible; l'air est donc un corps pesant. En mettant l'air en équilibre avec d'autres fluides, on peut mesurer son poids : de là le baromètre, le syphon, la canne à vent, la machine pneumatique. Toutes les lois de la statique et de l'hydrostatique se trouvent par des expériences tout aussi grossières. Je ne veux pas qu'on entre pour rien de tout cela dans un cabinet de physique expérimentale : tout cet appareil d'instruments et de machines me déplaît. L'air scientifique tue la science. Ou toutes ces machines effraient un enfant, ou leurs figures partagent et dérobent l'attention qu'il devroit à leurs effets.

Je veux que nous fassions nous-mêmes toutes nos machines; et je ne veux pas commencer par faire l'instrument avant l'expérience; mais je veux qu'après avoir entrevu l'expérience, comme par hasard, nous inventions peu à peu l'instrument qui doit la vérifier. J'aime mieux que nos instruments ne soient point si parfaits et si justes, et que nous ayons des idées plus nettes de ce qu'ils doivent être et des opérations qui doivent en résulter. Pour ma première leçon de statique, au lieu d'aller chercher des balances, je mets un bâton en travers sur le dos d'une chaise, je mesure la longueur des deux parties du bâton en équilibre, j'ajoute de part et d'autre des poids, tantôt égaux, tantôt inégaux; et, le tirant ou le poussant autant qu'il est nécessaire, je trouve enfin que l'équilibre résulte d'une proportion réciproque entre la quantité des poids et la longueur des leviers. Voilà déjà mon petit physicien capable de rectifier des balances avant que d'en avoir vu.

Sans contredit on prend des notions bien plus claires et bien plus sûres des choses qu'on apprend ainsi de soi-même, que de celles qu'on tient des enseignements d'autrui; et, outre qu'on n'accoutume point sa raison à se soumettre servilement à l'autorité, l'on se rend plus ingénieux à trouver des rapports, à lier des idées, à inventer des instruments, que quand, adoptant tout cela tel qu'on nous le donne, nous laissons affaisser notre esprit dans la nonchalance, comme le corps d'un homme qui, toujours habillé, chaussé, servi par ses gens et traîné par ses chevaux, perd à la fin la force et l'usage de ses membres. Boileau se vantoit d'avoir appris à Racine à rimer difficilement. Parmi tant d'admirables méthodes pour abréger l'étude des sciences, nous aurions grand besoin que quelqu'un nous en donnât une pour les apprendre avec effort.

L'avantage le plus sensible de ces lentes et laborieuses recherches est de maintenir, au milieu des études spéculatives, le corps dans son activité, les membres dans leur souplesse, et de former sans cesse les mains au travail et aux usages utiles à l'homme. Tant d'instruments inventés pour nous guider dans nos expériences et suppléer à la justesse des sens, en font négliger l'exercice. Le graphomètre dispense d'estimer la grandeur des angles; l'œil qui mesuroit avec précision les distances s'en fie à la chaîne qui les mesure pour lui; la romaine m'exempte de juger à la main le poids que je connois par elle. Plus nos outils sont ingénieux, plus nos organes deviennent grossiers et maladroits : à force de rassembler des machines autour de nous, nous n'en trouvons plus en nous-mêmes.

Mais, quand nous mettons à fabriquer ces machines l'adresse qui nous en tenoit lieu, quand nous employons à les faire la sagacité qu'il falloit pour nous en passer, nous gagnons sans rien perdre, nous ajoutons l'art à la nature, et nous devenons plus ingénieux sans devenir moins adroits. Au lieu de coller un enfant sur des livres, si je l'occupe dans un atelier, ses mains travaillent au profit de son esprit : il devient philosophe, et croit n'être qu'un ouvrier. Enfin cet exercice a d'autres usages dont je parlerai ci-après; et l'on verra comment des jeux de la philosophie on peut s'élever aux véritables fonctions de l'homme.

J'ai déjà dit que les connoissances purement spéculatives ne convenoient guère aux enfants, même approchant de l'adolescence : mais, sans les faire entrer bien avant dans la physique systématique, faites pourtant que toutes leurs expériences se lient l'une à l'autre par quelque sorte de déduction, afin qu'à l'aide de cette chaîne ils puissent les placer par ordre dans leur esprit et se les rappeler au besoin; car il est bien difficile que des faits et même des raisonnements isolés tiennent long-temps dans la mémoire, quand on manque de prise pour les y ramener.

Dans la recherche des lois de la nature, commencez toujours par les phénomènes les plus communs et les plus sensibles, et accoutumez votre élève à ne pas prendre ces phénomènes pour des raisons, mais pour des faits. Je prends une pierre, je feins de la poser en l'air; j'ouvre la main, la pierre tombe. Je regarde Émile attentif à ce que je fais, et je lui dis : Pourquoi cette pierre est-elle tombée?

Quel enfant restera court à cette question? Aucun, pas même Émile, si je n'ai pas pris grand soin de le préparer à n'y savoir pas répondre. Tous diront que la pierre tombe parce qu'elle est pesante. Et qu'est-ce qui est pesant? C'est ce qui tombe. La pierre tombe donc parce qu'elle tombe? Ici mon petit philosophe est arrêté tout de bon. Voilà sa première leçon de physique systématique, et, soit qu'elle lui profite ou non dans ce genre, ce sera toujours une leçon de bon sens.

A mesure que l'enfant avance en intelligence, d'autres considérations importantes nous obligent à plus de choix dans ses occupations. Sitôt qu'il parvient à se connoître assez lui-même pour concevoir en quoi consiste son bien-être, sitôt qu'il peut saisir des rapports assez étendus pour juger de ce qui lui convient et de ce qui ne lui convient pas, dès-lors il est en état de sentir la différence du travail à l'amusement, et de ne regarder celui-ci que comme le délassement de l'autre. Alors des objets d'utilité réelle peuvent entrer dans ses études, et l'engager à y donner une application plus constante qu'il n'en donnoit à de simples amusements. La loi de la nécessité, toujours renaissante, apprend de bonne heure à l'homme à faire ce qui ne lui plaît pas, pour prévenir un mal qui lui déplairoit davantage. Tel est l'usage de la prévoyance; et, de cette prévoyance bien ou mal réglée, naît toute la sagesse ou toute la misère humaine.

Tout homme veut être heureux; mais, pour parvenir à l'être, il faudroit commencer par savoir ce que c'est que bonheur. Le bonheur de l'homme naturel est aussi simple que sa vie; il consiste à ne pas souffrir : la santé, la liberté, le nécessaire, le constituent. Le bonheur de l'homme moral est autre chose; mais ce n'est pas de celui-là qu'il est ici question. Je ne saurois trop répéter qu'il n'y a que des objets purement physiques qui puissent intéresser les enfants, surtout ceux dont on n'a pas éveillé la vanité, et qu'on n'a point corrompus d'avance par le poison de l'opinion.

Lorsqu'avant de sentir leurs besoins ils les prévoient, leur intelligence est déjà fort avancée, ils commencent à connoître le prix du temps. Il importe alors de les accoutumer à en diriger l'emploi sur des objets utiles, mais d'une utilité sensible à leur âge, et à la portée de leurs lumières. Tout ce qui tient à l'ordre moral et à l'usage de la société ne doit point sitôt leur être présenté, parce qu'ils ne sont pas en état de l'entendre. C'est une ineptie d'exiger d'eux qu'ils s'appliquent à des choses qu'on leur dit vaguement être pour leur bien, sans qu'ils sachent quel est ce bien, et dont on les assuré qu'ils tireront du profit étant grands, sans qu'ils prennent maintenant aucun intérêt à ce prétendu profit, qu'ils ne sauroient comprendre.

Que l'enfant ne fasse rien sur parole : rien n'est bien pour lui que ce qu'il sent être tel. En le jetant toujours en avant de ses lumières, vous croyez user de prévoyance, et vous en manquez. Pour l'armer de quelques vains instruments dont il ne fera peut-être jamais d'usage, vous lui ôtez l'instrument le plus universel de l'homme, qui est le bon sens; vous l'accoutumez à se laisser toujours conduire, à n'être jamais qu'une machine entre les mains d'autrui. Vous voulez qu'il soit docile étant petit; c'est vouloir qu'il soit crédule et dupe étant grand. Vous lui dites sans cesse : « Tout ce « que je vous demande est pour votre avantage ; « mais vous n'êtes pas en état de le connoître. Que « m'importe à moi que vous fassiez ou non ce que « j'exige ? c'est pour vous seul que vous travaillez. » Avec tous ces beaux discours que vous lui tenez maintenant pour le rendre sage, vous préparez le succès de ceux que lui tiendra quelque jour un visionnaire, un souffleur, un charlatan, un fourbe, ou un fou de toute espèce, pour le prendre à son piége ou pour lui faire adopter sa folie.

Il importe qu'un homme sache bien des choses dont un enfant ne sauroit comprendre l'utilité ; mais faut-il et se peut-il qu'un enfant apprenne tout ce qu'il importe à un homme de savoir ? Tâchez d'apprendre à l'enfant tout ce qui est utile à son âge, et vous verrez que tout son temps sera plus que rempli. Pourquoi voulez-vous, au préjudice des études qui lui conviennent aujourd'hui, l'appliquer à celles d'un âge auquel il est si peu sûr qu'il parvienne? Mais, direz-vous, sera-t-il temps d'apprendre ce qu'on doit savoir quand le moment sera venu d'en faire usage? Je l'ignore: mais ce que je sais, c'est qu'il est impossible de l'apprendre plus tôt; car nos vrais maîtres sont l'expérience et le sentiment, et jamais l'homme ne sent bien ce qui convient à l'homme que dans les rapports où il s'est trouvé. Un enfant sait qu'il est fait pour devenir homme, toutes les idées qu'il peut avoir de l'état d'homme sont des occasions d'instruction pour lui; mais sur les idées de cet état qui ne sont pas à sa portée, il doit rester dans une ignorance absolue. Tout mon livre n'est qu'une preuve continuelle de ce principe d'éducation.

Sitôt que nous sommes parvenus à donner à notre élève une idée du mot *utile*, nous avons une grande prise de plus pour le gouverner; car ce mot le frappe beaucoup, attendu qu'il n'a pour lui qu'un sens relatif à son âge, et qu'il en voit clairement le rapport à son bien-être actuel. Vos enfants ne sont point frappés de ce mot, parce que vous n'avez pas eu soin de leur en donner une idée qui soit à leur portée, et que d'autres se chargeant toujours de pourvoir à ce qui leur est utile, ils n'ont jamais besoin d'y songer eux-mêmes, et ne savent ce que c'est qu'utilité.

A quoi cela est-il bon? Voilà désormais le mot sacré, le mot déterminant entre lui et moi dans toutes les actions de notre vie : voilà la question qui de ma part suit infailliblement toutes ses questions, et qui sert de frein à ces multitudes d'interrogations sottes et fastidieuses dont les enfants fatiguent sans relâche et sans fruit tous ceux qui les environnent, plus pour exercer sur eux quelque espèce d'empire que pour en tirer quelque profit. Celui à qui, pour sa plus importante leçon, l'on apprend à ne vouloir rien savoir que d'utile, interroge comme Socrate; il ne fait pas une question sans s'en rendre à lui-même la raison qu'il sait qu'on lui en va demander avant que de la résoudre.

Voyez quel puissant instrument je vous mets entre les mains pour agir sur votre élève. Ne sachant les raisons de rien, le voilà presque réduit au silence quand il vous plaît; et vous, au contraire, quel avantage vos connoissances et votre expérience ne vous donnent-elles point pour lui montrer l'utilité de tout ce que vous lui proposez? Car, ne vous y trompez pas, lui faire cette question, c'est lui apprendre à vous la faire à son tour; et vous devez compter, sur tout ce que vous lui proposerez dans la suite, qu'à votre exemple il ne manquera pas de dire : *A quoi cela est-il bon?*

C'est ici peut-être le piége le plus difficile à éviter pour un gouverneur. Si, sur la question de l'enfant, ne cherchant qu'à vous tirer d'affaire, vous lui donnez une seule raison qu'il ne soit pas en état d'entendre, voyant que vous raisonnez sur vos idées et non sur les siennes, il croira ce que vous lui dites bon pour votre âge, et non pour le sien; il ne se fiera plus à vous, et tout est perdu. Mais où est le maître qui veuille bien rester court et convenir de ses torts avec son élève? tous se font une loi de ne pas convenir même de ceux qu'ils ont; et moi je m'en ferois une de convenir même de ceux que je n'aurois pas, quand je ne pourrois mettre mes raisons à sa portée: ainsi ma conduite, toujours nette dans son esprit, ne lui seroit jamais suspecte, et je me conserverois plus de crédit en me supposant des fautes, qu'ils ne font en cachant les leurs.

Premièrement, songez bien que c'est rarement à vous de lui proposer ce qu'il doit apprendre; c'est à lui de le désirer, de le chercher, de le trouver; à vous de le mettre à sa portée, de faire naître adroitement ce désir et de lui fournir les moyens de le satisfaire. Il suit de là que vos questions doivent être peu fréquentes, mais bien choisies; et que, comme il en aura beaucoup plus à vous faire que vous à lui, vous serez toujours moins à découvert, et plus souvent dans le cas de lui dire: *En quoi ce que vous me demandez est-il utile à savoir?*

De plus, comme il importe peu qu'il apprenne ceci ou cela, pourvu qu'il conçoive bien ce qu'il apprend et l'usage de ce qu'il apprend, sitôt que vous n'avez pas à lui donner sur ce que vous lui dites un éclaircissement qui soit bon pour lui, ne lui en donnez point du tout. Dites-lui sans scrupule : Je n'ai pas de bonne réponse à vous faire ; j'avois tort, laissons cela. Si votre instruction étoit réellement déplacée, il n'y a pas de mal à l'abandonner tout-à-fait ; si elle ne l'étoit pas, avec un peu de soin vous trouverez bientôt l'occasion de lui en rendre l'utilité sensible.

Je n'aime point les explications en discours ; les jeunes gens y font peu d'attention et ne les retiennent guère. Les choses ! les choses ! Je ne répéterai jamais assez que nous donnons trop de pouvoir aux mots : avec notre éducation babillarde nous ne faisons que des babillards.

Supposons que, tandis que j'étudie avec mon élève le cours du soleil et la manière de s'orienter, tout à coup il m'interrompt pour me demander à quoi sert tout cela. Quel beau discours je vais lui faire ! de combien de choses je saisis l'occasion de l'instruire en répondant à sa question, surtout si nous avons des témoins de notre entretien [1] ! Je lui

---

[1] J'ai souvent remarqué que, dans les doctes instructions qu'on donne aux enfants, on songe moins à se faire écouter d'eux que des grandes personnes qui sont présentes. Je suis très-sûr de ce que je dis là, car j'en ai fait l'observation sur moi-même.

parlerai de l'utilité des voyages, des avantages du commerce, des productions particulières à chaque climat, des mœurs des différents peuples, de l'usage du calendrier, de la supputation du retour des saisons pour l'agriculture, l'art de la navigation, de la manière de se conduire sur mer et de suivre exactement sa route sans savoir où l'on est. La politique, l'histoire naturelle, l'astronomie, la morale même et le droit des gens, entreront dans mon explication, de manière à donner à mon élève une grande idée de toutes ces sciences et un grand désir de les apprendre. Quand j'aurai tout dit, j'aurai fait l'étalage d'un vrai pédant, auquel il n'aura pas compris une seule idée. Il auroit grande envie de me demander comme auparavant à quoi sert de s'orienter; mais il n'ose, de peur que je ne me fâche. Il trouve mieux son compte à feindre d'entendre ce qu'on l'a forcé d'écouter. Ainsi se pratiquent les belles éducations.

Mais notre Émile, plus rustiquement élevé, et à qui nous donnons avec tant de peine une conception dure, n'entendra rien de tout cela. Du premier mot qu'il n'entendra pas il va s'enfuir, il va folâtrer par la chambre et me laisser pérorer tout seul. Cherchons une solution plus grossière; mon appareil scientifique ne vaut rien pour lui.

Nous observions la position de la forêt au nord de Montmorency, quand il m'a interrompu par son importune question, *A quoi sert cela?* Vous avez raison, lui dis-je ; il y faut penser à loisir ; et si nous trouvons que ce travail n'est bon à rien, nous ne le reprendrons plus, car nous ne manquons pas d'amusements utiles. On s'occupe d'autre chose, et il n'est plus question de géographie du reste de la journée.

Le lendemain matin je lui propose un tour de promenade avant le déjeûner : il ne demande pas mieux ; pour courir, les enfants sont toujours prêts et celui-ci a de bonnes jambes. Nous montons dans la forêt, nous parcourons les champeaux, nous nous égarons, nous ne savons plus où nous sommes ; et, quand il s'agit de revenir, nous ne pouvons plus retrouver notre chemin. Le temps se passe, la chaleur vient, nous avons faim ; nous nous pressons, nous errons vainement de côté et d'autre, nous ne trouvons partout que des bois, des carrières, des plaines, nul renseignement pour nous reconnoître. Bien échauffés, bien recrus, bien affamés, nous ne faisons avec nos courses que nous égarer davantage. Nous nous asseyons enfin pour nous reposer, pour délibérer. Émile, que je suppose élevé comme un autre enfant, ne délibère point, il pleure ; il ne sait pas que nous sommes à la porte de Montmorency, et qu'un simple taillis nous le cache ; mais ce taillis est une forêt pour lui, un homme de sa stature est enterré dans des buissons.

Après quelques moments de silence, je lui dis

d'un air inquiet : Mon cher Émile, comment ferons-nous pour sortir d'ici ?

ÉMILE, en nage, et pleurant à chaudes larmes.

Je n'en sais rien. Je suis las; j'ai faim; j'ai soif; je n'en puis plus.

JEAN-JACQUES.

Me croyez-vous en meilleur état que vous? et pensez-vous que je me fisse faute de pleurer si je pouvois déjeûner de mes larmes? Il ne s'agit pas de pleurer, il s'agit de se reconnoître. Voyons votre montre; quelle heure est-il?

ÉMILE.

Il est midi, et je suis à jeun.

JEAN-JACQUES.

Cela est vrai, il est midi, et je suis à jeun.

ÉMILE.

Oh! que vous devez avoir faim!

JEAN-JACQUES.

Le malheur est que mon dîner ne viendra pas me chercher ici. Il est midi : c'est justement l'heure où nous observions hier de Montmorency la position de la forêt. Si nous pouvions de même observer de la forêt la position de Montmorency?...

ÉMILE.

Oui; mais hier nous voyions la forêt, et d'ici nous ne voyons pas la ville.

JEAN-JACQUES.

Voilà le mal... Si nous pouvions nous passer de la voir pour trouver sa position?...

ÉMILE.

O mon bon ami !

JEAN-JACQUES.

Ne disions-nous pas que la forêt étoit...

ÉMILE.

Au nord de Montmorency.

JEAN-JACQUES.

Par conséquent Montmorency doit être...

ÉMILE.

Au sud de la forêt.

JEAN-JACQUES.

Nous avons un moyen de trouver le nord à midi.

ÉMILE.

Oui, par la direction de l'ombre.

JEAN-JACQUES.

Mais le sud ?

ÉMILE.

Comment faire ?

JEAN-JACQUES.

Le sud est l'opposé du nord.

ÉMILE.

Cela est vrai ; il n'y a qu'à chercher l'opposé de l'ombre. Oh ! voilà le sud ! voilà le sud ! sûrement Montmorency est de ce côté ; cherchons de ce côté.

JEAN-JACQUES.

Vous pouvez avoir raison ; prenons ce sentier à travers le bois.

ÉMILE, frappant des mains, et poussant un cri de joie.

Ah! je vois Montmorency! le voilà tout devant nous tout à découvert. Allons déjeûner, allons dîner, courons vite : l'astronomie est bonne à quelque chose.

Prenez garde que, s'il ne dit pas cette dernière phrase, il la pensera; peu importe, pourvu que ce ne soit pas moi qui la dise. Or soyez sûr qu'il n'oubliera de sa vie la leçon de cette journée; au lieu que, si je n'avois fait que lui supposer tout cela dans sa chambre, mon discours eût été oublié dès le lendemain. Il faut parler tant qu'on peut par les actions, et ne dire que ce qu'on ne sauroit faire.

Le lecteur ne s'attend pas que je le méprise assez pour lui donner un exemple sur chaque espèce d'étude : mais, de quoi qu'il soit question, je ne puis trop exhorter le gouverneur à bien mesurer sa preuve sur la capacité de l'élève; car, encore une fois, le mal n'est pas dans ce qu'il n'entend point, mais dans ce qu'il croit entendre.

Je me souviens que, voulant donner à un enfant du goût pour la chimie, après lui avoir montré plusieurs précipitations métalliques, je lui expliquois comment se faisoit l'encre. Je lui disois que sa noirceur ne venoit que d'un fer très-divisé, détaché du vitriol, et précipité par une liqueur alkaline. Au milieu de ma docte explication, le petit traître m'arrêta tout court avec ma question que je lui avois apprise : me voilà fort embarrassé.

Après avoir un peu rêvé, je pris mon parti; j'envoyai chercher du vin dans la cave du maître de la maison, et d'autre vin à huit sous chez un marchand de vin. Je pris dans un petit flacon de la dissolution d'alkali fixe; puis, ayant devant moi, dans deux verres, de ces deux différents vins[1], je lui parlai ainsi :

On falsifie plusieurs denrées pour les faire paroître meilleures qu'elles ne sont. Ces falsifications trompent l'œil et le goût; mais elles sont nuisibles et rendent la chose falsifiée pire, avec sa belle apparence, qu'elle n'étoit auparavant.

On falsifie surtout les boissons, et surtout les vins, parce que la tromperie est plus difficile à connoître et donne plus de profit au trompeur.

La falsification des vins verts ou aigres se fait avec de la litharge : la litharge est une préparation de plomb. Le plomb uni aux acides fait un sel fort doux, qui corrige au goût la verdeur du vin, mais qui est un poison pour ceux qui le boivent. Il importe donc, avant de boire du vin suspect, de savoir s'il est lithargiré ou s'il ne l'est pas. Or, voici comment je raisonne pour découvrir cela.

La liqueur du vin ne contient pas seulement de l'esprit inflammable, comme vous l'avez vu par

[1] A chaque explication qu'on veut donner à l'enfant, un petit appareil qui la précède sert beaucoup à le rendre attentif.

l'eau-de-vie qu'on en tire; elle contient encore de l'acide, comme vous pouvez le connoître par le vinaigre et le tartre qu'on en tire aussi.

L'acide a du rapport aux substances métalliques, et s'unit avec elles par dissolution pour former un sel composé, tel, par exemple, que la rouille, qui n'est qu'un fer dissous par l'acide contenu dans l'air ou dans l'eau, et tel aussi que le vert-de-gris, qui n'est qu'un cuivre dissous par le vinaigre.

Mais ce même acide a plus de rapport encore aux substances alkalines qu'aux substances métalliques, en sorte que, par l'intervention des premières dans les sels composés dont je viens de vous parler, l'acide est forcé de lâcher le métal auquel il est uni, pour s'attacher à l'alkali.

Alors la substance métallique, dégagée de l'acide qui la tenoit dissoute, se précipite et rend la liqueur opaque.

Si donc un de ces deux vins est lithargiré, son acide tient la litharge en dissolution. Que j'y verse de la liqueur alkaline, elle forcera l'acide de quitter prise pour s'unir à elle; le plomb, n'étant plus tenu en dissolution, reparoîtra, troublera la liqueur, et se précipitera enfin dans le fond du verre.

S'il n'y a point de plomb[1] ni d'aucun métal dans

---

[1] Les vins qu'on vend en détail chez les marchands de vin de Paris, quoiqu'ils ne soient pas tous lithargirés, sont rarement exempts de plomb, parce que les comptoirs de ces marchands sont garnis de ce métal, et que le vin qui se répand de la mesure, en

le vin, l'alkali s'unira paisiblement' avec l'acide, le tout restera dissous, et il ne se fera aucune précipitation.

Ensuite je versai de ma liqueur alkaline successivement dans les deux verres : celui du vin de la maison resta clair et diaphane; l'autre en un moment fut trouble, et au bout d'une heure on vit clairement le plomb précipité dans le fond du verre.

Voilà, repris-je, le vin naturel et pur dont on peut boire, et voici le vin falsifié qui empoisonne. Cela se découvre par les mêmes connoissances dont vous me demandiez l'utilité : celui qui sait bien comment se fait l'encre sait connoître aussi les vins frelatés.

J'étois fort content de mon exemple, et cependant je m'aperçus que l'enfant n'en étoit point frappé. J'eus besoin d'un peu de temps pour sentir que je n'avois fait qu'une sottise : car, sans parler de l'impossibilité qu'à douze ans un enfant pût suivre mon explication, l'utilité de cette expérience n'entroit pas dans son esprit, parce qu'ayant goûté des deux vins, et les trouvant bons tous deux, il ne joignoit aucune idée à ce mot de falsi-

---

passant et séjournant sur ce plomb en dissout toujours quelque partie. Il est étrange qu'un abus si manifeste et si dangereux soit souffert par la police. Mais il est vrai que les gens aisés, ne buvant guère de ces vins-là, sont peu sujets à en être empoisonnés.

' L'acide végétal est fort doux. Si c'étoit un acide minéral et qu'il fût moins étendu, l'union ne se feroit pas sans effervescence.

fication que je pensois lui avoir si bien expliqué. Ces autres mots *malsain, poison,* n'avoient même aucun sens pour lui; il étoit là-dessus dans le cas de l'historien du médecin Philippe : c'est le cas de tous les enfants.

Les rapports des effets aux causes dont nous n'apercevons pas la liaison, les biens et les maux dont nous n'avons aucune idée, les besoins que nous n'avons jamais sentis, sont nuls pour nous; il est impossible de nous intéresser par eux à rien faire qui s'y rapporte. On voit à quinze ans le bonheur d'un homme sage, comme à trente la gloire du paradis. Si l'on ne conçoit bien l'un et l'autre, on fera peu de chose pour les acquérir; et, quand même on les concevroit, on fera peu de chose encore si on ne les désire, si on ne les sent convenables à soi. Il est aisé de convaincre un enfant que ce qu'on lui veut enseigner est utile : mais ce n'est rien de le convaincre si l'on ne sait le persuader. En vain la tranquille raison nous fait approuver ou blâmer, il n'y a que la passion qui nous fasse agir : et comment se passionner pour des intérêts qu'on n'a point encore?

Ne montrez jamais rien à l'enfant qu'il ne puisse voir. Tandis que l'humanité lui est presque étrangère, ne pouvant l'élever à l'état d'homme, rabaissez pour lui l'homme à l'état d'enfant. En songeant à ce qui peut lui être utile dans un autre âge, ne lui parlez que de ce dont il voit dès à présent l'utilité. Du reste, jamais de comparaisons avec d'autres enfants, point de rivaux, point de concurrents, même à la course, aussitôt qu'il commence à raisonner : j'aime cent fois mieux qu'il n'apprenne point ce qu'il n'apprendroit que par jalousie ou par vanité. Seulement je marquerai tous les ans les progrès qu'il aura faits : je les comparerai à ceux qu'il fera l'année suivante : je lui dirai : Vous êtes grandi de tant de lignes; voilà le fossé que vous sautiez, le fardeau que vous portiez; voici la distance où vous lanciez un caillou, la carrière que vous parcouriez d'une haleine, etc. : voyons maintenant ce que vous ferez. Je l'excite ainsi sans le rendre jaloux de personne. Il voudra se surpasser, il le doit : je ne vois nul inconvénient qu'il soit émule de lui-même.

Je hais les livres; ils n'apprennent qu'à parler de ce qu'on ne sait pas. On dit qu'Hermès grava sur des colonnes les éléments des sciences, pour mettre ses découvertes à l'abri d'un déluge. S'il les eût bien imprimées dans la tête des hommes, elles s'y seroient conservées par tradition. Des cerveaux bien préparés sont les monuments où se gravent le plus sûrement les connoissances humaines.

N'y auroit-il point moyen de rapprocher tant de leçons éparses dans tant de livres, de les réunir sous un objet commun qui pût être facile à voir, intéressant à suivre, et qui pût servir de stimulant, même à cet âge? Si l'on peut inventer une situation où tous les besoins naturels de l'homme se montrent d'une manière sensible à l'esprit d'un enfant, et où les moyens de pourvoir à ces mêmes besoins se développent successivement avec la même facilité, c'est par la peinture vive et naïve de cet état qu'il faut donner le premier exercice à son imagination.

Philosophe ardent, je vois déjà s'allumer la vôtre. Ne vous mettez pas en frais; cette situation est trouvée, elle est décrite, et, sans vous faire tort, beaucoup mieux que vous ne la décririez vous-même, du moins avec plus de vérité et de simplicité. Puisqu'il nous faut absolument des livres, il en existe un qui fournit, à mon gré, le plus heureux traité d'éducation naturelle. Ce livre sera le premier que lira mon Émile; seul il composera durant long-temps toute sa bibliothèque, et il y tiendra toujours une place distinguée. Il sera le texte auquel tous nos entretiens sur les sciences naturelles ne serviront que de commentaire. Il servira d'épreuve durant nos progrès à l'état de notre jugement; et, tant que notre goût ne sera pas gâté, sa lecture nous plaira toujours. Quel est donc ce merveilleux livre? Est-ce Aristote, est-ce Pline? est-ce Buffon? Non; c'est Robinson Crusoé.

Robinson Crusoé dans son île, seul, dépourvu de l'assistance de ses semblables et des instruments de tous les arts, pourvoyant cependant à sa subsistance, à sa conservation, et se procurant même une sorte de bien-être, voilà un objet intéressant pour tout âge, et qu'on a mille moyens de rendre agréable aux enfants. Voilà comment nous réalisons l'île déserte qui me servoit d'abord de comparaison. Cet état n'est pas, j'en conviens, celui de l'homme social; vraisemblablement il ne doit pas être celui d'Émile : mais c'est sur ce même état qu'il doit apprécier tous les autres. Le plus sûr moyen de s'élever au-dessus des préjugés et d'ordonner ses jugements sur les vrais rapports des choses, est de se mettre à la place d'un homme isolé, et de juger de tout comme cet homme en doit juger lui-même eu égard à sa propre utilité.

Ce roman, débarrassé de tout son fatras, commençant au naufrage de Robinson près de son île, et finissant à l'arrivée du vaisseau qui vient l'en tirer, sera tout à la fois l'amusement et l'instruction d'Émile durant l'époque dont il est ici question. Je veux que la tête lui en tourne, qu'il s'occupe sans cesse de son château, de ses chèvres, de ses plantations; qu'il apprenne en détail, non dans des livres, mais sur les choses, tout ce qu'il faut savoir en pareil cas; qu'il pense être Robinson lui-même; qu'il se voie habillé de peaux, portant un grand bonnet, un grand sabre, tout le grotesque équipage de la figure, au parasol près dont il n'aura pas besoin. Je veux qu'il s'inquiète des mesures à prendre, si ceci ou cela venoit à lui manquer, qu'il examine la conduite de son héros, qu'il cherche s'il n'a rien omis, s'il n'y avoit rien de mieux à faire; qu'il marque attentivement ses fautes, et qu'il en profite pour n'y pas tomber lui-même en pareil cas : car ne doutez point qu'il ne projette d'aller faire un établissement semblable; c'est le vrai château en Espagne de cet heureux âge, où l'on ne connoît d'autre bonheur que le nécessaire et la liberté.

Quelle ressource que cette folie pour un homme habile, qui n'a su la faire naître qu'afin de la mettre à profit! L'enfant, pressé de se faire un magasin pour son île, sera plus ardent pour apprendre, que le maître pour enseigner. Il voudra savoir tout ce qui est utile, et ne voudra savoir que cela : vous n'aurez plus besoin de le guider, vous n'aurez qu'à le retenir. Au reste, dépêchons-nous de l'établir dans cette île, tandis qu'il y borne sa félicité, car le jour approche où, s'il y veut vivre encore, il n'y voudra plus vivre seul, et où *Vendredi*, qui maintenant ne le touche guère, ne lui suffira pas long-temps.

La pratique des arts naturels, auxquels peut suffire un seul homme, mène à la recherche des arts d'industrie, et qui ont besoin du concours de plusieurs mains. Les premiers peuvent s'exercer par des solitaires, par des sauvages; mais les autres ne peuvent naître que dans la société, et la rendent nécessaire. Tant qu'on ne connoît que le besoin physique, chaque homme se suffit à lui-même;

l'introduction du superflu rend indispensable le partage et la distribution du travail : car, bien qu'un homme travaillant seul ne gagne que la subsistance d'un homme, cent hommes, travaillant de concert, gagneront de quoi en faire subsister deux cents. Sitôt donc qu'une partie des hommes se repose, il faut que le concours des bras de ceux qui travaillent supplée à l'oisiveté de ceux qui ne font rien.

Votre plus grand soin doit être d'écarter de l'esprit de votre élève toutes les notions des relations sociales qui ne sont pas à sa portée : mais, quand l'enchaînement des connoissances vous force à lui montrer la mutuelle dépendance des hommes, au lieu de la lui montrer par le côté moral, tournez d'abord toute son attention vers l'industrie et les arts mécaniques, qui les rendent utiles les uns aux autres. En le promenant d'atelier en atelier, ne souffrez jamais qu'il voie aucun travail sans mettre lui-même la main à l'œuvre, ni qu'il en sorte sans savoir parfaitement la raison de tout ce qui s'y fait, ou du moins de tout ce qu'il a observé. Pour cela, travaillez vous-même, donnez-lui partout l'exemple : pour le rendre maître, soyez partout apprenti ; et comptez qu'une heure de travail lui apprendra plus de choses qu'il n'en retiendroit d'un jour d'explications.

Il y a une estime publique attachée aux différents arts en raison inverse de leur utilité réelle.

Cette estime se mesure directement sur leur inutilité même, et cela doit être. Les arts les plus utiles sont ceux qui gagnent le moins, parce que le nombre des ouvriers se proportionne au besoin des hommes, et que le travail nécessaire à tout le monde reste forcément à un prix que le pauvre peut payer. Au contraire, ces importants qu'on n'appelle pas artisans, mais artistes, travaillant uniquement pour les oisifs et les riches, mettent un prix arbitraire à leurs babioles; et, comme le mérite de ces vains travaux n'est que dans l'opinion, leur prix même fait partie de ce mérite, et on les estime à proportion de ce qu'ils coûtent. Le cas qu'en fait le riche ne vient pas de leur usage, mais de ce que le pauvre ne les peut payer. *Nolo habere bona nisi quibus populus inviderit*[1].

Que deviendront vos élèves, si vous leur laissez adopter ce sot préjugé, si vous le favorisez vous-même, s'ils vous voient, par exemple, entrer avec plus d'égards dans la boutique d'un orfèvre que dans celle d'un serrurier? Quel jugement porteront-ils du vrai mérite des arts et de la véritable valeur des choses, quand ils verront partout le prix de fantaisie en contradiction avec le prix tiré de l'utilité réelle, et que plus la chose coûte, moins elle vaut? Au premier moment que vous laisserez entrer ces idées dans leur tête, abandonnez le reste de leur éducation; malgré vous ils seront

[1] * Pétron. (cap. c, *edit. Burmann.*)

LIVRE III.

élevés comme tout le monde; vous avez perdu quatorze ans de soins.

Émile songeant à meubler son île aura d'autres manières de voir. Robinson eût fait beaucoup plus de cas de la boutique d'un taillandier que de tous les colifichets de Saïde. Le premier lui eût paru un homme très-respectable, et l'autre un petit charlatan.

« Mon fils est fait pour vivre dans le monde; il
« ne vivra pas avec des sages, mais avec des fous:
« il faut donc qu'il connoisse leurs folies, puisque
« c'est par elles qu'ils veulent être conduits. La con-
« noissance réelle des choses peut être bonne, mais
« celle des hommes et de leurs jugements vaut en-
« core mieux; car dans la société humaine, le plus
« grand instrument de l'homme est l'homme, et le
« plus sage est celui qui se sert le mieux de cet
« instrument. A quoi bon donner aux enfants l'idée
« d'un ordre imaginaire tout contraire à celui qu'ils
« trouveront établi, et sur lequel il faudra qu'ils se
« règlent? Donnez-leur premièrement des leçons
« pour être sages, et puis vous leur en donnerez
« pour juger en quoi les autres sont fous. »

Voilà les spécieuses maximes sur lesquelles la fausse prudence des pères travaille à rendre leurs enfants esclaves des préjugés dont ils les nourrissent, et jouets eux-mêmes de la tourbe insensée dont ils pensent faire l'instrument de leurs passions. Pour parvenir à connoître l'homme, que de choses il faut connoître avant lui! L'homme est la dernière étude du sage, et vous prétendez en faire la première d'un enfant! Avant de l'instruire de nos sentiments, commencez par lui apprendre à les apprécier. Est-ce connoître une folie que de la prendre pour la raison? Pour être sage il faut discerner ce qui ne l'est pas. Comment votre enfant connoîtra-t-il les hommes, s'il ne sait ni juger leurs jugements ni démêler leurs erreurs? C'est un mal de savoir ce qu'ils pensent, quand on ignore si ce qu'ils pensent est vrai ou faux. Apprenez-lui donc premièrement ce que sont les choses en elles-mêmes, et vous lui apprendrez après ce qu'elles sont à nos yeux : c'est ainsi qu'il saura comparer l'opinion à la vérité et s'élever au-dessus du vulgaire; car on ne connoît point les préjugés quand on les adopte, et l'on ne mène point le peuple quand on lui ressemble. Mais si vous commencez par l'instruire de l'opinion publique avant de lui apprendre à l'apprécier, assurez-vous que, quoi que vous puissiez faire, elle deviendra la sienne, et que vous ne la détruirez plus. Je conclus que, pour rendre un jeune homme judicieux, il faut bien former ses jugements, au lieu de lui dicter les nôtres.

Vous voyez que jusqu'ici je n'ai point parlé des hommes à mon élève, il auroit eu trop de bon sens pour m'entendre; ses relations avec son espèce ne lui sont pas encore assez sensibles pour qu'il puisse juger des autres par lui. Il ne connoît d'être humain que lui seul, et même il est bien éloigné de se connoître : mais, s'il porte peu de jugements sur sa personne, au moins il n'en porte que de justes. Il ignore quelle est la place des autres, mais il sent la sienne et s'y tient. Au lieu des lois sociales qu'il ne peut connoître, nous l'avons lié des chaînes de la nécessité. Il n'est presque encore qu'un être physique, continuons de le traiter comme tel.

C'est par leur rapport sensible avec son utilité, sa sûreté, sa conservation, son bien-être, qu'il doit apprécier tous les corps de la nature et tous les travaux des hommes. Ainsi le fer doit être à ses yeux d'un beaucoup plus grand prix que l'or, et le verre que le diamant : de même, il honore beaucoup plus un cordonnier, un maçon, qu'un Lempereur, un Le Blanc, et tous les joailliers de l'Europe; un pâtissier est surtout à ses yeux un homme très-important, et il donneroit toute l'académie des sciences pour le moindre confiseur de la rue des Lombards. Les orfèvres, les graveurs, les doreurs, les brodeurs, ne sont, à son avis, que des fainéants qui s'amusent à des jeux parfaitement inutiles; il ne fait pas même un grand cas de l'horlogerie. L'heureux enfant jouit du temps sans en être esclave; il en profite et n'en connoît pas le prix. Le calme des passions, qui rend pour lui sa succession toujours égale, lui tient lieu d'instrument pour le mesurer au besoin[1]. En lui supposant une montre, aussi-bien qu'en le faisant pleurer, je me donnois un Émile vulgaire pour être utile et me faire entendre; car, quant au véritable, un enfant si différent des autres ne serviroit d'exemple à rien.

Il y a un ordre non moins naturel et plus judicieux encore, par lequel on considère les arts selon les rapports de nécessité qui les lient, mettant au premier rang les plus indépendants, et au dernier ceux qui dépendent d'un plus grand nombre d'autres. Cet ordre, qui fournit d'importantes considérations sur celui de la société générale, est semblable au précédent, et soumis au même renversement dans l'estime des hommes; en sorte que l'emploi des matières premières se fait dans des métiers sans honneur, presque sans profit, et que plus elles changent de main, plus la main-d'œuvre augmente le prix et devient honorable. Je n'examine pas s'il est vrai que l'industrie soit plus grande et mérite plus de récompense dans les arts minutieux qui donnent la dernière forme à ces matières, que dans le premier travail qui les convertit à l'usage des hommes : mais je dis qu'en chaque chose l'art dont l'usage est le plus général et le plus indispensable est incontestablement celui qui mérite le plus d'es-

---

[1] Le temps perd pour nous sa mesure, quand nos passions veulent régler son cours à leur gré. La montre du sage est l'égalité d'humeur et la paix de l'ame : il est toujours à son heure, et il la connoît toujours.

time, et que celui à qui moins d'autres arts sont nécessaires, la mérite encore par-dessus les plus subordonnés, parce qu'il est plus libre et plus près de l'indépendance. Voilà les véritables règles de l'appréciation des arts et de l'industrie; tout le reste est arbitraire et dépend de l'opinion.

Le premier et le plus respectable de tous les arts est l'agriculture : je mettrois la forge au second rang, la charpente au troisième, et ainsi de suite. L'enfant qui n'aura point été séduit par les préjugés vulgaires, en jugera précisément ainsi. Que de réflexions importantes notre Émile ne tirera-t-il point là-dessus de son Robinson! Que pensera-t-il en voyant que les arts ne se perfectionnent qu'en se subdivisant, en multipliant à l'infini les instruments des uns et des autres? Il se dira : Tous ces gens-là sont sottement ingénieux : on croiroit qu'ils ont peur que leurs bras et leurs doigts ne leur servent à quelque chose, tant ils inventent d'instruments pour s'en passer. Pour exercer un seul art ils sont asservis à mille autres; il faut une ville à chaque ouvrier. Pour mon camarade et moi nous mettons notre génie dans notre adresse ; nous nous faisons des outils que nous puissions porter partout avec nous. Tous ces gens si fiers de leurs talents dans Paris ne sauroient rien dans notre île, et seroient nos apprentis à leur tour.

Lecteur, ne vous arrêtez pas à voir ici l'exercice

du corps et l'adresse des mains de notre élève; mais considérez quelle direction nous donnons à ces curiosités enfantines; considérez le sens, l'esprit inventif, la prévoyance; considérez quelle tête nous allons lui former. Dans tout ce qu'il verra, dans tout ce qu'il fera, il voudra tout connoître, il voudra savoir la raison de tout; d'instrument en instrument, il voudra toujours remonter au premier; il n'admettra rien par supposition; il refuseroit d'apprendre ce qui demanderoit une connoissance antérieure qu'il n'auroit pas : s'il voit faire un ressort, il voudra savoir comment l'acier a été tiré de la mine; s'il voit assembler les pièces d'un coffre, il voudra savoir comment l'arbre a été coupé; s'il travaille lui-même, à chaque outil dont il se sert, il ne manquera pas de se dire : Si je n'avois pas cet outil, comment m'y prendrois-je pour en faire un semblable ou pour m'en passer?

Au reste, une erreur difficile à éviter dans les occupations pour lesquelles le maître se passionne est de supposer toujours le même goût à l'enfant : gardez, quand l'amusement du travail vous emporte, que lui cependant ne s'ennuie sans vous l'oser témoigner. L'enfant doit être tout à la chose; mais vous devez être tout à l'enfant, l'observer, l'épier sans relâche et sans qu'il y paroisse, pressentir tous ses sentiments d'avance, et prévenir ceux qu'il ne doit pas avoir, l'occuper enfin de manière que non seulement il se sente utile à la chose, mais qu'il s'y plaise à force de bien comprendre à quoi sert ce qu'il fait.

La société des arts consiste en échanges d'industrie, celle du commerce en échanges de choses, celle des banques en échanges de signes et d'argent : toutes ces idées se tiennent, et les notions élémentaires sont déjà prises, nous avons jeté les fondements de tout cela dès le premier âge, à l'aide du jardiner Robert. Il ne nous reste maintenant qu'à généraliser ces mêmes idées, et les étendre à plus d'exemples, pour lui faire comprendre le jeu du trafic pris en lui-même, et rendu sensible par les détails d'histoire naturelle qui regardent les productions particulières à chaque pays, par les détails d'arts et de sciences qui regardent la navigation, enfin par le plus grand ou moindre embarras du transport, selon l'éloignement des lieux, selon la situation des terres, des mers, des rivières, etc.

Nulle société ne peut exister sans échange, nul échange sans mesure commune, et nulle mesure commune sans égalité. Ainsi, toute société a pour première loi quelque égalité conventionnelle, soit dans les hommes, soit dans les choses.

L'égalité conventionnelle entre les hommes, bien différente de l'égalité naturelle, rend nécessaire le droit positif, c'est-à-dire le gouvernement et les lois. Les connoissances politiques d'un enfant doivent être nettes et bornées; il ne doit connoître du gouvernement en général que ce qui se rapporte au droit de propriété dont il a déjà quelque idée.

L'égalité conventionnelle entre les choses a fait inventer la monnoie; car la monnoie n'est qu'un terme de comparaison pour la valeur des choses de différentes espèces; et en ce sens la monnoie est le vrai lien de la société : mais tout peut être monnoie; autrefois le bétail l'étoit, des coquillages le sont encore chez plusieurs peuples ; le fer fut monnoie à Sparte, le cuir l'a été en Suède, l'or et l'argent le sont parmi nous.

Les métaux, comme plus faciles à transporter, ont été généralement choisis pour termes moyens de tous les échanges ; et l'on a converti ces métaux en monnoie, pour épargner la mesure ou le poids à chaque échange : car la marque de la monnoie n'est qu'une attestation que la pièce ainsi marquée est d'un tel poids; et le prince seul a droit de battre monnoie, attendu que lui seul a droit d'exiger que son témoignage fasse autorité parmi tout un peuple.

L'usage de cette invention ainsi expliqué se fait sentir au plus stupide. Il est difficile de comparer immédiatement des choses de différentes natures, du drap, par exemple, avec du blé; mais, quand on a trouvé une mesure commune, savoir la monnoie, il est aisé au fabricant et au laboureur de rapporter la valeur des choses qu'ils veulent échanger à cette mesure commune. Si telle quantité de drap vaut une telle somme d'argent, et que telle quantité de blé vaille aussi la même somme d'argent, il s'ensuit que le marchand, recevant ce blé pour son drap, fait un échange équitable. Ainsi, c'est par la monnoie que les biens d'espèces diverses viennent commensurables et peuvent se comparer.

N'allez pas plus loin que cela, et n'entrez point dans l'explication des effets moraux de cette institution. En toute chose il importe de bien exposer les usages avant de montrer les abus. Si vous prétendiez expliquer aux enfants comment les signes font négliger les choses, comment de la monnoie sont nées toutes les chimères de l'opinion, comment les pays riches d'argent doivent être pauvres de tout, vous traiteriez ces enfants non seulement en philosophes, mais en hommes sages, et vous prétendriez leur faire entendre ce que peu de philosophes même ont bien conçu.

Sur quelle abondance d'objets intéressants ne peut-on point tourner ainsi la curiosité d'un élève, sans jamais quitter les rapports réels et matériels qui sont à sa portée, ni souffrir qu'il s'élève dans son esprit une seule idée qu'il ne puisse pas concevoir ! L'art du maître est de ne laisser jamais appesantir ses observations sur des minuties qui ne tiennent à rien, mais de le rapprocher sans cesse des grandes relations qu'il doit connoître un jour pour bien juger du bon et du mauvais ordre de la société civile. Il faut savoir assortir les entretiens dont on l'amuse au tour d'esprit qu'on lui a donné. Telle question, qui ne pourroit pas même effleurer l'attention d'un autre, va tourmenter Émile pendant six mois.

Nous allons dîner dans une maison opulente ; nous trouvons les apprêts d'un festin, beaucoup de monde, beaucoup de laquais, beaucoup de plats, un service élégant et fin. Tout cet appareil de plaisir et de fête a quelque chose d'enivrant qui porte à la tête quand on n'y est pas accoutumé. Je pressens l'effet de tout cela sur mon jeune élève. Tandis que le repas se prolonge, tandis que les services se succèdent, tandis qu'autour de la table règnent mille propos bruyants, je m'approche de son oreille, et je lui dis : Par combien de mains estimeriez-vous bien qu'ait passé tout ce que vous voyez sur cette table avant que d'y arriver ? Quelle foule d'idées j'éveille dans son cerveau par ce peu de mots ! A l'instant voilà toutes les vapeurs du délire abattues. Il rêve, il réfléchit, il calcule, il s'inquiète. Tandis que les philosophes, égayés par le vin, peut-être par leurs voisines, radotent et font les enfants, le voilà lui philosophant tout seul dans son coin : il m'interroge ; je refuse de répondre, je le renvoie à un autre temps ; il s'impatiente, il oublie de manger et de boire, il brûle d'être hors de table pour m'entretenir à son aise.

Quel objet pour sa curiosité! quel texte pour son instruction! Avec un jugement sain que rien n'a pu corrompre, que pensera-t-il du luxe, quand il trouvera que toutes les régions du monde ont été mises à contribution, que vingt millions de mains peut-être ont long-temps travaillé, qu'il en a coûté la vie peut-être à des milliers d'hommes, et tout cela pour lui présenter en pompe à midi ce qu'il va déposer le soir dans sa garde-robe?

Épiez avec soin les conclusions secrètes qu'il tire en son cœur de toutes ces observations. Si vous l'avez moins bien gardé que je ne le suppose, il peut être tenté de tourner ses réflexions dans un autre sens, et de se regarder comme un personnage important au monde, en voyant tant de soins concourir pour apprêter son dîner. Si vous pressentez ce raisonnement, vous pouvez aisément le prévenir avant qu'il le fasse, ou du moins en effacer aussitôt l'impression. Ne sachant encore s'approprier les choses que par une jouissance matérielle, il ne peut juger de leur convenance ou disconvenance avec lui que par des rapports sensibles. La comparaison d'un dîner simple et rustique, préparé par l'exercice, assaisonné par la faim, par la liberté, par la joie, avec son festin si magnifique et si compassé, suffira pour lui faire sentir que tout l'appareil du festin ne lui ayant donné aucun profit réel, et son estomac sortant tout aussi content de la table du paysan que de celle du financier, il n'y avoit rien à l'un de plus qu'à l'autre qu'il pût appeler véritablement sien.

Imaginons ce qu'en pareil cas un gouverneur pourra lui dire. Rappelez-vous bien ces deux repas, et décidez en vous-même lequel vous avez fait avec le plus de plaisir ; auquel avez-vous remarqué le plus de joie ? auquel a-t-on mangé de plus grand appétit, bu plus gaiement, ri de meilleur cœur ? lequel a duré le plus long-temps sans ennui, et sans avoir besoin d'être renouvelé par d'autres services ? Cependant voyez la différence : ce pain bis, que vous trouvez si bon, vient du blé recueilli par ce paysan ; son vin noir et grossier, mais désaltérant et sain, est du cru de sa vigne ; le linge vient de son chanvre, filé l'hiver par sa femme, par ses filles, par sa servante ; nulles autres mains que celles de sa famille n'ont fait les apprêts de sa table ; le moulin le plus proche et le marché voisin sont les bornes de l'univers pour lui. En quoi donc avez-vous réellement joui de tout ce qu'ont fourni de plus la terre éloignée et la main des hommes sur l'autre table ? Si tout cela ne vous a pas fait faire un meilleur repas, qu'avez-vous gagné à cette abondance ? qu'y avoit-il là qui fût fait pour vous ? Si vous eussiez été le maître de la maison, pourra-t-il ajouter, tout cela vous fût resté plus étranger encore : car le soin d'étaler aux yeux des autres votre jouissance eût achevé de vous l'ôter : vous auriez eu la peine, et eux le plaisir.

Ce discours peut être fort beau; mais il ne vaut rien pour Émile, dont il passe la portée, et à qui l'on ne dicte point ses réflexions. Parlez-lui donc plus simplement. Après ces deux épreuves, dites-lui quelque matin : Où dînerons-nous aujourd'hui? autour de cette montagne d'argent qui couvre les trois quarts de la table, et de ces parterres de fleurs de papier qu'on sert au dessert sur des miroirs, parmi ces femmes en grand panier qui vous traitent en marionnette, et veulent que vous ayez dit ce que vous ne savez pas; ou bien dans ce village à deux lieues d'ici, chez ces bonnes gens qui nous reçoivent si joyeusement, et nous donnent de si bonne crême? Le choix d'Émile n'est pas douteux : car il n'est ni babillard ni vain; il ne peut souffrir la gêne, et tous nos ragoûts fins ne lui plaisent point : mais il est toujours prêt à courir en campagne, et il aime fort les bons fruits, les bons légumes, la bonne crême, et les bonnes gens[1]. Chemin faisant, la réflexion vient d'elle-même. Je

[1] Le goût que je suppose à mon élève pour la campagne est un fruit naturel de son éducation. D'ailleurs, n'ayant rien de cet air fat et requinqué qui plaît tant aux femmes, il en est moins fêté que d'autres enfants : par conséquent il se plaît moins avec elles, et se gâte moins dans leur société, dont il n'est pas encore en état de sentir le charme. Je me suis gardé de lui apprendre à leur baiser la main, à leur dire des fadeurs, pas même à leur marquer préférablement aux hommes les égards qui leur sont dus : je me suis fait une inviolable loi de n'exiger rien de lui dont la raison ne fût à sa portée; et il n'y a point de bonne raison pour un enfant de traiter un sexe autrement que l'autre.

vois que ces foules d'hommes qui travaillent à ces grands repas perdent bien leurs peines, ou qu'ils ne songent guère à nos plaisirs.

Mes exemples, bons peut-être pour un sujet, seront mauvais pour mille autres. Si l'on en prend l'esprit, on saura bien les varier au besoin: le choix tient à l'étude du génie propre à chacun, et cette étude tient aux occasions qu'on leur offre de se montrer. On n'imaginera pas que, dans l'espace de trois ou quatre ans que nous avons à remplir ici, nous puissions donner à l'enfant le plus heureusement né une idée de tous les arts et de toutes les sciences naturelles, suffisante pour les apprendre un jour de lui-même; mais en faisant ainsi passer devant lui tous les objets qu'il lui importe de connoître, nous le mettons dans le cas de développer son goût, son talent, de faire les premiers pas vers l'objet où le porte son génie, et de nous indiquer la route qu'il lui faut ouvrir pour seconder la nature.

Un autre avantage de cet enchaînement de connoissances bornées, mais justes, est de les lui montrer par leurs liaisons, par leurs rapports, de les mettre toutes à leur place dans son estime, et de prévenir en lui les préjugés qu'ont la plupart des hommes pour les talents qu'ils cultivent, contre ceux qu'ils ont négligés. Celui qui voit bien l'ordre du tout voit la place où doit être chaque partie; celui qui voit bien une partie, et qui la connoît à fond, peut être un savant homme : l'autre est un homme judicieux ; et vous vous souvenez que ce que nous nous proposons d'acquérir est moins la science que le jugement.

Quoi qu'il en soit, ma méthode est indépendante de mes exemples, elle est fondée sur la mesure des facultés de l'homme à ses différents âges, et sur le choix des occupations qui conviennent à ses facultés. Je crois qu'on trouveroit aisément une autre méthode avec laquelle on paroîtroit faire mieux : mais si elle étoit moins appropriée à l'espèce, à l'âge, au sexe, je doute qu'elle eût le même succès.

En commençant cette seconde période, nous avons profité de la surabondance de nos forces sur nos besoins pour nous porter hors de nous; nous nous sommes élancés dans les cieux; nous avons mesuré la terre ; nous avons recueilli les lois de la nature, en un mot nous avons parcouru l'île entière : maintenant nous revenons à nous; nous nous rapprochons insensiblement de notre habitation. Trop heureux, en y rentrant, de n'en pas trouver encore en possession l'ennemi qui nous menace, et qui s'apprête à s'en emparer !

Que nous reste-t-il à faire après avoir observé tout ce qui nous environne ? D'en convertir à notre usage tout ce que nous pouvons nous approprier, et de tirer parti de notre curiosité pour l'avantage de notre bien-être. Jusqu'ici nous avons fait provision d'instruments de toute espèce, sans savoir desquels nous aurions besoin. Peut-être, inutiles à nous-mêmes, les nôtres pourront-ils servir à d'autres; et peut-être, à notre tour, aurons-nous besoin des leurs. Ainsi nous trouverions tous notre compte à ces échanges : mais, pour les faire, il faut connoître nos besoins mutuels, il faut que chacun sache ce que d'autres ont à son usage, et ce qu'il peut leur offrir en retour. Supposons dix hommes, dont chacun a dix sortes de besoins. Il faut que chacun, pour son nécessaire, s'applique à dix sortes de travaux : mais, vu la différence de génie et de talent, l'un réussira moins à quelqu'un de ces travaux, l'autre à un autre. Tous, propres à diverses choses, feront les mêmes, et seront mal servis. Formons une société de ces dix hommes, et que chacun s'applique, pour lui seul et pour les neuf autres, au genre d'occupation qui lui convient le mieux : chacun profitera des talents des autres comme si lui seul les avoit tous; chacun perfectionnera le sien par un continuel exercice : et il arrivera que tous les dix, parfaitement bien pourvus, auront encore du surabondant pour d'autres. Voilà le principe apparent de toutes nos institutions. Il n'est pas de mon sujet d'en examiner ici les conséquences : c'est ce que j'ai fait dans un autre écrit[1].

Sur ce principe, un homme qui voudroit se re-

[1] *Discours sur l'Inégalité.*

garder comme un être isolé, ne tenant du tout à rien et se suffisant à lui-même, ne pourroit être que misérable. Il lui seroit même impossible de subsister ; car, trouvant la terre entière couverte du tien et du mien, et n'ayant rien à lui que son corps, d'où tireroit-il son nécessaire ? En sortant de l'état de la nature, nous forçons nos semblables d'en sortir aussi ; nul n'y peut demeurer malgré les autres : et ce seroit réellement en sortir que d'y vouloir rester dans l'impossibilité d'y vivre ; car la première loi de la nature est le soin de se conserver.

Ainsi se forment peu à peu dans l'esprit d'un enfant les idées des relations sociales, même avant qu'il puisse être réellement membre actif de la société. Émile voit que, pour avoir des instruments à son usage, il lui en faut encore à l'usage des autres par lesquels il puisse obtenir en échange les choses qui lui sont nécessaires et qui sont en leur pouvoir. Je l'amène aisément à sentir le besoin de ces échanges, et à se mettre en état d'en profiter.

Monseigneur, il faut que je vive, disoit un malheureux auteur satirique au ministre qui lui reprochoit l'infamie de ce métier. *Je n'en vois pas la nécessité,* lui repartit froidement l'homme en place. Cette réponse, excellente pour un ministre, eût été barbare et fausse en toute autre bouche. Il faut que tout homme vive. Cet argument, auquel chacun donne plus ou moins de force à proportion qu'il a plus ou moins d'humanité, me paroît sans réplique pour celui qui le fait relativement à lui-même. Puisque, de toutes les aversions que nous donne la nature, la plus forte est celle de mourir, il s'ensuit que tout est permis par elle à quiconque n'a nul autre moyen possible pour vivre. Les principes sur lesquels l'homme vertueux apprend à mépriser sa vie et à l'immoler à son devoir sont bien loin de cette simplicité primitive. Heureux les peuples chez lesquels on peut être bon sans effort et juste sans vertu! S'il est quelque misérable état au monde où chacun ne puisse pas vivre sans mal faire et où les citoyens soient fripons par nécessité, ce n'est pas le malfaiteur qu'il faut pendre, c'est celui qui le force à le devenir.

Sitôt qu'Émile saura ce que c'est que la vie, mon premier soin sera de lui apprendre à la conserver. Jusqu'ici je n'ai point distingué les états, les rangs, les fortunes; et je ne les distinguerai guère plus dans la suite, parce que l'homme est le même dans tous les états; que le riche n'a pas l'estomac plus grand que le pauvre et ne digère pas mieux que lui; que le maître n'a pas les bras plus longs ni plus forts que ceux de son esclave; qu'un grand n'est pas plus grand qu'un homme du peuple; et qu'enfin les besoins naturels étant partout les mêmes, les moyens d'y pourvoir doivent être partout égaux. Appropriez l'éducation de l'homme à l'homme, et non pas à ce qui n'est point lui. Ne voyez-vous pas qu'en travaillant à le former exclusivement pour un état vous le rendez inutile à tout autre, et que, s'il plaît à la fortune, vous n'aurez travaillé qu'à le rendre malheureux? Qu'y a-t-il de plus ridicule qu'un grand seigneur devenu gueux, qui porte dans sa misère les préjugés de sa naissance? Qu'y a-t-il de plus vil qu'un riche appauvri, qui, se souvenant du mépris qu'on doit à la pauvreté, se sent devenu le dernier des hommes? L'un a pour toute ressource le métier de fripon public, l'autre celui de valet rampant avec ce beau mot, *Il faut que je vive.*

Vous vous fiez à l'ordre actuel de la société sans songer que cet ordre est sujet à des révolutions inévitables, et qu'il vous est impossible de prévoir ni de prévenir celle qui peut regarder vos enfants. Le grand devient petit, le riche devient pauvre, le monarque devient sujet : les coups du sort sont-ils si rares que vous puissiez compter d'en être exempt? Nous approchons de l'état de crise et du siècle des révolutions[1]. Qui peut vous répondre de ce que vous deviendrez alors? Tout ce qu'ont fait les hommes, les hommes peuvent le détruire; il n'y a de caractères ineffaçables que ceux qu'imprime

[1] Je tiens pour impossible que les grandes monarchies de l'Europe aient encore long-temps à durer : toutes ont brillé, et tout état qui brille est sur son déclin. J'ai de mon opinion des raisons plus particulières que cette maxime; mais il n'est pas à propos de les dire, et chacun ne les voit que trop.

la nature, et la nature ne fait ni princes, ni riches, ni grands seigneurs. Que fera donc, dans la bassesse, ce satrape que vous n'avez élevé que pour la grandeur? Que fera, dans la pauvreté, ce publicain qui ne sait vivre que d'or? Que fera, dépourvu de tout, ce fastueux imbécile qui ne sait point user de lui-même, et ne met son être que dans ce qui est étranger à lui? Heureux celui qui sait quitter alors l'état qui le quitte, et rester homme en dépit du sort! Qu'on loue tant qu'on voudra ce roi vaincu qui veut s'enterrer en furieux sous les débris de son trône; moi je le méprise; je vois qu'il n'existe que par sa couronne, et qu'il n'est rien du tout s'il n'est roi : mais celui qui la perd et s'en passe est alors au-dessus d'elle. Du rang de roi, qu'un lâche, un méchant, un fou peut remplir comme un autre; il monte à l'état d'homme, que si peu d'hommes savent remplir. Alors il triomphe de la fortune, il la brave; il ne doit rien qu'à lui seul; et quand il ne lui reste à montrer que lui, il n'est point nul; il est quelque chose. Oui, j'aime mieux cent fois le roi de Syracuse maître d'école à Corinthe, et le roi de Macédoine greffier à Rome [1], qu'un malheureux Tarquin, ne sachant que devenir s'il ne règne pas, que l'héritier du possesseur de trois royaumes [2], jouet de quiconque ose

---

[1] * Alexandre, fils de Persée, roi de Macédoine, fut secrétaire d'un magistrat de Rome.

[2] * Le prince Charles-Édouard, dit *le Prétendant*, petit-fils de Jacques II, roi d'Angleterre, détrôné en 1688.

insulter à sa misère, errant de cour en cour, cherchant partout des secours, et trouvant partout des affronts, faute de savoir faire autre chose qu'un métier qui n'est plus en son pouvoir.

L'homme et le citoyen, quel qu'il soit, n'a d'autre bien à mettre dans la société que lui-même, tous ses autres biens y sont malgré lui ; et quand un homme est riche, ou il ne jouit pas de sa richesse, ou le public en jouit aussi. Dans le premier cas il vole aux autres ce dont il se prive ; et dans le second il ne leur donne rien. Ainsi la dette sociale lui reste tout entière tant qu'il ne paie que de son bien. Mais mon père, en le gagnant, a servi la société... Soit ; il a payé sa dette, mais non pas la vôtre. Vous devez plus aux autres que si vous fussiez né sans bien, puisque vous êtes né favorisé. Il n'est point juste que ce qu'un homme a fait pour la société en décharge un autre de ce qu'il lui doit ; car chacun, se devant tout entier, ne peut payer que pour lui, et nul père ne peut transmettre à son fils le droit d'être inutile à ses semblables : or, c'est pourtant ce qu'il fait, selon vous, en lui transmettant ses richesses, qui sont la preuve et le prix du travail. Celui qui mange dans l'oisiveté ce qu'il n'a pas gagné lui-même le vole ; et un rentier que l'état paie pour ne rien faire ne diffère guère, à mes yeux, d'un brigand qui vit aux dépens des passants. Hors de la société, l'homme isolé, ne devant rien à personne, a droit de vivre comme il lui plaît; mais dans la société, où il vit nécessairement aux dépens des autres, il leur doit en travail le prix de son entretien; cela est sans exception. Travailler est donc un devoir indispensable à l'homme social. Riche ou pauvre, puissant ou foible, tout citoyen oisif est un fripon.

Or, de toutes les occupations qui peuvent fournir la subsistance à l'homme, celle qui le rapproche le plus de l'état de nature est le travail des mains : de toutes les conditions, la plus indépendante de la fortune et des hommes est celle de l'artisan. L'artisan ne dépend que de son travail; il est libre, aussi libre que le laboureur est esclave : car celui-ci tient à son champ, dont la récolte est à la discrétion d'autrui. L'ennemi, le prince, un voisin puissant, un procès, lui peut enlever ce champ; par ce champ on peut le vexer en mille manières : mais partout où l'on veut vexer l'artisan, son bagage est bientôt fait; il emporte ses bras et s'en va. Toutefois l'agriculture est le premier métier de l'homme : c'est le plus honnête, le plus utile, et par conséquent le plus noble qu'il puisse exercer. Je ne dis pas à Émile, Apprends l'agriculture; il la sait. Tous les travaux rustiques lui sont familiers; c'est par eux qu'il a commencé; c'est à eux qu'il revient sans cesse. Je lui dis donc, Cultive l'héritage de tes pères. Mais si tu perds cet héritage, ou si tu n'en as point, que faire? Apprends un métier.

Un métier à mon fils! mon fils artisan! Monsieur, y pensez-vous? J'y pense mieux que vous, madame, qui voulez le réduire à ne pouvoir jamais être qu'un lord, un marquis, un prince, et peut-être un jour moins que rien : moi, je lui veux donner un rang qu'il ne puisse perdre, un rang qui l'honore dans tous les temps, je veux l'élever à l'état d'homme; et, quoi que vous en puissiez dire, il aura moins d'égaux à ce titre qu'à tous ceux qu'il tiendra de vous.

La lettre tue, et l'esprit vivifie. Il s'agit moins d'apprendre un métier pour savoir un métier, que pour vaincre les préjugés qui le méprisent. Vous ne serez jamais réduit à travailler pour vivre. Eh! tant pis, tant pis pour vous! Mais n'importe; ne travaillez point par nécessité, travaillez par gloire. Abaissez-vous à l'état d'artisan pour être au-dessus du vôtre. Pour vous soumettre la fortune et les choses, commencez par vous en rendre indépendant. Pour régner par l'opinion, commencez par régner sur elle.

Souvenez-vous que ce n'est point un talent que je vous demande; c'est un métier, un vrai métier, un art purement mécanique, où les mains travaillent plus que la tête; et qui ne mène point à la fortune, mais avec lequel on peut s'en passer. Dans des maisons fort au-dessus du danger de manquer de pain, j'ai vu des pères pousser la prévoyance jusqu'à joindre au soin d'instruire leurs enfants celui de les pourvoir de connoissances dont, à tout événement, ils pussent tirer parti pour vivre. Ces pères prévoyants croient beaucoup faire; ils ne font rien, parce que les ressources qu'ils pensent ménager à leurs enfants dépendent de cette même fortune au-dessus de laquelle ils les veulent mettre. En sorte qu'avec tous ces beaux talents, si celui qui les a ne se trouve dans des circonstances favorables pour en faire usage, il périra de misère comme s'il n'en avoit aucun.

Dès qu'il est question de manége et d'intrigues, autant vaut les employer à se maintenir dans l'abondance, qu'à regagner, du sein de la misère, de quoi remonter à son premier état. Si vous cultivez des arts dont le succès tient à la réputation de l'artiste; si vous vous rendez propre à des emplois qu'on n'obtient que par la faveur, que vous servira tout cela, quand, justement dégoûté du monde, vous dédaignerez les moyens sans lesquels on n'y peut réussir? Vous avez étudié la politique et les intérêts des princes: voilà qui va fort bien; mais que ferez-vous de ces connoissances, si vous ne savez parvenir aux ministres, aux femmes de la cour, aux chefs des bureaux; si vous n'avez le secret de leur plaire, si tous ne trouvent en vous le fripon qui leur convient? Vous êtes architecte ou peintre: soit; mais il faut faire connoître votre talent. Pensez-vous aller de but en blanc exposer un ouvrage au salon? Oh! qu'il n'en va pas ainsi! Il faut être de l'Académie; il y faut même être protégé pour obtenir au coin d'un mur quelque place obscure. Quittez-moi la règle et le pinceau; prenez un fiacre, et courez de porte en porte : c'est ainsi qu'on acquiert la célébrité. Or vous devez savoir que toutes ces illustres portes ont des suisses ou des portiers qui n'entendent que par geste, et dont les oreilles sont dans leurs mains. Voulez-vous enseigner ce que vous avez appris, et devenir maître de géographie, ou de mathématiques, ou de langues, ou de musique, ou de dessin; pour cela même il faut trouver des écoliers, par conséquent des prôneurs. Comptez qu'il importe plus d'être charlatan qu'habile, et que, si vous ne savez de métier que le vôtre, jamais vous ne serez qu'un ignorant.

Voyez donc combien toutes ces brillantes ressources sont peu solides, et combien d'autres ressources vous sont nécessaires pour tirer parti de celles-là. Et puis, que deviendrez-vous dans ce lâche abaissement? Les revers, sans vous instruire, vous avilissent; jouet plus que jamais de l'opinion publique, comment vous élèverez-vous au-dessus des préjugés, arbitres de votre sort? Comment mépriserez-vous la bassesse et les vices dont vous avez besoin pour subsister? Vous ne dépendiez que des richesses; et maintenant vous dépendez des riches; vous n'avez fait qu'empirer votre esclavage et le surcharger de votre misère. Vous voilà pauvre sans être libre; c'est le pire état où l'homme puisse tomber.

Mais, au lieu de recourir pour vivre à ces hautes connoissances qui sont faites pour nourrir l'ame et non le corps, si vous recourez, au besoin, à vos mains et à l'usage que vous en savez faire, toutes les difficultés disparoissent, tous les manéges deviennent inutiles; la ressource est toujours prête au moment d'en user, la probité, l'honneur, ne sont plus un obstacle à la vie : vous n'avez plus besoin d'être lâche et menteur devant les grands, souple et rampant devant les fripons, vil complaisant de tout le monde, emprunteur ou voleur, ce qui est à peu près la même chose quand on n'a rien : l'opinion des autres ne vous touche point; vous n'avez à faire votre cour à personne, point de sot à flatter, point de suisse à fléchir, point de courtisane à payer, et, qui pis est, à encenser. Que des coquins mènent les grandes affaires, peu vous importe : cela ne vous empêchera pas, vous, dans votre vie obscure, d'être honnête homme et d'avoir du pain. Vous entrez dans la première boutique du métier que vous avez appris : Maître, j'ai besoin d'ouvrage. Compagnon, mettez-vous là, travaillez. Avant que l'heure du dîner soit venue, vous avez gagné votre dîner : si vous êtes diligent et sobre, avant que huit jours se passent, vous aurez de quoi vivre huit autres jours : vous aurez vécu libre, sain, vrai, laborieux, juste. Ce n'est pas perdre son temps que d'en gagner ainsi.

Je veux absolument qu'Émile apprenne un métier. Un métier honnête, au moins, direz-vous? Que signifie ce mot? Tout métier utile au public n'est-il pas honnête? Je ne veux point qu'il soit brodeur, ni doreur, ni vernisseur, comme le gentilhomme de Locke; je ne veux qu'il soit ni musicien, ni comédien, ni faiseur de livres [1]. A ces professions près et les autres qui leur ressemblent, qu'il prenne celle qu'il voudra; je ne prétends le gêner en rien. J'aime mieux qu'il soit cordonnier que poète, j'aime mieux qu'il pave les grands chemins que de faire des fleurs de porcelaine. Mais, direz-vous, les archers, les espions, les bourreaux, sont des gens utiles. Il ne tient qu'au gouvernement qu'ils ne le soient point. Mais passons; j'avois tort : il ne suffit pas de choisir un métier utile, il faut encore qu'il n'exige pas des gens qui l'exercent des qualités d'ame odieuses et incompatibles avec l'humanité. Ainsi, revenant au premier mot, prenons un métier honnête : mais souvenons-nous toujours qu'il n'y a point d'honnêteté sans l'utilité.

Un célèbre auteur de ce siècle [2], dont les livres

---

[1] Vous l'êtes bien, vous, me dira-t-on. Je le suis pour mon malheur, je l'avoue; et mes torts, que je pense avoir assez expiés, ne sont pas pour autrui des raisons d'en avoir de semblables. Je n'écris pas pour excuser mes fautes, mais pour empêcher mes lecteurs de les imiter.

[2] L'abbé de Saint-Pierre.

sont pleins de grands projets et de petites vues, avoit fait vœu, comme tous les prêtres de sa communion, de n'avoir point de femme en propre ; mais se trouvant plus scrupuleux que les autres sur l'adultère, on dit qu'il prit le parti d'avoir de jolies servantes, avec lesquelles il réparoit de son mieux l'outrage qu'il avoit fait à son espèce par ce téméraire engagement. Il regardoit comme un devoir du citoyen d'en donner d'autres à la patrie, et du tribut qu'il lui payoit en ce genre il peuploit la classe des artisans. Sitôt que ces enfants étoient en âge, il leur faisoit apprendre à tous un métier de leur goût, n'excluant que les professions oiseuses, futiles, ou sujettes à la mode, telles, par exemple, que celle de perruquier, qui n'est jamais nécessaire, et qui peut devenir inutile d'un jour à l'autre, tant que la nature ne se rebutera pas de nous donner des cheveux.

Voilà l'esprit qui doit nous guider dans le choix du métier d'Émile ; ou plutôt ce n'est pas à nous de faire ce choix, c'est à lui, car les maximes dont il est imbu conservant en lui le mépris naturel des choses inutiles, jamais il ne voudra consumer son temps en travaux de nulle valeur, et il ne connoît de valeur aux choses que celle de leur utilité réelle, il lui faut un métier qui pût servir à Robinson dans son île.

En faisant passer en revue devant un enfant les productions de la nature et de l'art, en irritant sa curiosité, en le suivant où elle le porte, on a l'avantage d'étudier ses goûts, ses inclinations, ses penchants, et de voir briller la première étincelle de son génie, s'il en a quelqu'un qui soit bien décidé. Mais une erreur commune et dont il faut vous préserver, c'est d'attribuer à l'ardeur du talent l'effet de l'occasion, et de prendre pour une inclination marquée vers tel ou tel art l'esprit imitatif commun à l'homme et au singe, et qui porte machinalement l'un et l'autre à vouloir faire tout ce qu'il voit faire, sans trop savoir à quoi cela est bon. Le monde est plein d'artisans, et surtout d'artistes qui n'ont point le talent naturel de l'art qu'ils exercent, dans lequel on les a poussés dès leur bas âge, soit déterminé par d'autres convenances, soit trompé par un zèle apparent qui les eût portés de même vers tout autre art, s'ils l'avoient vu pratiquer aussitôt. Tel entend un tambour et se croit général; tel voit bâtir et veut être architecte. Chacun est tenté du métier qu'il voit faire, quand il le croit estimé.

J'ai connu un laquais qui, voyant peindre et dessiner son maître, se mit dans la tête d'être peintre et dessinateur. Dès l'instant qu'il eut formé cette résolution, il prit le crayon, qu'il n'a plus quitté que pour prendre le pinceau, qu'il ne quittera de sa vie. Sans leçons et sans règles il se mit à dessiner tout ce qui lui tomboit sous la main. Il passa trois ans entiers collé sur des barbouillages, sans que jamais rien pût l'en arracher que son service, et sans jamais se rebuter du peu de progrès que de médiocres dispositions lui laissoient faire. Je l'ai vu durant six mois d'un été très-ardent, dans une petite antichambre au midi, où l'on suffoquoit au passage, assis, ou plutôt cloué tout le jour sur sa chaise, devant un globe, dessiner ce globe, le redessiner, commencer et recommencer sans cesse avec une invincible obstination, jusqu'à ce qu'il en eût rendu la ronde-bosse assez bien pour être content de son travail. Enfin, favorisé de son maître et guidé par un artiste, il est parvenu au point de quitter la livrée et de vivre de son pinceau. Jusqu'à certain terme la persévérance supplée au talent : il a atteint ce terme et ne le passera jamais. La constance et l'émulation de cet honnête garçon sont louables. Il se fera toujours estimer par son assiduité, par sa fidélité, par ses mœurs; mais il ne peindra jamais que des dessus de porte. Qui est-ce qui n'eût pas été trompé par son zèle et ne l'eût pas pris pour un vrai talent? Il y a bien de la différence entre se plaire à un travail, et y être propre. Il faut des observations plus fines qu'on ne pense pour s'assurer du vrai génie et du vrai goût d'un enfant qui montre bien plus ses désirs que ses dispositions, et qu'on juge toujours par les premiers, faute de savoir étudier les autres. Je voudrois qu'un homme judicieux nous donnât un traité de l'art d'observer les enfants. Cet art seroit très-important à connoître : les pères et les maîtres n'en ont pas encore les éléments.

Mais peut-être donnons-nous ici trop d'importance au choix d'un métier. Puisqu'il ne s'agit que d'un travail des mains, ce choix n'est rien pour Émile ; et son apprentissage est déjà plus d'à moitié fait, par les exercices dont nous l'avons occupé jusqu'à présent. Que voulez-vous qu'il fasse ? Il est prêt à tout : il sait déjà manier la bêche et la houe ; il sait se servir du tour, du marteau, du rabot, de la lime ; les outils de tous les métiers lui sont déjà familiers. Il ne s'agit plus que d'acquérir de quelqu'un de ces outils un usage assez prompt, assez facile, pour égaler en diligence les bons ouvriers qui s'en servent ; et il a sur ce point un grand avantage par-dessus tous, c'est d'avoir le corps agile, les membres flexibles, pour prendre sans peine toutes sortes d'attitudes et prolonger sans effort toutes sortes de mouvements. De plus, il a les organes justes et bien exercés ; toute la mécanique des arts lui est déjà connue. Pour savoir travailler en maître, il ne lui manque que de l'habitude, et l'habitude ne se gagne qu'avec le temps. Auquel des métiers, dont le choix nous reste à faire, donnera-t-il donc assez de temps pour s'y rendre diligent ? Ce n'est plus que de cela qu'il s'agit.

Donnez à l'homme un métier qui convienne à

son sexe, et au jeune homme un métier qui convienne à son âge; toute profession sédentaire et casanière, qui effémine et ramollit le corps, ne lui plaît ni ne lui convient. Jamais jeune garçon n'aspira de lui-même à être tailleur; il faut de l'art pour porter à ce métier de femmes le sexe pour lequel il n'est pas fait [1]. L'aiguille et l'épée ne sauroient être maniées par les mêmes mains. Si j'étois souverain, je ne permettrois la couture et les métiers à l'aiguille qu'aux femmes et aux boiteux réduits à s'occuper comme elles. En supposant les eunuques nécessaires, je trouve les Orientaux bien fous d'en faire exprès. Que ne se contentent-ils de ceux qu'a faits la nature, de ces foules d'hommes lâches dont elle a mutilé le cœur? ils en auroient de reste pour le besoin. Tout homme foible, délicat, craintif, est condamné par elle à la vie sédentaire; il est fait pour vivre avec les femmes ou à leur manière. Qu'il exerce quelqu'un des métiers qui leur sont propres, à la bonne heure; et, s'il faut absolument de vrais eunuques, qu'on réduise à cet état les hommes qui déshonorent leur sexe en prenant des emplois qui ne lui conviennent pas. Leur choix annonce l'erreur de la nature: corrigez cette erreur de manière ou d'autre, vous n'aurez fait que du bien.

J'interdis à mon élève les métiers malsains, mais

[1] Il n'y avoit point de tailleurs parmi les anciens : les habits des hommes se faisoient dans la maison par les femmes.

non pas les métiers pénibles, ni même les métiers périlleux. Ils exercent à la fois la force et le courage ; ils sont propres aux hommes seuls ; les femmes n'y prétendent point : comment n'ont-ils pas honte d'empiéter sur ceux qu'elles font ?

> Luctantur paucæ, comedunt coliphia paucæ.
> Vos lanam trahitis, calathisque peracta refertis
> Vellera... [1].

En Italie, on ne voit point de femmes dans les boutiques, et l'on ne peut rien imaginer de plus triste que le coup d'œil des rues de ce pays-là pour ceux qui sont accoutumés à celles de France et d'Angleterre. En voyant des marchands de modes vendre aux dames des rubans, des pompons, du réseau, de la chenille, je trouvois ces parures délicates bien ridicules dans de grosses mains, faites pour souffler la forge et frapper sur l'enclume. Je me disois : Dans ce pays les femmes devroient, par représailles, lever des boutiques de fourbisseurs et d'armuriers. Eh! que chacun fasse et vende les armes de son sexe. Pour les connoître, il les faut employer.

Jeune homme, imprime à tes travaux la main de l'homme. Apprends à manier d'un bras vigoureux la hache et la scie, à équarrir une poutre, à monter sur un comble, à poser le faîte, à l'affermir de jambes-de-force et d'entraits ; puis crie à ta

---

[1] Juven., Sat. II, v. 53.

sœur de venir t'aider à ton ouvrage, comme elle te disoit de travailler à son point-croisé.

J'en dis trop pour mes agréables contemporains, je le sens; mais je me laisse quelquefois entraîner à la force des conséquences. Si quelque homme que ce soit a honte de travailler en public armé d'une doloire et ceint d'un tablier de peau, je ne vois plus en lui qu'un esclave de l'opinion, prêt à rougir de bien faire, sitôt qu'on se rira des honnêtes gens. Toutefois cédons aux préjugés des pères tout ce qui ne peut nuire au jugement des enfants. Il n'est pas nécessaire d'exercer toutes les professions utiles pour les honorer toutes; il suffit de n'en estimer aucune au-dessous de soi. Quand on a le choix et que rien d'ailleurs ne nous détermine, pourquoi ne consulteroit-on pas l'agrément, l'inclination, la convenance entre les professions de même rang? Les travaux des métaux sont utiles, et même les plus utiles de tous; cependant, à moins qu'une raison particulière ne m'y porte, je ne ferai point de votre fils un maréchal, un serrurier, un forgeron; je n'aimerois pas à lui voir, dans sa forge, la figure d'un cyclope. De même, je n'en ferai pas un maçon, encore moins un cordonnier. Il faut que tous les métiers se fassent; mais qui peut choisir doit avoir égard à la propreté, car il n'y a point là d'opinion : sur ce point les sens nous décident. Enfin, je n'aimerois pas ces stupides professions dont les ouvriers, sans industrie et presque automates, n'exercent jamais leurs mains qu'au même travail; les tisserands, les faiseurs de bas, les scieurs de pierre : à quoi sert d'employer à ces métiers des hommes de sens? c'est une machine qui en mène une autre.

Tout bien considéré, le métier que j'aimerois le mieux qui fût du goût de mon élève est celui de menuisier. Il est propre, il est utile, il peut s'exercer dans la maison; il tient suffisamment le corps en haleine; il exige dans l'ouvrier de l'adresse et de l'industrie; et dans la forme des ouvrages que l'utilité détermine, l'élégance et le goût ne sont pas exclus.

Que si par hasard le génie de votre élève étoit décidément tourné vers les sciences spéculatives, alors je ne blâmerois pas qu'on lui donnât un métier conforme à ses inclinations; qu'il apprît, par exemple, à faire des instruments de mathématiques, des lunettes, des télescopes, etc.

Quand Émile apprendra son métier, je veux l'apprendre avec lui; car je suis convaincu qu'il n'apprendra jamais bien que ce que nous apprendrons ensemble. Nous nous mettrons donc tous deux en apprentissage, et nous ne prétendrons point être traités en messieurs, mais en vrais apprentis qui ne le sont pas pour rire : pourquoi ne le serions-nous pas tout de bon? Le czar Pierre étoit charpentier au chantier, et tambour dans ses propres troupes : pensez-vous que ce prince ne vous valût pas par la naissance ou par le mérite? Vous comprenez que ce n'est point à Émile que je dis cela; c'est à vous, qui que vous puissiez être.

Malheureusement nous ne pouvons passer tout notre temps à l'établi. Nous ne sommes pas seulement apprentis ouvriers, nous sommes apprentis hommes; et l'apprentissage de ce dernier métier est plus pénible et plus long que l'autre. Comment ferons-nous donc? Prendrons-nous un maître de rabot une heure par jour, comme on prend un maître à danser? Non; nous ne serions pas des apprentis, mais des disciples; et notre ambition n'est pas tant d'apprendre la menuiserie que de nous élever à l'état de menuisier. Je suis donc d'avis que nous allions toutes les semaines une ou deux fois au moins passer la journée entière chez le maître, que nous nous levions à son heure, que nous soyons à l'ouvrage avant lui, que nous mangions à sa table, que nous travaillions sous ses ordres; et qu'après avoir eu l'honneur de souper avec sa famille, nous retournions, si nous voulons, coucher dans nos lits durs. Voilà comment on apprend plusieurs métiers à la fois; et comment on s'exerce au travail des mains, sans négliger l'autre apprentissage.

Soyons simples en faisant bien. N'allons pas reproduire la vanité par nos soins pour la combattre. S'enorgueillir d'avoir vaincu les préjugés, c'est s'y soumettre. On dit que, par un ancien usage de la maison ottomane, le grand-seigneur est obligé de travailler de ses mains ; et chacun sait que les ouvrages d'une main royale ne peuvent être que des chefs-d'œuvre. Il distribue donc magnifiquement ces chefs-d'œuvre aux grands de la Porte ; et l'ouvrage est payé selon la qualité de l'ouvrier. Ce que je vois de mal à cela n'est pas cette prétendue vexation ; car au contraire elle est un bien. En forçant les grands de partager avec lui les dépouilles du peuple, le prince est d'autant moins obligé de piller le peuple directement. C'est un soulagement nécessaire au despotisme, et sans lequel cet horrible gouvernement ne sauroit subsister.

Le vrai mal d'un pareil usage est l'idée qu'il donne à ce pauvre homme de son mérite. Comme le roi Midas, il voit changer en or tout ce qu'il touche, mais il n'aperçoit pas quelles oreilles cela fait pousser. Pour en conserver de courtes à notre Émile, préservons ses mains de ce riche talent ; que ce qu'il fait ne tire pas son prix de l'ouvrier, mais de l'ouvrage. Ne souffrons jamais qu'on juge du sien qu'en le comparant à celui des bons maîtres. Que son travail soit prisé par le travail même, et non parce qu'il est de lui. Dites de ce qui est bien fait, *Voilà qui est bien fait;* mais n'ajoutez point, *Qui est-ce qui a fait cela?* S'il dit lui-même d'un air fier et content de lui, *C'est moi qui l'ai fait;* ajoutez froidement, *Vous ou un autre, il n'importe; c'est toujours un travail bien fait.*

Bonne mère, préserve-toi surtout des mensonges qu'on te prépare. Si ton fils sait beaucoup de choses, défie-toi de tout ce qu'il sait : s'il a le malheur d'être élevé à Paris, et d'être riche, il est perdu. Tant qu'il s'y trouvera d'habiles artistes, il aura tous leurs talents; mais loin d'eux il n'en aura plus. A Paris le riche sait tout; il n'y a d'ignorant que le pauvre. Cette capitale est pleine d'amateurs et surtout d'amatrices, qui font leurs ouvrages comme M. Guillaume inventoit ses couleurs. Je connois à ceci trois exceptions honorables parmi les hommes, il y en peut avoir davantage; mais je n'en connois aucune parmi les femmes, et je doute qu'il y en ait. En général on acquiert un nom dans les arts comme dans la robe; on devient artiste et juge des artistes comme on devient docteur en droit et magistrat.

Si donc il étoit une fois établi qu'il est beau de savoir un métier, vos enfants le sauroient bientôt sans l'apprendre : ils passeroient maîtres comme les conseillers de Zurich. Point de tout ce cérémonial pour Émile; point d'apparence, et toujours de la réalité. Qu'on ne dise pas qu'il sait mais qu'il apprenne en silence. Qu'il fasse toujours son chef-d'œuvre, et que jamais il ne passe maître; qu'il ne se montre pas ouvrier par son titre, mais par son travail.

Si jusqu'ici je me suis fait entendre, on doit concevoir comment avec l'habitude de l'exercice du corps et du travail des mains, je donne insensiblement à mon élève le goût de la réflexion et de la méditation, pour balancer en lui la paresse qui résulteroit de son indifférence pour les jugements des hommes et du calme de ses passions. Il faut qu'il travaille en paysan, et qu'il pense en philosophe, pour n'être pas aussi fainéant qu'un sauvage. Le grand secret de l'éducation est de faire que les exercices du corps et ceux de l'esprit servent toujours de délassement les uns aux autres.

Mais gardons-nous d'anticiper sur les instructions qui demandent un esprit plus mûr. Émile ne sera pas long-temps ouvrier sans ressentir par lui-même l'inégalité des conditions, qu'il n'avoit d'abord qu'aperçue. Sur les maximes que je lui donne et qui sont à sa portée, il voudra m'examiner à mon tour. En recevant tout de moi seul, en se voyant si près de l'état des pauvres, il voudra savoir pourquoi j'en suis si loin. Il me fera peut-être, au dépourvu, des questions scabreuses : « Vous êtes riche, « vous me l'avez dit et je le vois. Un riche doit « aussi son travail à la société puisqu'il est homme. « Mais vous, que faites-vous donc pour elle ? » Que diroit à cela un beau gouverneur ? Je l'ignore. Il seroit peut-être assez sot pour parler à l'enfant des soins qu'il lui rend. Quant à moi, l'atelier me tire d'affaire. « Voilà, cher Émile, une excellente

« question : je vous promets d'y répondre pour
« quand vous y ferez pour vous-mêmes une ré-
« ponse dont vous soyiez content. En attendant,
« j'aurai soin de rendre à vous et aux pauvres ce
« que j'ai de trop, et de faire une table ou un banc
« par semaine, afin de n'être pas tout-à-fait inutile
« à tout. »

Nous voici revenus à nous-mêmes. Voilà notre enfant prêt à cesser de l'être, rentré dans son individu. Le voilà sentant plus que jamais la nécessité qui l'attache aux choses. Après avoir commencé par exercer son corps et ses sens, nous avons exercé son esprit et son jugement. Enfin nous avons réuni l'usage de ses membres à celui de ses facultés; nous avons fait un être agissant et pensant : il ne nous reste plus, pour achever l'homme, que de faire un être aimant et sensible, c'est-à-dire de perfectionner la raison par le sentiment. Mais avant d'entrer dans ce nouvel ordre de choses, jetons les yeux sur celui dont nous sortons, et voyons, le plus exactement qu'il est possible, jusqu'où nous sommes parvenus.

Notre élève n'avoit d'abord que des sensations, maintenant il a des idées : il ne faisoit que sentir, maintenant il juge. Car de la comparaison de plusieurs sensations successives ou simultanées, et du jugement qu'on en porte, naît une sorte de sensation mixte ou complexe, que j'appelle idée.

La manière de former les idées est ce qui donne

un caractère à l'esprit humain. L'esprit qui ne forme ses idées que sur des rapports réels est un esprit solide; celui qui se contente des rapports apparents est un esprit superficiel; celui qui voit les rapports tels qu'ils sont est esprit juste; celui qui controuve des rapports imaginaires qui n'ont ni réalité ni apparence est un fou; celui qui ne compare point est un imbécile. L'aptitude plus ou moins grande à comparer des idées et à trouver des rapports est ce qui fait dans les hommes le plus ou le moins d'esprit, etc.

Les idées simples ne sont que des sensations comparées. Il y a des jugements dans les simples sensations aussi bien que dans les sensations complexes, que j'appelle idées simples. Dans la sensation, le jugement est purement passif, il affirme qu'on sent ce qu'on sent. Dans la perception ou idée, le jugement est actif; il rapproche, il compare, il détermine des rapports que le sens ne détermine pas. Voilà toute la différence; mais elle est grande. Jamais la nature ne nous trompe; c'est toujours nous qui nous trompons.

Je vois servir à un enfant de huit ans d'un fromage glacé; il porte la cuiller à sa bouche, sans savoir ce que c'est, et saisi de froid, s'écrie: *Ah! cela me brûle!* Il éprouve une sensation très-vive; il n'en connoît point de plus vive que la chaleur du feu, et il croit sentir celle-là. Cependant il s'abuse; le saisissement du froid le blesse, mais il ne le brûle pas ; et ces deux sensations ne sont pas semblables, puisque ceux qui ont éprouvé l'une et l'autre ne les confondent point. Ce n'est donc pas la sensation qui le trompe, mais le jugement qu'il en porte.

Il en est de même de celui qui voit pour la première fois un miroir ou une machine d'optique, ou qui entre dans une cave profonde au cœur de l'hiver ou de l'été ; ou qui trempe dans l'eau tiède une main très-chaude ou très-froide ; ou qui fait rouler entre deux doigts croisés une petite boule, etc. S'il se contente de dire ce qu'il aperçoit, ce qu'il sent, son jugement étant purement passif, il est impossible qu'il se trompe : mais quand il juge de la chose par l'apparence, il est actif, il compare, il établit par induction des rapports qu'il n'aperçoit pas ; alors il se trompe ou peut se tromper. Pour corriger ou prévenir l'erreur, il a besoin de l'expérience.

Montrez de nuit à votre élève des nuages passant entre la lune et lui, il croira que c'est la lune qui passe en sens contraire et que les nuages sont arrêtés. Il le croira par une induction précipitée, parce qu'il voit ordinairement les petits objets se mouvoir préférablement aux grands, et que les nuages lui semblent plus grands que la lune, dont il ne peut estimer l'éloignement. Lorsque, dans un bateau qui vogue, il regarde d'un peu loin le rivage, il tombe dans l'erreur contraire, et croit voir courir la terre, parce que, ne se sentant point en mouvement, il regarde le bateau, la mer ou la rivière, et tout son horizon, comme un tout immobile, dont le rivage qu'il voit courir ne lui semble qu'une partie.

La première fois qu'un enfant voit un bâton à moitié plongé dans l'eau, il voit un bâton brisé : la sensation est vraie, et elle ne laisseroit pas de l'être quand même nous ne saurions point la raison de cette apparence. Si donc vous lui demandez ce qu'il voit, il dit un bâton brisé, et il dit vrai, car il est très-sûr qu'il a la sensation d'un bâton brisé. Mais quand, trompé par son jugement, il va plus loin, et qu'après avoir affirmé qu'il voit un bâton brisé, il affirme encore que ce qu'il voit est en effet un bâton brisé, alors il dit faux. Pourquoi cela? parce qu'alors il devient actif, et qu'il ne juge plus par inspection, mais par induction, en affirmant ce qu'il ne sent pas, savoir, que le jugement qu'il reçoit par un sens seroit confirmé par un autre.

Puisque toutes nos erreurs viennent de nos jugements, il est clair que, si nous n'avions jamais besoin de juger, nous n'aurions nul besoin d'apprendre; nous ne serions jamais dans le cas de nous tromper; nous serions plus heureux de notre ignorance que nous ne pouvons l'être de notre savoir. Qui est-ce qui nie que les savants ne sachent mille choses vraies que les ignorants ne sauront jamais? Les savants sont-ils pour cela plus près de la vérité? Tout au contraire, ils s'en éloignent en avançant; parce que la vanité de juger faisant encore plus de progrès que les lumières, chaque vérité qu'ils apprennent ne vient qu'avec cent jugements faux. Il est de la dernière évidence que les compagnies savantes de l'Europe ne sont que des écoles publiques de mensonges; et très-sûrement il y a plus d'erreurs dans l'académie des sciences que dans tout un peuple de Hurons.

Puisque plus les hommes savent, plus ils se trompent, le seul moyen d'éviter l'erreur est l'ignorance. Ne jugez point, vous ne vous abuserez jamais. C'est la leçon de la nature aussi bien que de la raison. Hors les rapports immédiats en très-petit nombre et très-sensibles que les choses ont avec nous, nous n'avons naturellement qu'une profonde indifférence pour tout le reste. Un sauvage ne tourneroit pas le pied pour aller voir le jeu de la plus belle machine et tous les prodiges de l'électricité. *Que m'importe?* est le mot le plus familier à l'ignorant et le plus convenable au sage.

Mais malheureusement ce mot ne nous va plus. Tout nous importe depuis que nous sommes dépendants de tout; et notre curiosité s'étend nécessairement avec nos besoins. Voilà pourquoi j'en donne une très-grande au philosophe et n'en donne point au sauvage. Celui-ci n'a besoin de personne;

l'autre a besoin de tout le monde, surtout d'admirateurs.

On me dira que je sors de la nature; je n'en crois rien. Elle choisit ses instruments, et les règle, non sur l'opinion, mais sur le besoin. Or les besoins changent selon la situation des hommes. Il y a bien de la différence entre l'homme naturel vivant dans l'état de nature, et l'homme naturel vivant dans l'état de société. Émile n'est pas un sauvage à reléguer dans les déserts ; c'est un sauvage fait pour habiter les villes. Il faut qu'il sache y trouver son nécessaire, tirer parti de leurs habitants, et vivre, sinon comme eux, du moins avec eux.

Puisqu'au milieu de tant de rapports nouveaux dont il va dépendre il faudra malgré lui qu'il juge, apprenons-lui donc à bien juger.

La meilleure manière d'apprendre à bien juger est celle qui tend le plus à simplifier nos expériences, et à pouvoir même nous en passer sans tomber dans l'erreur. D'où il suit qu'après avoir long-temps vérifié les rapports des sens l'un par l'autre, il faut encore apprendre à vérifier les rapports de chaque sens par lui-même, sans avoir besoin de recourir à un autre sens : alors chaque sensation deviendra pour nous une idée, et cette idée sera toujours conforme à la vérité. Telle est la sorte d'acquis dont j'ai tâché de remplir ce troisième âge de la vie humaine.

Cette manière de procéder exige une patience

et une circonspection dont peu de maîtres sont capables, et sans laquelle jamais le disciple n'apprendra à juger. Si, par exemple, lorsque celui-ci s'abuse sur l'apparence du bâton brisé, pour lui montrer son erreur vous vous pressez de tirer le bâton hors de l'eau, vous le détromperez peut-être? mais que lui apprendrez-vous? rien que ce qu'il auroit bientôt appris de lui-même. Oh! que ce n'est pas là ce qu'il faut faire ! Il s'agit moins de lui apprendre une vérité que de lui montrer comment il faut s'y prendre pour découvrir toujours la vérité. Pour mieux l'instruire il ne faut pas le détromper si tôt. Prenons Émile et moi pour exemple.

Premièrement, à la seconde des deux questions supposées, tout enfant élevé à l'ordinaire ne manquera pas de répondre affirmativement. C'est sûrement, dira-t-il, un bâton brisé. Je doute fort qu'Émile me fasse la même réponse. Ne voyant point la nécessité d'être savant ni de le paroître, il n'est jamais pressé de juger : il ne juge que sur l'évidence; et il est bien éloigné de la trouver dans cette occasion, lui qui sait combien nos jugements sur les apparences sont sujets à l'illusion, ne fût-ce que dans la perspective.

D'ailleurs, comme il sait par expérience que mes questions les plus frivoles ont toujours quelque objet qu'il n'aperçoit pas d'abord, il n'a point pris l'habitude d'y répondre étourdiment; au contraire, il s'en défie, il s'y rend attentif, il les examine avec grand soin avant d'y répondre. Jamais il ne me fait de réponse qu'il n'en soit content lui-même; et il est difficile à contenter. Enfin nous ne nous piquons ni lui ni moi de savoir la vérité des choses, mais seulement de ne pas donner dans l'erreur. Nous serions bien plus confus de nous payer d'une raison qui n'est pas bonne, que de n'en point trouver du tout. *Je ne sais,* est un mot qui nous va si bien à tous deux, et que nous répétons si souvent, qu'il ne coûte plus rien à l'un ni à l'autre. Mais, soit que cette étourderie lui échappe, ou qu'il l'évite par notre commode *Je ne sais,* ma réplique est la même : Voyons, examinons.

Ce bâton qui trempe à moitié dans l'eau est fixé dans une situation perpendiculaire. Pour savoir s'il est brisé, comme il le paroît, que de choses n'avons-nous pas à faire avant de le tirer de l'eau ou avant d'y porter la main !

1° D'abord nous tournons tout autour du bâton et nous voyons que la brisure tourne comme nous. C'est donc notre œil seul qui la change, et les regards ne remuent pas les corps.

2° Nous regardons bien à-plomb sur le bout du bâton qui est hors de l'eau ; alors le bâton n'est plus courbe, le bout voisin de notre œil nous cache exactement l'autre bout[1]. Notre œil a-t-il redressé le bâton ?

[1] J'ai depuis trouvé le contraire par une expérience plus exacte.

3° Nous agitons la surface de l'eau; nous voyons le bâton se plier en plusieurs pièces, se mouvoir en zig-zag, et suivre les ondulations de l'eau. Le mouvement que nous donnons à cette eau suffit-il pour briser, amollir, et fondre ainsi le bâton?

4° Nous faisons écouler l'eau, et nous voyons le bâton se redresser peu à peu, à mesure que l'eau baisse. N'en voilà-t-il pas plus qu'il ne faut pour éclaircir le fait et trouver la réfraction? Il n'est donc pas vrai que la vue nous trompe, puisque nous n'avons besoin que d'elle seule pour rectifier les erreurs que nous lui attribuons.

Supposons l'enfant assez stupide pour ne pas sentir le résultat de ces expériences; c'est alors qu'il faut appeler le toucher au secours de la vue. Au lieu de tirer le bâton hors de l'eau, laissez-le dans sa situation, et que l'enfant y passe la main d'un bout à l'autre, il ne sentira point d'angle; le bâton n'est donc pas brisé.

Vous me direz qu'il n'y a pas seulement ici des jugements, mais des raisonnements en forme. Il est vrai : mais ne voyez-vous pas que, sitôt que l'esprit est parvenu jusqu'aux idées, tout jugement est un raisonnement? La conscience de toute sensation est une proposition, un jugement. Donc,

---

La réfraction agit circulairement, et le bâton paroît plus gros par le bout qui est dans l'eau que par l'autre; mais cela ne change rien à la force du raisonnement, et la conséquence n'en est pas moins juste.

sitôt que l'on compare une sensation à une autre, on raisonne. L'art de juger et l'art de raisonner sont exactement le même.

Émile ne saura jamais la dioptrique, ou je veux qu'il l'apprenne autour de ce bâton. Il n'aura point disséqué d'insectes; il n'aura point compté les taches du soleil; il ne saura ce que c'est qu'un microscope et un télescope. Vos doctes élèves se moqueront de son ignorance. Ils n'auront pas tort; car avant de se servir de ces instruments, j'entends qu'il les invente, et vous vous doutez bien que cela ne viendra pas sitôt.

Voilà l'esprit de toute ma méthode dans cette partie. Si l'enfant fait rouler une petite boule entre deux doigts croisés, et qu'il croie sentir deux boules, je ne lui permettrai point d'y regarder, qu'auparavant il ne soit convaincu qu'il n'y en a qu'une.

Ces éclaircissements suffiront, je pense, pour marquer nettement le progrès qu'a fait jusqu'ici l'esprit de mon élève, et la route par laquelle il a suivi ce progrès. Mais vous êtes effrayés peut-être de la quantité de choses que j'ai fait passer devant lui. Vous craignez que je n'accable son esprit sous ces multitudes de connoissances. C'est tout le contraire; je lui apprends bien plus à les ignorer qu'à les savoir. Je lui montre la route de la science, aisée à la vérité, mais longue, immense, lente à parcourir. Je lui fais faire les premiers pas pour qu'il reconnoisse l'entrée, mais je ne lui permets jamais d'aller loin.

Forcé d'apprendre de lui-même, il use de sa raison et non de celle d'autrui; car, pour ne rien donner à l'opinion, il ne faut rien donner à l'autorité; et la plupart de nos erreurs nous viennent bien moins de nous que des autres. De cet exercice continuel il doit résulter une vigueur d'esprit semblable à celle qu'on donne au corps par le travail et par la fatigue. Un autre avantage est qu'on n'avance qu'à proportion de ses forces. L'esprit, non plus que le corps, ne porte que ce qu'il peut porter. Quand l'entendement s'approprie les choses avant de les déposer dans la mémoire, ce qu'il en tire ensuite est à lui; au lieu qu'en surchargeant la mémoire à son insu on s'expose à n'en jamais rien tirer qui lui soit propre.

Émile a peu de connoissances, mais celles qu'il a sont véritablement siennes, il ne sait rien à demi. Dans le petit nombre des choses qu'il sait et qu'il sait bien, la plus importante est qu'il y en a beaucoup qu'il ignore et qu'il peut savoir un jour, beaucoup plus que d'autres hommes savent et qu'il ne saura de sa vie, et une infinité d'autres qu'aucun homme ne saura jamais. Il a un esprit universel, non par les lumières, mais par la faculté d'en acquérir; un esprit ouvert, intelligent, prêt à tout, et, comme dit Montaigne, sinon instruit, du moins instruisable. Il me suffit qu'il sache trouver l'*à quoi bon* sur tout ce qu'il fait, et le *pourquoi* sur tout ce qu'il croit. Encore une fois, mon objet n'est point de lui donner la science, mais de lui apprendre à l'acquérir au besoin, de la lui faire estimer exactement ce qu'elle vaut, et de lui faire aimer la vérité par-dessus tout[1]. Avec cette méthode on avance peu, mais on ne fait jamais un pas inutile, et l'on n'est point forcé de rétrograder.

Émile n'a que des connoissances naturelles et purement physiques. Il ne sait pas même le nom de l'histoire, ni ce que c'est que métaphysique et morale. Il connoît les rapports essentiels de l'homme aux choses, mais nul des rapports moraux de l'homme à l'homme. Il sait peu généraliser d'idées, peu faire d'abstractions. Il voit des qualités communes à certains corps sans raisonner sur ces qualités en elles-mêmes. Il connoît l'étendue abstraite à l'aide des figures de la géométrie; il connoît la quantité abstraite à l'aide des signes de l'algèbre. Ces figures et ces signes sont les supports de ces abstractions, sur lesquels ses sens se reposent. Il ne cherche point à connoître les choses par leur nature, mais seulement par les

---

[1] * Telle est la leçon que présentent l'édition de 1762 et celle de 1782. Mais dans le manuscrit on lit : Car, encore une fois, mon objet n'est pas de lui donner la science, mais de la lui faire connoître, de lui apprendre à en acquérir au besoin, enfin de la lui faire estimer exactement ce qu'elle vaut, et de lui faire aimer la vérité par-dessus toutes choses.

relations qui l'intéressent. Il n'estime ce qui lui est étranger que par rapport à lui; mais cette estimation est exacte et sûre. La fantaisie, la convention, n'y entrent pour rien. Il fait plus de cas de ce qui lui est plus utile; et, ne se départant jamais de cette manière d'apprécier, il ne donne rien à l'opinion.

Émile est laborieux, tempérant, patient, ferme, plein de courage. Son imagination, nullement allumée, ne lui grossit jamais les dangers; il est sensible à peu de maux, et il sait souffrir avec constance, parce qu'il n'a point appris à disputer contre la destinée. A l'égard de la mort, il ne sait pas encore bien ce que c'est; mais, accoutumé à subir sans résistance la loi de la nécessité, quand il faudra mourir il mourra sans gémir et sans se débattre; c'est tout ce que la nature permet dans ce moment abhorré de tous. Vivre libre et peu tenir aux choses humaines, est le meilleur moyen d'apprendre à mourir.

En un mot Émile a de la vertu tout ce qui se rapporte à lui-même. Pour avoir aussi les vertus sociales, il lui manque uniquement de connoître les relations qui les exigent; il lui manque uniquement des lumières que son esprit est tout prêt à recevoir.

Il se considère sans égard aux autres, et trouve bon que les autres ne pensent point à lui. Il n'exige rien de personne, et ne croit rien devoir à personne. Il est seul dans la société humaine, il ne compte que sur lui seul. Il a droit aussi plus qu'un autre de compter sur lui-même, car il est tout ce qu'on peut être à son âge. Il n'a point d'erreurs, ou n'a que celles qui nous sont inévitables; il n'a point de vices, ou n'a que ceux dont nul homme ne peut se garantir. Il a le corps sain, les membres agiles, l'esprit juste et sans préjugés, le cœur libre et sans passions. L'amour-propre, la première et la plus naturelle de toutes, y est encore à peine exalté. Sans troubler le repos de personne, il a vécu content, heureux et libre, autant que la nature l'a permis. Trouvez-vous qu'un enfant ainsi parvenu à sa quinzième année ait perdu les précédentes?

FIN DU TOME PREMIER.

www.ingramcontent.com/pod-product-compliance
Lightning Source LLC
Chambersburg PA
CBHW070926230426
43666CB00011B/2325